海防僧　月性
明治維新を展《ひら》いた男

秋田　博

人文書館

海防僧　月性　明治維新を展いた男

目次

序章
「月性はどんな人物だ」藩公が問う

海防僧とも勤王僧とも

時は幕末、維新動乱のころ、周防大島郡遠崎《とおざき》（現山口県柳井市遠崎）に浄土真宗本願寺派の妙円寺住職・釈月性《げっしょう》（一八一七〜五八）という人がいた。萩の藩主毛利敬親《たかちか》（一八一九〜七一）に「尊王倒幕運動」を上書し、近代国家と中央政府の創設を強訴した人物である。西欧キリスト教文明のアジア侵出、日本植民地化の危機を洞察、先見した月性の苦言は毛利藩主の心にかなない、のるかそるかのあげく幕末に明治維新を実現した。

月性は寺の境内に学塾「清狂草堂・時習館」を開いて、周防の村の青年たちを指導し、一方で沿岸に寄せる異国船対策を全国に遊説し、当時、勤王僧とも海防僧とも呼ばれていた。

ところが今の時代は、「何、僧月性か、それは僧月照の間違いだろうが」と二人の僧侶を混同する場合が少なくない。なぜだろうか。

日本は北限の千島、北海道から、南は琉球列島にいたるまで海に囲まれた島国である。自然の恵み、四季の変化、温暖で住みやすく、古来、外敵はいつも海からやって来た。それは裏木戸から、こっそり忍び込む東北地方の生はげの恐怖だったり、海を覆うて軍船が襲う元寇襲来だった。姿はみえないが民の心を奪って浸透し果ては日本伝統の神社、仏閣を焼き払うイエズス会（耶蘇・ローマカトリック教）という宗教だったりした。対応に手を焼いた時の徳川幕府は「鎖国制度」の壁をつくってキリスト教宣教師の来日を取りのけ、西欧、南蛮文明の侵出を止めた。天下人の一人織田信長は、鉄砲とキリスト教宣教師を利用したが、豊臣秀吉はキリスト教禁教令を発し、ポルトガル宣教師らを追放。徳川家康は駿府のキリシタン側近を排除し、秀忠、家光にいたりキリシタン統制を強め、島原の乱を攻め潰し一連の鎖国制を完成した。この過程で全国の膨大な数の宣教師やキリシタンが処刑された。幕府は、キリシタンを排除するための「宗旨人別帳《しゅうしにんべつちょう》」（＝宗門人別改帳）をつくり全国一律に寺請《てらうけ》制度を実施して規制した。

しかし幕末になると、海の外から西欧列強のアジア侵略は、巨大の黒船、異国船が沿岸の庶民を脅し、江戸の「泰平の夢」は破れ、危急存亡におののくのである。

嘉永六（一八五三）年六月、アメリカのペリー艦隊が浦賀湾に来航したとき、僧月性はたまたま、江戸築地の本願寺別院に布教師として滞在していた。おりから火の見やぐらの半鐘が鳴り、町中が混乱する江戸庶民の動揺と幕府の慌てぶりを目の当たりに見ていた。

「こんなことでは、だめだ」と月性はつぶやき、急いで周防遠崎に帰国した。そのまま、すぐ藩都萩に出て前参政村田清風《せいふう》（一七八三〜一八五五）に漢詩を送って江戸の状況を知らせ、藩校「明倫館」出身のエリートでつくる嚶鳴社《おうめいしゃ》の知友らと激論した。

このとき、月性は海防の大義を説いて、尊王倒幕運動を呼びかけた。今の幕藩体制をやめて、かわりに近代国家を創り、政治を七百年昔の鎌倉幕府以前のように朝廷に戻すよりほかに日本の国を救う道はない、と決断していた。

方外に惜しい人物

その月性の倒幕建言は、長州の尊王倒幕運動に大きな活力を与えることになった。藩主毛利敬親（三十六）は、安政元（一八五四）年十二月のある日、前参政村田清風（七十三）に聞いている。

「爺、爺は周防の月性という僧侶を存じているか」

「よく存じています」

「どんな人物だ」

「方外《ほうがい》（仏教界。世の雑事にわずらわされない所）には惜しい人物です。日本を憂え、防長を憂え、ことに攘夷海防の見識において傾聴すべき、一家言《いっかげん》をそなえております。あ、殿、もしや月性が何か、仕《つかまつ》った（失礼仕りました）のではございませんか」

萩城下に友人の多い月性が、例のこらえ性のない気質から単刀直入に、何か申しいれたのではないかという疑いが、清風の胸にピンときたのだった。

「うむ。烈しい人物での、長井雅楽《ながいうた》などは今のうちに斬ってしまえ、と心配している」。長井雅楽（一八一九〜六三）は奥番頭で藩枢機にあり、のちに幕府と朝廷に「航海遠略策」を建言する人物。

「え。月性を斬る。それは又」、清風は思わず、息を呑む場面があった。

月性を、「烈しい人物」とみる藩主の認識だが、村田清風は、もしや、あの月性の思想が伝わったか、と心配していた。天皇家につながる毛利祖先の原罪についてである。

毛利の遠祖大江広元（一一四八～一二二五）は、公家の身ながら鎌倉に下って源頼朝の幕府創出を助けた、という歴史事実のことである。天皇の権威を頼朝に僭主《せんしゅ》させ幕府の武家政権を作った罪が大きい。武権は北条、足利、織豊、徳川と続いた。だからこそ毛利はいま、立って倒幕して、先祖の罪をはらい責任と使命を果たせ、というのだ。それにしても、月性が毛利公の先祖のことまで論じるのは、すこし行き過ぎのようだ。清風はそのように考え、のちに月性に自重を説伏《せっぷく》する。しかし月性はやめなかった。さらに海防への思いを提言する。

「海防五策」農民に兵を

安政二（一八五五）年十月の安政地震の直後、月性は藩庁が出した「藩地海防」布令に応募し、西欧列強のアジア侵略を防ぐための『内海杞憂封事』を草して上申した。

封事によると月性は、まず第一に、民に大義を明らかにして士気を振興する、と主張した。長く江戸時代の太平に慣れて、男児の気象は地を払って尽きた。ただ利をむさぼり、人の踏み行うべき一番大事な道である大義の何かを知るものがいない。西欧列強の外敵は武力だけでなく、怪しい宗教で心を惑わし、金銀で巧みに沿岸の愚民を誘う。このキリスト教文明とどう戦い、どうしてこれらを防ぐことができるか。問題はそこにある。

月性は「国家マサニ大義ヲ申シテ、人民ヲ教ルヲ以テ今日ノ海防ノ第一トスベシ」と述べた。孟子も「民、大義を知れば、必ず士気振うて君国のためにするに、勇なり」といっているではないか、と議論の輪のなかで仲間を説得した。

　さらに月性は兵制を変えて民に戦いを教え、訓練で農民に兵になることをほのめかす、贅沢を止めて大砲を鋳る、火薬を製造して軍用にする、といった内容の『海防五策』の案を提出したのである。この内容は明らかに、今の幕府政治に見切りをつけて、海防の機能を備え、国民皆兵の国家を新しく創りなおすことを示した。これは幕府の政権を朝廷へ戻す維新回天の道だった。農民に戦を教える国民皆兵制度は、明治になって大村益次郎（一八二五〜六九）や月性に会って励まされたことのある山県有朋（一八三八〜一九二二）の手で実行された。

文章は経国の大業

　島国日本の国がらは、聖徳太子が七世紀初め「篤《あつ》く三宝を敬え」と人間救済の仏教を国の根本にすえていらい、日本の伝統文化は古来の神道に仏教、儒教、道教も入り交じってできた習合文化である。このたおやかな伝統の歴史文化は、幕末にいたって、再び海からやってきた西欧キリスト教文明と正面に激突することになった。

　この歴史上の緊迫した新しい状況を月性は「マサニ神州陸沈」の危機と訴えた。その混乱の最中、今も世に紛らわしく伝わる二人の僧侶月性と月照らが登場した。

　月照《げっしょう》（一八一三〜五八）は、京都清水寺の成就院住職であり大坂医家の出身で、月性より四歳年長である。安政五（一八五八）年七月、幕府に攘夷を迫る「戊午《ぼご》の密勅《みっちょく》」に関与した月照は、たちまち安政の大獄の追及をうけた。九月に西郷隆盛に守られ薩摩藩に落ちのびたが、恩顧の藩主島津《しまづ》斉彬《なりあきら》

（一八〇九〜五八）が急死しており、受け入れを拒否された。行き場を失った二人は十一月、錦江湾に投身し、西郷は蘇生したが月照は死した。この年の五月、もう一人の月性も周防遠崎の自坊で病死していた。

月照は左大臣近衛忠熙が、祈禱所である成就院に出入りする縁から、和歌の近衛門下として認められ、近衛の黒子役として密勅を水戸藩に届ける手助けをした。月性のように尊王と海防を全国に遊説する勤王志士とは違った。しかし月照は、身分の相違から用心棒に過ぎなかった西郷隆盛がのちに維新元勲の一人にあげられるとともに有名になり、逆に月性の事蹟は月照の影に隠れたままである。

月性は十五歳からの遊学で、すでに漢学と仏学の修学を終え、皇国の歴史を知る長州きっての漢詩人だった。遠崎の妙円寺門徒を初め、地域の漁業紛争を仲裁したり、人々に親切で世話好きだった。

人間《じんかん》到る処青山《せいざん》有り

ところが二十七歳の夏、突然次のような「男児立志の詩」をつくって出郷した。なぜだろうか。

将《まさ》に東遊せんとして壁《へき》に題す
男児　志を立てて　郷関を出づ
若《も》し　学成る無くんば　復た還らず
骨を埋むる　何ぞ期せん　墳墓の地
人間　到る処　青山有り

この詩は、維新後の明治、大正期の青年たちの心に訴えたが、漢詩がひとり歩きして勤王志士、梅田雲浜《うんぴん》、梁川星巌《やながわせいがん》、頼三樹三郎《らいみきさぶろう》らとの交流の事蹟は月照にとりかわり、月性は埋もれていた。「男児立志」を作詩した天保十四（一八四三）年は、前年に中国がイギリスへ香港を割譲し、国内では排仏の動きが高まっていた。遠崎の月性は内憂外患の気分に襲われ、尻に火がつく思いだった。

家康いらい幕藩体制を維持している根本の思想は儒学だった。月性は大坂、京都に海防策の先達をもとめ、萩藩の士大夫たちと対等に論議できる教養と知識を身につけること、江戸期の寺請制度で堕落した仏教界の改革をはかること、それには日本文化の成り立ちの歴史を知ることだった。

京都の月照は寺院が祈禱所の性格から、公家との和歌を通じ、出入りする薩摩や水戸藩士との縁から、幕府体制を揺さぶる安政大獄を起こした。一方の月性は三度目の遊学に飛びだし、得意の漢詩を応酬して、著名な京摂の文人・学者を訪ね歩き、憂国の志士と出会った。こうした行動のうちに、日本の伝統文化の歴史と、尊王倒幕の必然を確信したのである。仏僧二人それぞれの和歌と漢詩の教養は、歴史変革への動機となった。

幕末維新は歴史の必然

歴史とは何だろうか。それは歴史家、Ｅ・Ｈ・カーが言うとおり、現在と過去との対話であり、時代を説明できることだ。そこに時代の夢を託す、すばらしい物語がある。歴史とは文字通りヒストリーであり、その歴史を知ることが、次の新しい歴史を創りだす。歴史以前の古墳時代より人間の営みには、物語が織り込まれている。月性は、すでに伝統文化とその歴史を学び終えており、その現実世界の実情をさらに実感し、感得するために故郷を去って東上した。

そして内外混乱のさなか月性は安政三（一八五六）年秋、京都西本願寺門主広如上人より諮問を受け、献上した『護法意見封事』で未来への回答を示した。その内容を西本願寺が『仏法護国論』として纏め、全国の末寺一万寺に配布した。それは、新時代への日本歴史の展開と希望を指し示すものだった。

西欧列強のキリスト教文明侵出に対して、「宗教には宗教で、戦には戦で対峙せよ」と、町、村の草莽崛起《そうもうくっき》による沿岸危機への海防実践を主張した。国家主権を守るための海防と勤王運動は表裏一体の思想であり、海から生まれた勤王の大義なのである。周防の清狂・月性の思想と実践を跡づけて、今もなお混同する京都清水寺成就院住職月照との事蹟の違いを明らかにしたい。

月性が生まれ育った周防遠崎地域は、古墳時代からの地勢が歴史を紡がせ、その歴史を知って人々は、また新しい歴史を作る。月性は、どんな地域、地政学の中で生まれ、育ち、四十二歳でこの世を去ったのか。明治維新へ続く歴史との対話ヒストリーを進める。

第一章

山海の地勢が人をつくる

松陰「長州の一衰」と月性を悼む

「ご一新」とも、「文明開化」ともいわれる明治改元まであと十年を残し、一八五八（安政五）年五月、周防遠崎の自坊妙円寺で住職釈月性は病死した。訃報はすぐ萩城下に届いた。驚いた吉田松陰（一八三〇～五九）は、十五日付で京都の勤王詩人梁川星巌《やながわせいがん》（一七八九～一八五八）に知らせた。「僧月性本月二日より脚気上頭（病名は腸捻転）にて十日物故いたし候。方外の一義人を失ひ、弊藩の一衰に候」と。

松陰のショックは大きかった。幕末動乱を乗り切る上で、月性の死は萩藩の一衰《いっすい》であり、勢いを失うことになった、と嘆いている。

月性の海防思想と尊王運動を支援していた須佐の藩家老益田氏の家人佐々木貞介にも月性の死を伝えて「同志中大慟」と嘆き悲しむさまを伝えた。悲嘆は防長二州ばかりでなく、真宗京都西本願寺にとっても落胆は大きかった。

吉田松陰は、月性が毛利藩主へ「尊王倒幕」を上書したとき、のちに述べるように、倒幕思想に反対だった。だがそうはいっても幕末の国家の危急存亡の今、月性の死去は、毛利藩にとって、松陰ばかりではなく、友人知己で月性の死を惜しまないものはなかった。吉田松陰は死を悼《いた》んで次のような祭文《さいもん》を送った。むずかしい漢文調だが述べてみよう。

「方外の偉人、字《あざな》を清狂という。十年もって長じ、吾れに兄行たり。公（月性）吾が志を愛し、爰《ここに》おいて文章に及ぶ。その醜陋《しゅうろう》を忘れ、口を極めて称揚す。吾れ原《もと》愚瞽《ぐこ》、血気まさに剛なり。激論抗議釁（過ち、罪）を廟堂に生ず。公（月性）解決に長じ、錫を飛ばして郷を出づ。調停するに義を以てし、大いに尊攘を唱ふ。正義少し伸ぶる、公の主張に由る。（中略）訃忽ち傍らに在り。

国歩艱難、偉人先ず亡し、吾れの敗を取る、公の言《ことば》具《つぶ》さに当たれり。公の詩を作るや、其の気激昂、公の法を講ずるや、その言慷慨。ここを以て公を多とする、衆人の量る所なり。吾獨り公に感ず、潜徳幽光。公を祭るに文を以てす、天日昏黄《こんこう》嗚呼、哀しい哉。尚《こいねがわ》くば饗《う》けよ。」と。

祭文は安政六年三月の作だが、通商条約の勅許問題などで藩論が動揺する中で、松陰が最も力と頼

月性上人（1817～58）**肖像**
（公益財団法人 僧月性顕彰会蔵）

んでいた月性を失い、これからどうするか悲嘆の様子がうかがえる。

これよりさき、月性死去後の翌六月一日、松陰は久坂玄瑞に宛て、月性の残した漢詩を纏めたい、と知らせた。

「清狂の吟稿二冊を上梓して天地間に留め渡たしと同志中決議し候。口羽（徳祐）、久保（清太郎）等その事を主《つかさど》り候。叙は（斎藤）拙堂へ託す積もり、中谷（正亮）の受け合いなり。」と告げている。

このように松陰は月性が作詩した千首にもおよぶなかから漢詩集を編集して後世に残すことにした、と久坂玄瑞に伝えた。さらに松陰は友人の土屋（蕭海《しょうかい》）矢之助に「月性の伝記を作るように」と依頼した。文才にたけた土屋は月性の門下のような間柄でもあり、松陰が文を作ると、直ぐ土屋に見せると言うほど信頼関係にあった。のちに完成した漢詩集『清狂遺稿』は、明治になって萩の松陰神社に奉納された。

吉田松陰（1830～59）**肖像**（杉家本）
（萩市松陰神社蔵）

海峡と山、地勢の特異

月性の生地の遠崎《とおざき》とは、どんな所だろうか。長州（山口県）は萩城のある日本海から、玄界灘、瀬戸内海側と三方が海

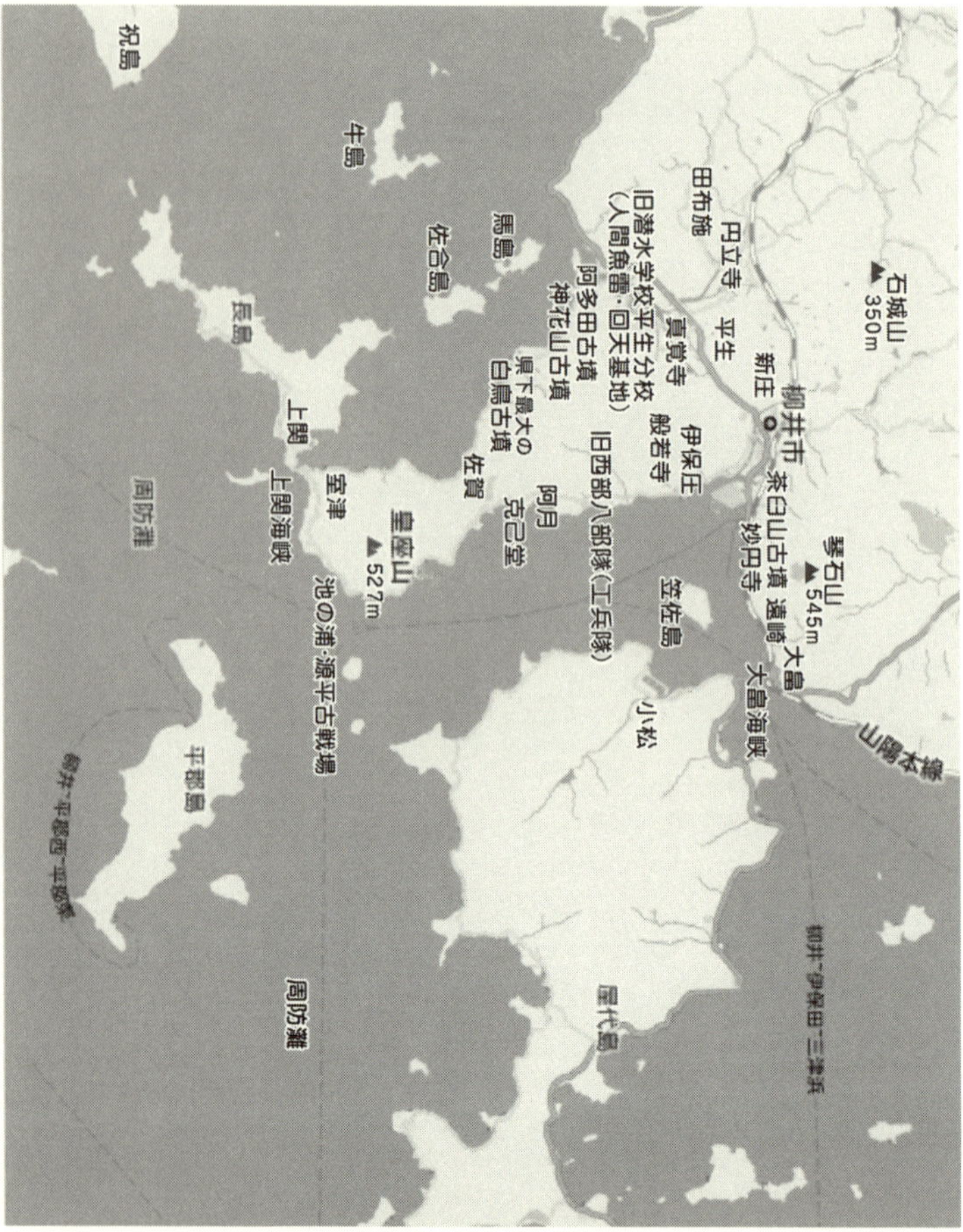

遠崎と周東地域略図
（協力 特定非営利活動法人 CIM ネット）

である。海岸延長二百キロ余りのうち遠崎は、瀬戸内側のいちばん東端の岩国藩吉川領内にある小さい寒村で、一八三〇（天保年間初期）年ごろ、戸数三百五十ほどの集落である。萩毛利藩は大畠海峡を通るモノと情報を管理するため遠崎を対岸の大島宰判の管轄とし、本土側から大島口への渡船場とした。

海峡をもつこの地域を徳山毛利の治める周南に対し周東という。周東地区は太古の昔より、大畠海峡、上関海峡という二つの海峡と山塊からなっており、外敵や海賊を防ぎ、官物輸送の安全と庶民生活を守る海防の要害だった。

海峡と山の景勝、白砂青松の美しい地理は、万葉時代の防人《さきもり》に感動を与えた。中国、朝鮮の文物や鉄の通り道であり、近くはケンペルやシーボルト、朝鮮通信使が儀礼の歴史を刻む海路だった。朝鮮征伐で名護屋城に下る豊臣秀吉も上関海峡の古刹に一句を残した。月性の生地の遠崎村は、今日のJR山陽本線の駅名でいうと、大畠海峡を擁す大畠、次の柳井港、柳井、田布施へ続くが、大畠を出て柳井港駅にほど近い海と山の集落で、すぐ背後の琴石山（五四五メートル）山麓に壮大な前方後円墳・柳井茶臼山古墳（標高六〇メートル）がある。

古墳は全長約七九メートル、後円部の直径約五〇メートル、高さ五・五メートル、三段造りで一四五基の埴輪を供え、死者の埋蔵施設が二基あった。

古墳に立つと左前前面に周防大島、はるか水平線上には平郡島、四国の連山、柳井湾の西南に熊毛半島が一五キロほど南に伸びる。半島先端の皇座山（五二七メートル）西側眼下に波うつのが上関海峡だ。皇座山は、古代、神武天皇の海道東征を記憶する神山である。

さらに西方を望むと柳井沖積平野が広がり、遠くに幕末第二騎兵隊が駐屯した石城山が霞む。

古墳を発見した少年二人　前坂太一郎と原庄一
（茶臼山古墳発掘当時の記念写真　明治25［1892］年）
『柳井市史（総論編）』

少年二人　古墳発見

明治二十五（一八九二）年春先のことである。二人の少年がJR柳井港駅から一キロ北、琴石山（五四五メートル）の麓で四世紀末ごろ築造された柳井茶臼山古墳を発見した。

「おーい、庄一、ちょっと来てみい」藤坂太一郎（十五）が、仲間の原庄一（十四）を呼ぶ。

「ほら、小さな穴を見つけたが、中に何があるのかのー」

「さぁー、なんじゃろうか」

二人は相談のうえ、柳井町の消防組に知らせ発掘した。偶然、二人が発見した古墳だが、掘ってみると、古い大鏡一面、小鏡四面と鉄刀、鉾、鏃や、さらに平成になって調査したところ、鉄剣、勾玉、管玉等が発見された。大鏡（単頭双胴怪獣鏡）は、直径が約四五センチ。わが国の古墳から出土した鏡としては今でもなお日本一の大きさを保っている。

出土した鏡の大、小二面は東京帝室博物館（現東京国立博物館）に納めることにした。

神花山（じんがやま）古墳（山口県平生町提供）

古代女王之像

神花山古墳史跡

古墳時代より海防を意識

この遠崎の眼前に望む熊毛（室津）半島は、古墳時代は一つの島だった。西の渦巻く鳴門海峡とも称される大畠海峡の潮流は柳井古水道となって、余田、田布施と続く波うつ瀬戸の海だった。海流は左に折れて平生町《ひらお》の水場、万葉の里尾国、上関海峡とつながっていた。弥生時代の昔、ＪＲ田布施駅付近は、大波野の地名に見られるように大きな入江であり、その入江の淵近くにある県下で一番古い縄文期の国森古墳、後井古墳は、周防の国を支配した熊毛大王を祀ったと伝わる。

半島西側の平生町佐賀にある岩田古墳は、中国地方では縄文期最大の規模をもつほか、隣接の白鳥古墳は県下一の前方後円墳といわれる。さらに佐賀の海に沿ってある神花山古墳、その隣の阿多田古墳は周防灘に突き出た前方後円墳である。神花山《じんがやま》古墳からは戦後、若い女性の頭骨が発掘され、考古学界から注目された。戦時中は古墳頂上に海軍の機関砲がおかれ防空に備えた。

阿多田古墳は呉海軍鎮守府・大竹潜水学校平生分校（田名）がおかれ、人間魚雷搭乗員養成の基地だった。近くの光や大津島基地とともに沖の周防灘の海は「人間魚雷・回天」の練習場だった。皇座山の頂上に、村民や小学児童まで動員して砂を運び上げ軍の防空監視所が築かれた。九州の石炭と阪神工業地帯をつなぐ周防灘ルートを封鎖するＢ29の機雷投下を見張った。

大畠瀬戸を望む熊毛半島東側の伊保庄に陸軍八部隊の基地・暁部隊があり、上陸用舟艇が展開していた。戦中の地元中学校生徒は、実弾射撃場の築造に動員された。

このように月性の生地遠崎をとりまく周東地区の地理は、古墳時代から現在まで、海防観点から特異な地勢を擁している。遠崎の特性は第二代熊毛大王を祀った柳井茶臼山古墳の玄関先にあり、熊毛半島西側に集中する前方後円墳に連動している。四世紀末より、大和朝廷から地域の海防を任され、昭和の軍事基地化へ至る経緯を考えると、この周東地域の地理と気候・風土が、月性の海防の大義、尊王運動に影響したであろうことを見逃すわけにいかない。

「注」土屋蕭海《しょうかい》＝「月性の伝記を」と吉田松陰から依頼された土屋蕭海は、通称は矢之助、字は松如、蕭海は号。はじめ明倫館学頭中村牛荘に師事し、後広島の坂井虎山に学び、江戸の斎藤竹堂、羽倉簡堂、藤森弘庵等の門を歴遊し文章、識見ますます進み、国家の将来を憂える名士と交わり時事を論じた。吉田松陰と最も相したしみ、月性とも善し。安政のはじめ、萩に帰って塾を開き門に入るもの多く、藩これを嘉して士籍に列す。その後尊王攘夷の事につくし藩老国司信濃に副して筑豊の諸藩を遊説して勤王を勧め、世子侍読に進む。元治甲子の変のとき、病で家に臥す。有司病床に策を問うも、この年九月歿す。年三十六。正五位を贈らる＝と。

蕭海は、月性より十一歳年下だが、二人が出会ったのは広島の史論と文章にたけた儒学者坂井虎山の家塾百千堂だった。「おお土屋君、萩城下からか。虎山先生は江戸の佐藤一斎先生とも親しい。しっかり学びなさい」「有難う。で月性上人はどちらからですか」「うん、周防の遠崎からだよ。帰りみちに、寄りなさい」「はい、ぜひとも一度」。こんな出会いがあったのち嘉永三（一八五〇）年六月、蕭海は広島からの帰途、遠崎の「青狂草堂・時習館」を初めて訪ねた。同じ年十一月には帰途数日、滞留した。

この出会いで蕭海は初めて、今の時節、月性が説く海防の大義が重要であることを知った。

妙円寺山門（柳井市遠崎）

生誕と教育環境

こうした出会いのあった土屋蕭海は月性の伝記をどう記述したろうか。月性は文化十四（一八一七）年十一月六日、浄土真宗本願寺派、照光山「妙円寺」の第八世住職・謙譲の長女尾上の子として生まれた。だが月性は生来、父親を知らない。母尾上は岩国藩の岩国門前にある「光福寺」祇城に嫁いでいたが、不縁となり実家の妙円寺にもどった。そのとき尾上は、すでに一子をやどし身重であり、産声をあげたのが月性である。字《あざな》は知円《ちえん》といい、号ははじめ烟渓《えんけい》、のちに清狂《せいきょう》と称した。

月性が生まれた妙円寺は、大畠《おおばたけ》海峡の渦巻きにつらなる遠崎の海岸に位置し、山門から鼓ケ浦の岸壁まで数百歩の近さだ。境内の裏手に琴石山を背負い、すぐ海の左目先に、古代の般若姫遭難伝説にまつわる笠佐島がある。

月性は生前、「外敵から日本を守る海防は、周防大島を守ることから…」と予言していたが、月性亡き後、幕末の四境戦争（第二次長州征伐）では、第二奇兵隊の軍団が妙円寺に駐屯し、瀬戸の激流をさけるため、笠佐島から大島に押しわたり幕府軍を撃退、勝利した。門下の世良修蔵《せらしゅうぞう》（一八三五〜六八）が第二奇兵隊軍監として指揮したことを、誰が予測できようか。

歴史的な幕末動乱を予見していた月性の洞察力は、どこからきたのか。大畠海峡の潮流は四国と九州との間の豊後水道からくる。十世紀に関東では平将門《たいらのまさかど》が新皇を称して大暴れしていたころ、西の海の藤原純友《ふじわらのすみとも》は豊後水道にある日振《ひぶり》島を拠点に海賊首領として瀬戸内の官物往還船を襲い、摂津付近まで勢力を伸ばした。将門と東西呼応して海路上京が噂され、勢いにのる海賊らは沿岸諸国の国府等を襲撃した。月性の幕末海防論のなかには、海と陸が作る地政学の歴史が織り込まれていた。

こうした歴史文化へ幅ひろい理解を幼少期から教えたのは、祖父謙譲の教養だった。摂津・霊松寺・義端に入門し仏学に加え儒学を修めて学僧の名声が高かった。

海と山で根性育つ

父を知らない月性の幼少期について、蕭海は『浮屠清狂伝』の冒頭でこう表現した。

「浮屠《ふと》月性、字知円、号清狂、周防遠崎妙円寺主也。幼荒于学、母氏督課甚厳、月性感悟力学、年十五出郷……」と。

この『幼荒于《う》学』という四つの文字は、父親のいない月性の幼少期における成長の一端を見事に表現している。月性は母尾上の末弟、周邦《しゅうほう》の養子として育てられたが、幼いころは腕白で手がつけられないほどだった。父親のいないことの反動だったろうか。

境内の池に真っ裸で飛び込んで、泳いでいる鯉をつぎつぎに捕まえて池のへりに並べて、飛び跳ねるのを手をたたいて大喜びする。住持の周邦から「殺生戒を犯してはならん」大目玉をくったのも束の間、こんどは門前の大庄屋「鍵屋」の息子・稲彦とこっそり、硝煙（鉄砲の火薬）を持ち出して爆発させたり、楠公の合戦ごっこをするといって、集まった子供らの頭はこぶだらけの凄まじさで、乱暴ぶりは目もあてられなかった。

月性には、近所の遊び仲間でも、気の弱い、いくじなしは気にいらない。「自分たちの遊び仲間にそんな弱虫がいては恥だ、しっかりしろ」といって、まず拳固で一発くらわして気合をいれるというふうだった。

困るのは母尾上だった。隣近所の親御さんからの苦情にたいし、お詫びに歩きまわることがしばしばだった。机に向かって本を読んだり、仏前にお経をあげたりすることより、裏の琴石山を戦争ごっこで駆けめぐり、鼓ケ浦の海にもぐって魚を追うほうがよほど好きであった。

こうして生来きかぬ気の腕白者の月性は恵まれた自然のふところに抱かれて、しらず知らずのうちに、しぶとい負けじ魂が練りきたえられたようである。どんな困難に出くわしても挫けない不屈のど根性が培われた。野性味ゆたかに育ったのである。

八歳で異国船危機を知る

祖父謙譲は七人の子がいた。一番上の母尾上はまれにみる賢母だった。月性にたいする教育は、生来不遇で不憫だからといって、かたよった愛情にながされることなく、日々厳格な態度で養育した。『浮屠清狂伝』にいうとおりである。それにしても、腕白にはほとほとたまりかねた。ある日の夜、末弟の周邦（九代住職）と尾上は月性を呼びつけた。

母「そなたは御仏様に仕え、御仏壇を頂いて生きてゆく身でありながら、いつも母の聞かせることに背き、人さまのお子様をあやめるとは何事ですか」

月性「奴らは、はじめたと思ったら、すぐ参った参ったと申します。意気地のない奴は強くしてやらなければ大きくなって物の役に立ちませぬ」

母「なんと言われる。お子様にはそれぞれ立派な親御さんがおいでじゃ、そなたがいらぬ心配することはいりません」

周邦「月性や、今、世のなかは、異国の船が日本の近海に出没して、人々の心を脅かしているぞよ。このような時に一体、そなたは何を考えているのか、今こそしっかり勉強してお国の役にたつ人間にならねばならぬ、今母のいわれるとおり、お前は僧侶になることを忘れてはならぬぞ、それとも僧侶になるのが嫌なのか」

月性「嫌ではございません、私が悪うございました。心をいれかえて一生懸命がんばりますので、これまでのことは、どうぞお許しください」

母尾上は月性の自覚をうながし、こんこんと諭した。叔父住職の異国船の話に月性は、「おや、それは何のことか」と日本という国全体のことに心を開かれた。生まれつき聡明な月性は、悟りもはやかった。その母の努力は報いられて、月性は熱心に勉強するようになった。

少年月性は叔父の言う「異国船の近海出没」が、この時以来ずっと気になり、妙円寺の僧侶というより、海防僧月性となって幕末動乱を維新回天に指導する人物になろうとは、だれも予測できない。ただ母尾上から叱られた八歳の年、文政七（一八二四）年五月、イギリス捕鯨船船員が常陸大津浜に上陸、薪水を求め水戸藩に捕らえられる。郡奉行の会沢正志斎《あいざわせいしさい》（会沢安。一七八一〜一八六三）が現地船倉で取調べにあたり、七月には薩摩宝島にもイギリス捕鯨船員が上陸、牛などを略奪した。翌年会沢は『新論』を発表、幕府は諸大名に「異国船打ち払い令」を発した。

鎖国体制を揺るがしたこの大津浜事件は、水戸藩の後期水戸学を発展させた。藤田幽谷《ゆうこく》（一七七四〜一八二六）ら並びにその門下会沢正志斎、豊田天功《てんこう》（＝彦次郎。一八〇五〜六四）、藤田東湖（一六二八〜一七〇〇）らによる尊王攘夷思想の展開の原点となった。ペリー来航より二十九年前のことである。

この『新論』を幕末の毛利藩校「明倫館」に最初に紹介したのは月性であり、のちにみるように大激論があった。鎖国の壁を海から侵す最初のケースが天下の副将軍ともいわれる御三家の一つ水戸藩の膝元で発生した。ここに海の守りをめぐる大義名分、尊王攘夷の思想が水戸光圀《みつくに》（一六二八〜一七〇〇）いらい『大日本史』編集に参与した学者たちの間から湧き上がった。この尊王攘夷の思想が、やがて幕末維新の動乱期の根本的な思想となり、下級武士や浪人、医師、僧侶、農商人ら士民のエネルギーに火をつけることになった。水戸沿岸で起きた一つの事件から生じた尊王攘夷の思想を、歴史家は名付けて「後期水戸学」と呼ぶが、人間を動かす力は、まさに祖法鎖国を侵す海の危機からだった。

仏教も国学も

瀬戸内の朝晩の涼気が心地よい。十歳を過ぎたころの月性は、叔父の住職周邦とともに朝の読経のお勤めも熱心であり、物事への理解も早かった。月性はお念仏の意味を知り、本格的な仏教修学がはじまろうとしていた。仏教は聖徳太子が摂政就任二年目の西暦五九四（推古二）年に仏・法・僧の「三宝興隆の詔」を発していらい、明治維新の神仏分離まで千二百年以上にわたって、日本のいわば国教である。そして仏教を中心に儒教も神道も一つに「神・儒・仏習合」の歴史文化が人々の日常生活に溶け込んでおり、日本の伝統文明の基礎となっている。

ところが江戸末期の国学の発展興隆から、この神仏儒の習合にひびがはいり、幕末になると仏教と神道を分ける神仏分離、廃仏毀釈の動きが高まってきた。

遠崎の妙円寺にも仏教排斥の動きが、じわり伝わってきた。そんな時、妙円寺でも、これから月性に何処で誰について勉強させるかを考えるようになった。母尾上は祖父謙譲とも相談のうえ、右田毛利の郷校右田塾で漢字を勉強させることを検討したが、結局遠崎からほど近い柳井津の西、玖珂郡新庄（現柳井市）の国学者岩政信比古《いわまさのぶひこ》の門をくぐることになった。月性十二歳のころである。月性は日頃の祖父の教えもあり、仏教者は日本の伝統文化を広く知ること、まず神道を理解することが必要と考えた。このころ財政危機で幕藩体制の矛盾が深まるなかで平田篤胤《あつたね》（一七七六〜一八四三）の古道学、復興神道が勢いを増していた。毛利藩内でも天保の財政改革前後に、村里の道路や森、林の入口など方々にある祠や小堂庵、石仏、金仏などは「祀《まつる》に理のない神」だから破壊するという。これらを維持するには費用もかかる。いかがわしい「淫祀《いんし》」だから破壊して一村一社制にしよう、と藩当局の強制だった。

この性急なやり方に地元の国学者岩政信比古は「石仏や小祠は村民の民間信仰そのものだ、心の不安、動揺を招く」と言うわけで、神仏信仰には理解があった。

岩政の教えを知った月性は、遠崎から四、五キロほど先の岩政の塾「桜処《さくらど》」の門を敢えて叩いた。

本居宣長の国学、岩政信比古に学ぶ

岩政信比古の遠祖は守護大内氏に仕えた武将だが、三十五歳で第九代庄屋職を継いだ。寛政二（一七九〇）年に生まれ、幼少より習字、読書、写本を好み、岩国で学んだあと十六歳で出雲国・松江の千家俊信大人《せんげとしざねうし》の門人となった。

千家は出雲大社七十五代の国造俊勝の三男に生まれ、長じて神事に仕え二十九歳のとき、伊勢松坂の本居宣長（六十三歳）に入門した。宣長は三十五年かけて古事記の訓読と理解につとめ、『古事記伝』をまとめ、「日本人論」の元祖ともいわれる。俊信は伊勢松坂に留学して直弟子として教えをうけ、『出雲神賀詞』や『出雲風土記校本』などを発表し、出雲の国学者として学問的な業績をのこした。宣長は俊信の古学研究にさいし、まずはじめに『古事記』、そして『日本書紀』『万葉集』の三つが重要だ、と教えた。

岩政信比古は、千家俊信を中国山地を越えて松江に訪ね、生涯に十四回往復した。こうして信比古は松江の千家俊信を通して、本居宣長の国学「鈴屋学派」の学統を西日本では初めて周防新庄（柳井市）に伝えた。そして千家俊信亡き後の岩政は、幕末明治期の千家尊澄出雲大社宮司に、師匠として国学を教え伝えた。

月性が通った塾「桜処」には近郷から塾生のべ二百人くらいが通った。信比古の学問は古事記のほか、六国史、万葉集、源氏物語、風土記をはじめ神典皇史の研究などがあった。

「匂ひなむ　君が八千代の春にあひて　わが桜戸の花のこずえも」と、遠く松江の師を偲んだ歌が、信比古の和歌集『桜処翁詠草』のなかにある。「梅舎大人に申しける」というのだが、梅舎は千家俊信の号であり、歌は月性の心に響くものであった。

月性は、桜処で学ぶうちに、実践的な皇朝学（国学）の深さと信比古翁の人柄に惹かれた。信比古翁の人柄、見識が村民に与えた影響は大きく、村落全体のたたずまいを気高くする風にみえた。月性はそんなことを感じ、日本が「神州」であることの国柄を理解できたように思った。

幕末の維新回天における月性の「神州陸沈」の危機意識と海防思想、倒幕、王政復古へ向けての勤王精神の原点が、ここ新庄の塾「桜処」の国学にあったように見える。

月性は皇国神道の精神のもとは、いったいどのようにして何から起きたのか、神儒仏習合の伝統文化が、なぜ江戸時代になって国学から批判されるようになったのか、あたらしい次元の疑問も生じていた。

これらの疑問は、次の全国遊学のなかで理解するようになるが、月性は、塾「桜処」で別に一つの大きな収穫があった。それは後に月性の人生を決定的に意義づけることになる秋良《あきら》敦之助（＝貞温《さだあつ》。一八一一～九〇）との出合いである。秋良は熊毛半島東側の般若姫物語でゆかりの阿月村から六、七キロ先の「桜処」に通ってきた。まだ深い付きあいはなかったが、「この人は…」と互いに注目し、認め合う仲間だった。秋良は「桜処」から、萩の藩校「明倫館」に修め、江戸に碩儒名士を訪ねる。

九州・豊前の漢学塾へ

新庄村に通学した文政十二（一八二九）年夏過ぎ、十三歳になった月性は住持周邦に伴われて上京、京都本願寺で得度した。剃髪出家して僧侶となり、ひたすら浄土真宗の宗祖・親鸞上人の教えの道を歩むことになった。親鸞は聖徳太子を「和国の教主」として尊んでいる。太子は仏教と日本文化の大恩人であるから、なんとしても、しっかり勉強に励みたい、それを月性は自覚していた。

四季が移って一八三一（天保二）年、月性が十五歳になったとき、九州豊前への遊学が決まった。母尾上は当初、弟周邦が学んだ豊後・日田天領にある広瀬淡窓《ひろせたんそう》（一七八二～一八五六）の「咸宜園《かんぎえん》」がよい、と考えていた。しかし結局は、儒者恒遠醒窓《つねとおせいそう》の「蔵春園《ぞうしゅんえん》」の梨花寮に入った。ほぼ五カ年の漢学と史学の修学である。「浮屠清狂伝」で土屋蕭海が指摘する「学詩於豊、習仏於肥」のとおりだ。

蔵春園に決めたことに二つ理由があった。入門の年の正月、たまたま広瀬淡窓は「咸宜園」の塾経営を弟の旭荘に譲っていた。健康がすぐれないこともあったが、日田代官塩谷正義が露骨に咸宜園の教育に干渉し弾圧し始め、月性が希望しても淡窓の指導を受けることは出来ないこと。

もう一つは、恒遠醒窓と叔父周邦が、文政二（一八一九）年の咸宜園入門の同窓だったこと。そして母尾上の妹織江の嫁ぎ先の田布施《たぶせ》・円立寺でたまたま、宗学の講筵《こうえん》を開いていた佐賀・善定寺の不及上人を訪ね相談したところ、「まず漢学の素養をつけるため、梨花寮入門がよろしい」と勧められた。のちに月性は不及上人に宗学を学ぶことになるが、門弟二百人に伍して学ぶだけの学力がまだ月性にない、と判断されたようである。

こうして月性は九州・豊前の宇島へ周防灘を船でわたり、蔵春園の遠帆楼（のち梨花寮）に笈《おい》をおろした。漢学なってのち月性は、憧れの広瀬淡窓を咸宜園に訪ねるが、「恒遠醒窓の素晴らしい門下生」と、月性が差し出した漢詩を激賞されるのである。

修学　歴史を読む漢詩人

瀬戸内の周防灘を行く白帆が遠くに見える梨花寮でおよそ五年、月性はどんな勉強をしたろうか。学級は三グループに分けられた。年とって入門した者は「客席」と呼ぶ第十級に、そして八、九級の「下会生」、六、七級の「中会生」、五級以上の「上会生」の三つである。

月性の修学は、「下会生」で孔子の『孝経』や『四書（大学・中庸・論語・孟子）』『五経（易経・書経・詩経・礼記・春秋）』などの教科書を、先ず声を出して読む素読、輪読から学習する。この初級クラスで注目されるのは『日本外史』、『日本政記』、『十八史略』、『元明史略』など日中の歴史書を読んだあと、意見発表する独見会があること。さらに上級の「中会生」に昇級すると、『孝経』、『五経』等の講義があり、『史記』や『文章軌範』等について独見会がある。「上会生」になると『楚辞』、『文選』、『春秋左氏伝』等の講義が聴ける。

大半は中国の古典が教科書であり、漢字を深く研究、理解するには欠かせない。そんななか月性は、頼山陽の『日本外史』、『日本政記』を学び、日本の歴史に初めて目を開かれた。漢詩人で儒学者の頼山陽（一七八〇～一八三二）は、月性が恒遠塾に入門した翌一八三二（天保三）年に病没している。月性は、のちに見るように頼山陽の無二の親友である儒者篠崎小竹《しょうちく》の塾「梅花社」の塾頭を務めるが、幕末の勤王思想を山陽、小竹に学び、吉田松陰の門下を通じて実行に移すのである。

幕末の文人エリートは、中国の古典や歴史を読み説いて身につけた。とくに情操と感性を磨く教育として漢詩作に力を入れ、漢詩人の素養を高めた。

詩作の課題を与えられると、線香二本が燃え尽くすまでの間に詩をつくる。詩想を起承転結の四句にまとめ、練り上げて一首の中に自分の志を表現する。漢詩作りの学習、修練は、世に出て人に遭うとき、自分の志や思想を相手に伝えるのに欠かせない一番大事な手段だった。

もともと感性豊かな月性は、少年のころより養父周邦の手ほどきがあったが、十七歳ころから本格的に詩作をはじめた。蔵春園を終えて遠崎に帰ったころ、「これまでに一千首をつくった」と語っている。

人間最大事は親孝行

人は、この世に生まれて一番大事なこと、それは何んだろうか。月性は蔵春園の講義で『孝経』の話を聴いて、得心した。それは両親を敬愛して仕えるということだった。

この世に天地、人民が生まれ出てからこのかた、聖人が人の人たる道を教えたので、子が父母に仕える「孝道」が世に明らかになった。この父母に仕える孝道の大事さは、上は天子から諸侯・卿太夫・士・庶人に至るまで全く同じだ。もし天子が孝の道を無視すれば天下、国家を危うくし、庶民は家を覆し身を亡ぼし、辱めを父母に及ぼす、患禍《かんか》は必ずくる、という。だから天子は先祖を祀る。大事な祀りは政治のまつりごとに通じる、と説く。月性は、恒遠醒窓《つねとおせいそう》師の講義に大きくうなずいた。

だからということでもなかろうが、梨花寮に入門五年間に二回、周防遠崎に母尾上を見舞った。一度は萩城下を訪ね、母の三弟叔父大敬を「泉福寺」に、四弟泰成の「光山寺」を訪ねた。叔父二人はそれぞれ浄土真宗本願寺派の住持であり、門徒の間でも厚い信頼を得ていた。光山寺の叔父弟子の恵渓は、月性の紹介で醒窓塾に入門した。

また「泉福寺」は吉田松陰家の菩提寺であり、月性はのちに松陰の実家の実兄杉梅太郎と親しくつきあうきっかけとなった。

月性は梨花寮に入門二年目の一八三二（天保三）年、遠崎の竹馬の友・秋元晩香を懐かしみ、「寄懐秋晩香」の漢詩を作った。

「一朝　我れ　豊山の客となる…経学　文章　子史を兼ぬ　我れ　日に切磋す　郷塾の中」と、晩香の進学を誘った。

こうして晩香は翌年、月性の推薦で梨花寮に入門した。この年、あの大畠海峡に近い周防大島三蒲村の龍泉寺の天龍、小松村の妙善寺憲嶺、妙円寺弟子天瑞ら、仏門の後輩たちを何人も恒遠塾に紹介して入門させた。

「文章は経国の大業、不朽の盛事」、と教わった。りっぱな文章を作ることは国を治めるもとになる大きな仕事であり、くさりはてることがない。寿命や名誉は、時がくれば終わるが、文章が果てしなく伝わるのに及ばない、というのである。

恒遠塾「蔵春園」に学ぶ月性は、良いと思うことは直ちに実践する。世話好きで天心爛漫の性格である。祖父や母に仕えること、郷里の人々への敬愛は、親しみで一杯だった。

第二章

勤王と海防論に目覚める

漢詩で表現　豊前の仏土

同じ仏門の後輩たちを何人も恒遠塾《つねとお》に紹介した月性は、この豊前の風土と塾の教えがよほど気にいっていたようだ。周防遠崎と周防灘で結ぶ豊前・恒遠塾は、すぐ隣の豊後中津城に近い。さらに海岸線を行くと全国八幡宮の総本社宇佐八幡宮大菩薩がある。寄宿の梨花寮の背後地には修験者の登る求菩提山《くぼてやま》が聳え、遠く九州の山々に続く。豊前の地理は遠崎にはみられない宗教的な雰囲気がいっぱいだ。しかも恒遠の家は代々浄土真宗の篤信家であり、恒遠醒窓《せいそう》自身、京都本願寺門主広如《こうにょ》上人に謁し、本願寺僧侶に書を講じた。また醒窓を継いだ長男精斎も招かれて本願寺の文学寮で講義したことがある。月性の豊前遊学は漢学だけでなく、仏学修学の自然環境にも恵まれていた。

その一端は月性が残した漢詩『求菩提山《くぼてやま》銅版妙法典歌《みょうほうてんか》』の一首のなかに見てとれる。次のような気韻に満ちた漢詩で仏教史を歌っている。読み下し文でみる。

豊前の地たるや　神秀の霊気集まり

山岳も英彦、終南　八面の諸々の山が幾千も重畳している

と目の前の風景を歌い、そして
　誰か此の求菩提峰の有るを知ろうぞ
と求菩提山の存在に注意を引きつけて続ける。
　下界からの路は半腹より絶え
　仰ぎ見れば、山頂は四時に、紫がかった雲に閉ざされている
そして月性の詩は、説明する。
「山には銅版の妙法典を蔵しているが、これは（七十六代近衛天皇の）一一四二（康治元）年に彫篆《ちょうてん》されたものである、と。しかるに銅色はまだ黒くなく、刀痕も鮮明で文字の偏旁《へんぼう》、点画も弁《わきま》え知ることができる。指折り数えればこの物の悠久幾年を歴《へ》たることぞ、実に七百余周転に上る。これ皆、仏陀擁護の力、能《よ》く水火剥蝕《はくしょく》の災を免れしめたのではあるまいか。
　西天の仏法が日本に東漸し、大乗小乗の仏教遍く国内流通し、帝王其の利益を求め、経巻もこれを写し山岳中に蔵している。そもそも経巻七千の多きに及び、その説く所悉《ことごと》く真実であるが、とりわけ法華経を以て最第一とし、釈迦出世の本懐全く此に在る。
　その利益はただ世太平に、国平穏なるのみでない。君聞かずや、西漢の天子武帝、天下統治の時代、漫《みだり》に方士《ほうし》（方術を行なう人）をして神仙を求めしめ、名山大獄を遍く封禅し、不老不死を希《ねが》いたるもの、この事たるや怪誕にして無効でありしは憐れむべきである。嗚呼、我が求菩提峰銅版三十枚、長《とこしなえ》に朽ちずして法華の妙法高く日月とともに懸れるに比して如何ぞや」と。この銅版は国宝として、今は山下の資料館に展示してある。

月性の詩を評して吉富治一は『維新の先覚 月性の研究』（三坂圭治監修、月性顕彰会）の中で、「才気縦横、奔放自在、毫《すこし》も苦渋緩怠《くじゅうかんたい》の痕を見ぬ」と、高く評価している。

この詩のポイントは、まだ修学中の月性ではあるが、日本への仏教公伝と大乗、小乗受戒の歴史をよく理解しており、伝教大師最澄（七六七～八二二）の天台宗法華経《ほけきょう》こそが、日本仏教の背骨だ、と主張している点ではなかろうか。月性十九歳当時の詩作であるが、日本仏教史への理解、その表現力は舌を巻くほどである。

なぜ法華経が第一か

浄土真宗の僧侶として月性は、「法華経第一」をどう理解していたのか。月性は、この詩を作ったとき、平安前期の最澄の天台宗が、修行者一人だけ精進して成仏を願う小乗戒ではなく、多くの人がともに悟りを求めて大きな船に乗るごとく、成仏を願う大乗仏教として朝廷から戒壇を勅許されていたことを知っており、その上で作詩したのであろう。

七五四（天平勝宝六）年、唐から来日した鑑真《がんじん》和尚は東大寺に戒壇を築き、聖武天皇を始め四百三十人に授戒をおこなった。こうして奈良時代には律宗、三論宗など国家公認の「南都六宗」があった。この奈良仏教は国家主導の国を守るための「鎮護仏教」だったので、宗団や僧侶は権力を得て堕落した。弓削《ゆげ》の道鏡が天皇の位をねらうなどの暴挙が出て、仏教界は堕落し、天皇の権威は失墜した。

最澄（七六七～八二二）はそんな時代に生まれた。奈良仏教の「具足戒」を受けたが、三ヵ月後に奈良を去って比叡山に草庵を結んでこもった。そして最澄が大乗仏教を自分のこととして述べた「願文」や「国宝とはなにか」についての設問の内容を月性は、理解していたにちがいない。最澄は「宝とは道を求める心をもつ人を、名づけて国宝という……世の一隅を照らす人が国宝である。……」と記した山家《さんげ》学生式《がくしょうしき》の思想を、すでによくわかっていたようである。

漢詩眼で歴史を詠む

やがて豊前遊学を終える天保八（一八三五）年の春、月性（十九）は母尾上を周防遠崎で二度目の見舞いをし、将来へ大きな成長を予感させた（第八章一八二頁参照）。

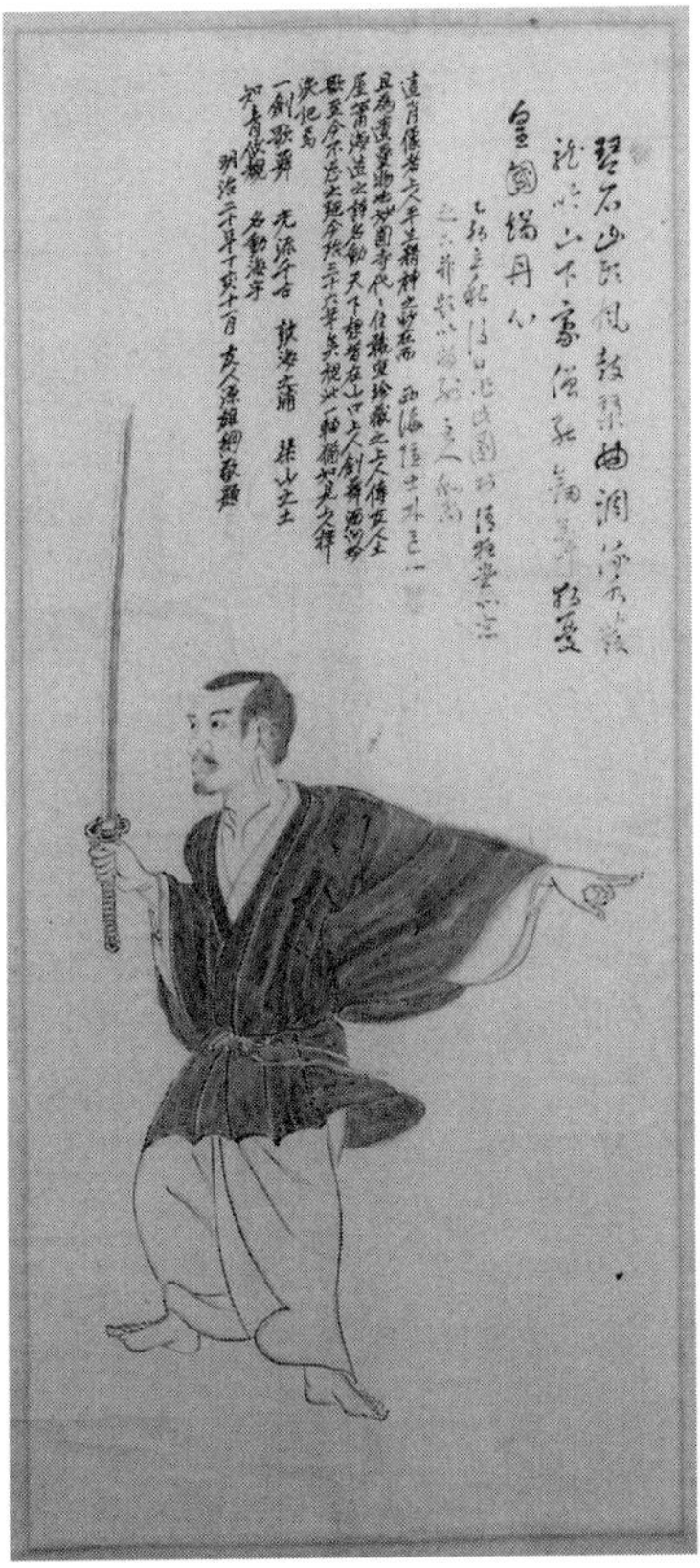

月性剣舞の図（安政２［1855］年８月）
林道一 作詩・作画（柳井市妙円寺蔵）
僧黙霖 賛

その後、月性は大畠海峡を抜け、瀬戸内海の島々をぬって大坂へ上り、京都まで修学旅行している。大坂の港八軒家近くの長光寺で叔父龍護に挨拶し、京にのぼった。

ところで恒遠醒窓の学問の系譜は、叔父龍護とも重なっていた。古文辞学の祖荻生徂徠―山県周南（周防の人）―亀井南冥（筑前の人）―広瀬淡窓―恒遠醒窓と繋がるが、叔父龍護は遠崎から筑前の亀井南冥に学んだ。そのあと周防田布施の円立寺、柳井の誓光寺を経て大坂長光寺に入った。

徂徠の古文辞学は、朱子学の訓詁的、静態的な学問ではなく、実際に孔子、孟子の原書に直接学ぶという、実践的、動態的な学問だった。幕府の「寛政異学の禁」（一七九〇［寛政二］年）に触れて亀井南冥の塾は潰され、萩の明倫館、広瀬淡窓の咸宜園《かんぎえん》も干渉、圧迫を受けた。しかしこの間、恒遠塾で月性が受けた漢詩や儒学への実践的な教育は、漢学の知識と教養を大いに高めた。

いま修学旅行中の作詩、『一谷懐古』、『大坂』、『平安』等で歴史をうたう漢詩眼が光る。昔の自然や歴史と出会い、その感慨を上手に作詩している。

源平合戦の史跡を懐古する『一谷懐古』では、次のように賦している。読み下し文を見る。

「船が須磨（神戸市）沖合にさしかかると…夜半潮来たりて岸を打つ波の怒声は平らかでない　況んや漁家に三たび笛を弄するものがいる　これは当時の断腸の声ではないかと疑われて　懐古の情が堪えがたいのを覚える」　源頼朝の代官として、京都で木曾義仲を討った範頼、義経の兄弟は、元暦元（一一八四）年、平家追討の兵をすすめた。平家一門は西の一ノ谷に陣を構えて再び入京を窺っていた。ところが二月七日、義経の鵯越《ひよどりごえ》の逆落とし急襲で、平家の軍勢は混乱、大敗して讃岐の屋島に退いた。

この戦いで、横笛の名手として知られた若い平敦盛（十五）は、熊谷直実《くまがいなおざね》に討たれた。直実は、のちに人生の無情を感じ剃髪して浄土宗開祖・法然（源空）の門にはいった。
一説に、一ノ谷戦のとき、源氏は後白河上皇をつうじて和睦を申し入れており、平家が油断したところを攻めたと伝えられるが、月性は果してその歴史事実を承知していたであろうか。
平家物語の冒頭の一節に「祇園精舎の鐘の声、諸行無常の響きあり、沙羅双樹の花の色、盛者必衰のことわりをあらわす」というのがある。が盛者必衰とはいえ、月性の『一谷懐古』の詩情は、平氏の悲哀を追悼する気分が強く勝っているようにみえる。年若い平敦盛の首を切った直実の出家物語は、謡曲『敦盛』の題材となって伝える。

豊臣家の滅亡を歌う

月性を乗せた船が、明石海峡を過ぎて大坂湾にはいり、北前船など大小の船が集まる天保山から淀川口付近の八軒家浜に着くと、次の一首『大坂』の七言律詩を推敲した。

　地を抜く金城　水浜にのぞむ
繁華　敢えて昔年の春に譲らんや
覇王の功業　余勢を存し
商価の交通　要津を扼す
壮なり　始皇六国を呑む
惜しいかな　二世三秦を失う

今を視　古を懐うて情歇《や》み難し
復《また》英雄をして　涙布満たしむ

金城とは、堅固な城のことで、詩は大坂城を指す。城は叔父龍護の長光寺から指呼《しこ》のあいだにみえる。月性が賦した詩『大坂』の詩心は、次のように読める。

豊臣秀吉が築いた大坂城は、もとは浄土真宗の石山本願寺の遺構であるが十年に余る石山合戦（石山本願寺・一向一揆と織田信長との十一年にわたる戦争）で織田信長は朝廷の斡旋で、やっと手にいれた。その後全焼している。

秀吉は本丸、二の丸と整備し、慶長三（一五九八）年の死に至るまで三の丸を構築し続け城は難波の空にそびえ三国無双の豪華絢爛とうたわれた。

その城も大坂夏の陣で落城、豊臣氏滅亡とともに小さくなったが、それでも繁華さは、昔の春に劣らないように見える。そして豊公の天下統一の余勢は今に残り、国々の重要な商業交通のかなめとして港をおさえている。

豊公の雄材大略は秦の始皇帝が韓、魏、趙、楚など六国を併合して天下を治めたのに似ているが、惜しいかな二代にして豊臣氏が滅亡したのは始皇帝が十年で滅び、秦の故地関中《かんちゅう》（今の陝西省）・三秦を失ったのに異ならない。

今、大坂に来て見て、昔を懐うて感慨の情歇《や》みがたいのである。唐の詩聖杜甫は、英雄（始皇帝）の涙は長《とこしなえ》に布を満たす、とうたっているが再び、その思いがするのである、と。

天皇退位と豊臣氏

月性は今、大坂城を望む難波の港に着いてみると、船溜まりが賑わっている。四国や西国大名たちが、道頓堀の米市場で蔵米を売ろうとするためだ。豊臣秀吉の天下統一を、始皇帝の生涯に擬して詩を賦した。まず外堀を埋めさせられ、翌年夏の陣で滅亡した豊臣氏の悲嘆を追懐したのである。

この『大坂』に見る詩情は、月性が中国古典の物語や日本の歴史によく精通していて、はじめて豊前遊学の成果を示しているようにみえる。

織田信長が京都本能寺で横死した三年後の天正十三（一五八五）年七月、羽柴秀吉は紀伊根来《ねごろ》・雑賀《さいか》の一揆を制して関白に就任した。そして朝廷に奏請して源平藤橘の四姓と並ぶ豊臣の姓を新設して、豊臣氏を称した。伝統的な藤原姓の五摂家と対等に摂政・関白就任の特権を得たのである。

秀吉は亡くなる際、「(息子の) 秀頼事成り立ち候ように……」と遺言を五大老の徳川、前田、毛利らに託したが、集団指導は続かず、関ケ原で勝った徳川家康が天下をとった。

慶長十六（一六一一）年、三カ国大名に没落した秀頼に好意的だった後陽成天皇が家康の圧力で退位し、後水尾《ごみずのお》天皇が即位した。秀頼は朝廷の支援を望めなくなり、ついに徳川家に臣従の礼を余儀なくされた。

このとき家康は、青年武将に成長した秀頼十九歳を見て、征伐を決意し、元和元（一六一五）年五月、大坂夏の陣で秀頼母子は自刃し、豊臣氏は二代で滅亡した。

月性は、この歴史事実を秦始皇帝に擬して作詩している。朝廷は秀吉を神として祀るべく「豊国大明神」の神号を秀頼に下賜していた。それだけによけい月性は、歴史の非情を感じたのであろう。

宮殿卑小　江戸府壮大

さて月性の上京は六年前、十三歳で本願寺で得度したとき以来二度目である。船は淀川から上って都入りした。その時の作詩が、次の『平安』である。都は当時、百二十代仁孝天皇（一八〇〇～四六）の時代で、月性が誕生した年に即位された。

天皇は学問を臣下に奨励し、公家らに子弟を教育するよう開明門院御殿に学習所を建設された。後の学習院である。和漢の学問が講じられ、しだいに尊王論者が多く集まり尊王攘夷運動の拠点となっていく。

作詩『平安』で月性は何を表出したか。七言律詩の読み下し文を読んでみる。

土階三等　禁宮卑《ひく》し
想見す　陶唐盛治の時
麦秋　誰か歌わん　箕子の恨
黍離《しょり》　賦《ふ》するを休《や》めよ　太夫の詩
風流　古より名士多く
山水　今に於いて美姫《びき》を出す
聞説《きくなら》く　将軍の江戸府
金城万雉《ばんち》　洪基壮なりと

江戸教養人の基本は漢詩文にあったが、この月性の漢詩は、中国の古典によほど通暁していないと、なんのことか良く理解できない。

土階三等とは、宮殿に登る階段は、わずか三段で質素なさまをいうが、太古の帝王の堯、陶唐氏が非戦、倹徳をもって天下を治めた盛治の時代を想見させる、と月性は歌った。麦秋の歌は、殷の忠臣箕子が、殷の古都を過ぎ、その廃墟に麦がのびているのを見て、嘆いてつくった歌。また黍離は「詩経」の王風の編名、黍離麦秋之嘆きのことで、国が亡んで宮殿のあとに、きびや麦の畑となっているのを見て発する嘆のさま。

このように月性の詩は「都の宮室は卑小ではあるが、皇統連綿として今日におよんでいる。何人も箕子の麦秋の恨を歌う者もあるはずもなく、周の太夫を学んで黍離の詩を賦すこともないので止めよ」と賦す。そして「この地・都は昔より風流高雅の名士が多く、明るくうつくしい山水は今も美姫（お付きの女官）を出している」と、まず皇居のある京都の現状を詠む。

そして「聞くところによれば、徳川将軍の鎮《ちん》せる江戸府は、金城萬《ばん》（万）雉《ち》（城郭の雄大なこと、雉は城の大きさを計る単位。高さ一丈、長さ三丈）にして、洪基（大なる基礎）は壮大なりという。宮殿の卑小なことと江戸府の広大な城郭を対照して感慨無きを得ぬのである」と詠出している。

月性の詩『平安』は、漢詩をつくる上の心得である実と虚を巧みに展開して、質素な京都・宮殿と江戸幕府の金城を対比し、やがて勤王僧に成長することを予感させる詩眼をみせている。

破綻　幕府の贋金づくり

当時の江戸幕府は第十一代将軍徳川家斉《いえなり》（一七七四～一八四一）の末期で、老中首座は駿河沼津藩主・水野《みずの》忠成《ただあきら》だった。そのころの幕府財政は、すでに破綻していた。歳入百五十万両なのに歳出は二百万両で、足りない分は貨幣改鋳による出目《でめ》（改鋳益金）でおぎなった。

水野忠成は十五年間に八回も出目を実施し、総計で五百七十万両の益金を捻出した。幕府自ら贋金《にせがね》づくりで、日々贅沢三昧《ぜいたくざんまい》をきわめる江戸大奥五百人の将軍生活を支えた、という。

家斉は五十年間、将軍職にあったが、この間に「四十八人の側室、五十四人の子女をもち、諸々の親藩、外様、譜代の諸大名に分配したり、封土の相続者とし、またその御守殿（夫人）とし、徳川の勢力を扶植したことに特色がある」と、徳富蘇峰は『近世日本国民史』で述べている。毛利藩にも家斉の子三十三番目の和姫（十七歳）が大奥から侍婢五十人を連れて毛利家の御住居に帰家した例もある。

こうみると月性が『平安』の詩で賦した江戸幕府は、見かけだけの堅城であって、内政、外交とも壁に突き当たっていた。この二年後の天保八（一八三七）年、大塩平八郎の天保一揆が大坂で突発した。幕府は宗教戦争「天草の乱」以来、ちょうど二百年目の一大危機にみまわれ、徳川幕藩体制は、もはや風前の灯火《ともしび》だった。

月性は、そのころすでに「上会生」のクラスに上り、漢学、詩歌、歴史と幅広く学んでいた。どんな塾生活を送り、どんな学徒だったのか、これから生きるのにどんな目標を掴んだかを振り返ってみたい。

経世・実用の宗教を自覚

この年天保六（一八三五）年の冬、月性は四年半におよぶ豊前での修学を終えた。学友と山々を歩き、蒸し暑い夏の夜は、塾舎の屋根と屋根に縄を渡し、蚊帳を吊るして屋外で学ぶ。飲酒は月三回と日を決めてあり、午後四時から夜十時までは自由に詩を吟じたり書物を読んだ。その他は一切静かにする、と厳しい規制があった。

そんななか恒遠醒窓は、遠く故郷を離れて学ぶ塾生たちに漢詩を贈って激励した。

九月の山邨《さんそん》霜露繁し
客衣新たに授く余温有り
郷書一読須《すべから》く三拝すべし
内に滴る慈親老涙の痕

旧暦の九月になると、はや霜や露が降り寒くなる、故郷から届いた袷《あわせ》には、子を思う母の深い愛情の温もりがある。届いた手紙は何度も繰り返し読んで親の恩に感謝しよう、と詠った。

月性が遊学中に出会った親友・東陽円月（一八一八〜一九〇二）から受けた感化は大きかった。月性より一年下だが、同じ年に恒遠塾に入門し塾頭を務めた。宇佐郡水崎村浄土真宗西光寺のうまれであり、のちに境内に私塾「東陽学寮」を設け青年たちを指導した。捨て子やハンセン病患者、同和運動、海外布教活動等に力を注いだ。馬二十頭を飼って、農家に貸し出した。

その円月は二十七歳で京都西本願寺の学林に入学し、やがて「豊前学派」とよばれる一派をなし、真宗教団内で注目を集めることになった。僧侶が法衣や袈裟の色で位階を競い合う風潮を批判し、自らは常に黒衣のみを用い、分かりやすい言葉で法話を諄々に説いた。こうして浄土真宗は、現世に役立つ経世・実用の宗教として中津を中心に豊前・豊後地方にかけて広がった。

月性は円月による社会奉仕の尊さを知り、敬愛していた。そして円月と同じように二十七歳で「男児立志の詩」を寺に残して京摂津へ東上した。海からの侵略を守るにはどうするか、知名の人士を探し求め漢詩を応酬して意見を叩いた。仏教徒でありながら社会安全のための実践活動にはいった。この年天保十四（一八四三）年、オランダ国王は、徳川将軍に「開国を勧告」の書簡を送付、イギリス軍艦は、しきりに宮古・八重山諸島を測量し、沿岸住民の海防危機の不安は、高まるばかりだった。

矛盾しない親鸞と孔子

月性は恒遠醒窓《つねとおせいそう》の漢学私塾「蔵春園」遊学で、ただ漢学や詩文の修学だけでなく、浄土真宗を実社会での経世・実用の宗教として現実に役立つものと理解するようになっていた。仏教とは、あの世のことだけ教えるのではなく、親鸞の真宗は現世の倫理道徳を尊重する教えであり、孔子の説く儒教となんら相反しないことを確信したのである。この月性の信念は、塾を去るに当たり恒遠醒窓から与えられた「煙渓に送る序」によって、「やっぱり、そうだ」と確固たるものになった。

醒窓の「煙渓に送る序」は、長い漢文だが、月性の前途を励ます言葉がみえる。要約すると、次のようになる。

「古来、僧侶は俗世間を離れて悟りを開こうとし、一般に世間の倫理を無視する傾向があるが、親鸞の浄土真宗の教えはそうではない。しかし現在の真宗の徒は殺生、盗み、邪淫、妄語の悪を平気でおこない、親鸞の意に反しているものが多い。孔子の道と親鸞の教えは矛盾するものではない」とし、孔子の教えにしたがって生活すれば親鸞の教えに違うことはない、として醒窓の宗教観をはっきり述べている。そして醒窓は言う。

「周防の煙渓は親鸞師の教えを奉ずる者であるから、天堂（極楽）、地獄の説について余はまだ学んでいないので、又まさにその師についてこれを問いたまえ」と、次に本格的な仏教宗典の考究を勧めている。

この恒遠醒窓の「矛盾しない親鸞と孔子」の解釈は、月性に大きな力となった。月性は江戸幕府を支配する儒教・儒学と、経世・実用の浄土真宗の二つを結ぶ実践活動が、海からの外敵を守る力になると、ひらめいた。やがて月性は京都本願寺の迎賓閣「翠紅館」にこもって勤王志士たちとの尊王倒幕の運動を展開するのである。

祖父の死　宗乗のこと

豊前の修学を終えた翌天保七（一八四六）年の正月を月性（二十歳）は京都で迎え、三月には広島の儒学者坂井虎山を家塾・百千堂に訪ね、はじめて漢詩を応酬して謁した。史論・文章で有名な虎山から詩をほめられ、月性は大いに気をよくした。

その年秋、遠崎の妙円寺山門を出た月性は、祖父謙譲ら家族に見送られ二度目の修学に出た。宗《しゅう》乗《じょう》習得のため九州佐賀の善定寺不及上人に入門、精居寮にはいった。

それから三年余の生活は、もろもろの宗典の根本奥義の修得につとめた。「宗乗」ということばの「宗」は教えの根本を意味し、「乗」は悟りにいたる乗物の意味であり、自分の属する宗派の教学のことを「宗乗」という。他の宗派については「余乗」というが、もろもろの宗典も習得し、その上で浄土真宗を実践するというわけである。

ところで十九世紀のはじめ、月性の浄土真宗本願寺の教団内で「三業惑乱」と呼ぶ事件があった。宗旨をめぐって本願寺中央教権派と地方門徒が激しく対立した。

人の生死は身《しん》、口《く》、意《い》の三業が因縁となって輪廻転生するが、地獄、餓鬼、畜生等の六道循環から解脱して、成仏する信仰の実践をめぐって、それは「他力」だと主張する地方門徒と本山教権が正面に対立したのである。結局、幕府の寺社奉行で糾明され、西本願寺は百日閉門に処せられる、という不名誉があった。

この事件の時、安芸門徒の勝圓寺・大瀛《だいえい》に師事して活躍したのが本願寺派勧学・道振である。道振は豊田郡本郷村の寂静寺第八世を継ぎ、源信の『往生要集』や法然上人の『選択本願念仏集』、親鸞にまつわる『愚禿鈔』など、浄土教、浄土真宗を中心に宗典を学び伝えた。その門下に十人余りいたが、佐賀の善定寺不及上人が上足の高弟だったのである。

月性は、その不及上人の精居寮で、学僧大瀛―道振の学統の中で不及を通じて法華経から浄土教、禅宗等の宗典までじっくり勉強し、親鸞信仰の絶対他力、報恩感謝の念仏仏教を身につけた。

このころ、国内では仏教を排斥し、廃仏毀釈がうごめく。耶蘇教・キリスト教文明の日本侵出の動きが目立ち月性の目は、外国船の入る長崎港に向くようになった。巨大なオランダ船に驚くのである。

佐賀に来て二年目の暮れ、「十二月十七日、祖父謙譲が死す」との訃報を受けた。月性は物心がつくころから、お念仏のこと、親鸞さんや法然さんの話をよく教わった。笈《きゅう》（竹製のおい）を負うて山門を出たとき、祖父は八十二歳の高齢だが、それでも手を高く振って孫の将来を激励した。万物は諸行無常に違いないが、愛する親近者との別れは悲しく辛い。この年の春、妙円寺では養父周邦の娘梅野が生まれた。のちに月性の室となる。天保八（一八三七）年は月性にとって生死悲喜こもごもの年だった。

この年四月、萩毛利藩主敬親《たかちか》（一八一九～七一・権大納言、大膳大夫）が家督を継ぎ、藩主に就任、忠正公と称した。明治二年まで幕末維新の政局に対処することになった。

草場佩川に教わる

月性の三年におよぶ佐賀遊学は、単に仏典の習得に終わるものではなかった。不及上人の善定寺は佐賀城のすぐ目の前にあった。近くの長崎や平戸は南蛮貿易とキリスト教の先進地でもあり、月性はこの地にしばしば旅行し見聞するうちに、日本を守る勤王と海防論の重要なことに気づき目覚めるのである。

佐賀の土地がらは、昔、豊臣秀吉が九州征討のとき、イエズス会・キリスト教の教会領だった長崎を没収し、龍造寺の重臣鍋島直茂に直轄領として管理させた。以来、佐賀は長崎警備の任務を負わされていた。この歴史経緯から佐賀藩は海防問題や蘭学に早くから関心が深く、藩学寮の設置、反射炉の建設、西洋帆船の輸入など、明治にいたるまで洋学研究と軍事力強化で他藩に先行していた。その基礎には藩校弘道館を中心とする学問的な水準の維持、向上があった。

この佐賀の歴史風土のなかで、精居寮に住む月性は、近くに越してきた元弘道館教授で儒学者、漢詩人の草場佩川《くさばはいせん》（一七八七～一八六七）に面識を得た。月性は、「佩川先生の卜居を賀す」の詩のなかで、先生が近くに引っ越してこられたのは、風流宿世《ふうりゅうすくせ》の縁である、と大喜びし、「文莚《えん》に何時、先生に会えるかとの思いで十年も過ぎたが、今や隣に見えた。詩仙を訪ねて詩句を推敲しよう」と詠じている。

幅広い交遊の人脈をもつ月性の師恒遠醒窓《つねとおせいそう》から紹介されたのであろうが、佩川は若いころ、藩校教授・古賀精里に従って対馬にわたり朝鮮使節と詩賦を応酬し、才名高い詩人であり、月性の憧れの人だった。

月性は詩文ばかりか、佩川から外交や海防論を聴き、さらにその子息の船山、武富らとも盛んに往来して詩を論じあった。

巨大なオランダ船に仰天

天保十（一八三九）年の春、月性（二十三歳）は長崎沖で出会った巨大なオランダ船の威容に度肝を抜かれた。そのときの漢詩「蘭（オランダ）船の南洋を渡るのを見る」の一首にその様子がみえる。読みくだし文の一部をみよう。

「蘭船　海の中央にあり　満斤の重きを乗せて傾覆すること無く　水を出る事百尺　屋よりも高く巨砲の備え有り　要害厳なり　鉄城誰か　海に向かって築ける　崎鎮の辺防こと軽からず」と詠い、長崎の海岸防衛の任務の重大なことを指摘している。さらに詩は続ける。

「巨砲忽ち発し　数声雷の如く　或は一時に地軸を砕かんばかり　両舷の砲口より余煙湧き起こり一色忽ち風帆を埋める……」と。洋上を日本から去って行くオランダ軍船を目撃、その速力の速さ、威容さに驚くのである。

この詩の内容からみると、月性がどんな便船を利用したかは不明だが、遠く鬼界ケ島に出かけたとき、洋上で出会った風景ではないか。月性は、この旅で平家討伐の謀議の罪で鬼界ケ島に流され、悲嘆のうちに自害した僧俊寛を弔《とむら》った。後世の世阿弥や近松門左衛門の作品で俊寛の悲劇的な人物像を月性は知っていたのであろう。

近松門左衛門は越前生まれ、浄瑠璃・歌舞伎作者で、公卿一条昭良らに仕えた。その代表作の一つ『国性爺合戦《こくせんやかっせん》』（正徳五年）を月性は読んで、知っていたらしい。長崎で巨大なオランダ船に驚いた同じごろ、『平門舟中』という七言律詩を作詩している。「平門」とは、肥前平戸のこと。

詩の最後の転・結の部分で言う。「聞けば平戸には彼の鄭林（鄭成功）の遺跡が在りという。これがために篷《とま》（竹や茅《かや》で編んだ囲い）を掲《かか》げて幾度か頭を回して望み、当年を追懐するのである」と。

鄭成功《ていせいこう》（一六二四～六二）は、明末・清初の武人。父鄭芝龍はマカオを基地とした貿易商人で、慶長十七年駿府で徳川家康に謁見し、のち肥前平戸に移り住み、平戸藩の足軽・田川七左衛門の娘を娶った。成功はその長男である。幼名は福松。中国名は林。寛永七（一六三〇）年明の大官になっていた父の招きで中国にわたり、清の圧迫下にあった南明の唐王から、国性朱を賜る。翌年父が清に降伏したのち、「滅清復明」の戦闘を展開、日本に何度も支援を要請したが、幕府が応じず、オランダが拠《よ》る台湾を攻略して根拠地としたが、病死した。

この歴史事実を基にした近松の『国性爺合戦』物語は、よほど月性の心に強く残ったようだ。それから十七年のち、吉田松陰と「倒幕論」を巡って激論したあと、遠崎妙円寺に逗留した僧黙霖《もくりん》が平戸へ旅行するに当たり、月性は「聾僧黙霖平門に行《ゆ》くのを送る」の長詩を賦して呈した。この詩に月性の勤王思想が凝縮されており、のちに京都で脱稿する勤王・攘夷史論ともいえる『仏法護国論』の理解に役立つことを指摘したい。勤王と海防の歴史観は、九州・佐賀、長崎の修学旅行の内に芽生えたと言えよう。

蓑虫の揺らぎ　歴史の出口

ほぼ三年にわたる仏学、宗乗《しゅじょう》と修学旅行を終えた月性（二十三歳）は、天保十（一八三九）年六月、儒者たちから送別の会を受け、佐賀・長崎を去って遠崎の妙円寺に帰った。日常、寺境内の清掃や仏事に明け暮れる中、手中の漢詩千首の中より七十首を選び一巻に纏め、師友に贈って批評を乞うたりした。

そのころ、詩題『秋草』や『晩涼』で身辺、自然の移ろいを詠う作品がある。また天保十二年正月と三月、広島の師坂井虎山を訪ねる。

夜航の船内風景、「多くの商人を載せ、膝を容るる余地もない。睡眠で頭は互いに触れ、跪坐倦《きざう》めども脚も伸べ難き状態。でも看れば天将《まさ》に明けんとしている、明日は広島の春に接するであろう」と、何やら胸が騒ぐ思いがする。

単調な生活の中で、広島の史論、文章の家塾百千堂・坂井虎山と五百人からの門人たちへの期待と希望に満ちている。この広島行きの中で勤王倒幕激論の僧黙霖の動静や、吉田松陰が文を書く際、最も信頼する土屋蕭海《しょうかい》（矢之助）と会うことになる。

帰路は室津を過ぎて帰り、夏にまた萩に遊ぶ。そして十三年春、久しぶりで豊前恒遠醒窓の梨花寮に寓居した。たまたま醒窓が平戸侯の招きに応じ唐津にあり、その師の代講をした。後再び佐賀に行き、ついで広島に遊んで帰る、といった生活だった。

天保十四（一八四三）年二月十二日、また広島に遊ぶべく僧坊を出た。十四日、坂井虎山は数人の知友と月性を呼び共に飲み、会談した。六月二十八日、萩で船を浮かべて河上で納涼（住吉祭）をした。

このように遠崎の月性は、落ち着きが見られない。何故だろうか。少年の頃より漢詩・漢学・仏教のこと、本居宣長系統の国学も学んできたが、まだ世の中がよく分からない。一体、日本の今は何なのか、月性は世の中の仕組みに疑問を持つようになった。沿岸にしばしば異国船が現れ、住民を威嚇する。それでも殻を被った蓑虫のように、社会全体がただ揺れている。

江戸の幕末社会は、朱子学の儒教思想が徳川幕府を支え、鎖国体制の下にあるが、西欧列強の侵出に手がでない。この徳川の仕組みを変えなければ、出口のない閉塞ばかりで日本は危ない、という不安である。

解決のためには、社会を支える根本の儒学思想への教養がいる。それには来し方の歴史と伝統文化を知る必要があった。月性は、歴史文化の知恵が足りないと考えたようだ。儒学者や文人を求めて京摂津に旅立つのである。まるで鳴きしきる蝉のように、尻に火がつく思いで、直ぐ実行である。

第三章

海からの脅威・異国船と植民地化

海防危急の打開策　歴史探して出奔

海峡の潮の渦巻きに近い遠崎妙円寺だが、薄暗い雲立つ時勢を語り合える人は付近にいなかった。この閉塞と鬱屈から逃れるように、月性は「男児立志、出関」（男児 志を立てて郷関を出づ）の歌を残して、寺を出た。天保十四（一八四三）年八月お盆のころ、三度目の修学へ出奔である。月性は二十七歳になっている。そのさいの詩「将《まさ》に東遊せんとして壁《へき》に題す」は、すでに述べたが、もう一首、母を思う惜別の詩を残していた。

「二十七年雲水の身　又師を尋ねて三津に向かふ　児烏《じう》の反哺《はんぽ》　応《まさ》に日無かるべし　別るるに忍びんや　北堂垂白の親」

月性は豊前の塾で孔子が教える『孝経《こうきょう》』を学び、「親への敬愛の大事」を十分理解している。孝養を尽くさないまま、白髪のふえた母を残しての別離は忍びない、としている。それでも、宗教界を堕落から救い、海防の施策を知る歴史を探すための勉強をどうしても、と願う気持ちが溢れている。海からの異国船脅威をどう治めるか、それには歴史の知恵がいると。

月性は、この年八月十五日朝、あめ色の菅笠に脚絆、鉄の錫杖《しゃくじょう》姿で、近くの港で船に乗った。その夜は広島の宇品港に一泊したのち一路、瀬戸内海を東上。まず奈良の長谷寺に行くが、その地から遠崎妙円寺の養父周邦に宛て「なぜ故郷を出奔したか」そのわけを書き送って、了解を求めている。それによると、

「我ガ宗教、翁媼《おうおう》（おきなとおうな）ニノミニアリテ、士大夫已上《いじょう》ニ頓卜《とんぼく》（おじぎするもの）ナシ。啻《ただ》ニ、ナキシノミナラズ大ニ廃毀《はいき》スル。コレ皆衲子（僧侶）文盲、士大夫歯《し》セズ、交際セザルニヨリ宗意ヲ説クノ便ナシ。不肖私ニ漢学ヲ許シ給ハバ成業ノ後、上等社界へ伝法弘教セン。何卒宜敷ク御聞入被下度候」

この文面をみると、故郷に書き残した『男児立志、出関』の詩が示す決意の内容をはっきり説明している。わが浄土真宗は爺や婆が信仰するだけで、藩士以上の上流の人士が信心しないばかりか、廃仏運動が盛んである。これは僧侶が学問しないからだ。自分は漢学の修学と、仏教の大切なことを上流社会の人々へ伝え広めたい、というのである。

日本沿岸の海防危急を抑止し護るために、仏法の大事、草莽《そうもう》の大義を萩藩士大夫らに知らせる、そのために高い教養と知識の習得を自覚している。京・摂津にすぐれた儒学者や文人を尋ね、今の世を治める根本の儒教・儒学を深く学ばなければならない。この志が成就しなければ、再び遠崎には帰らない、という強い意思だった。

この三度目の出奔の期間は、弘化年間（一八四四〜四七）を越え、嘉永元（一八四八）年四月、境内に青年を指導する清狂草堂『時習館』を開くまでの四年余におよんだ。

学成った後、月性は、「閣下何ゾ一日モ早ク志ヲ此ニ決セザル」と、藩主毛利敬親に攘夷倒幕を建白し実行を迫る。この月性の倒幕思想は一体何からきたのか。

「長州が幕末動乱のさい志士を輩出したのは、関ケ原合戦で負けたことの腹いせ、復讐の怨恨《えんこん》、そのエネルギーの暴発が原因だ」という、所謂「長州の関ケ原・遺恨説」が、昨今では、歴史家や大衆小説家の常識として定説化されているようだ。だが月性の歴史認識は、まるで違っていた。異国船と植民地化への脅威をだれも阻止できないでいる。国を護る海防対策には、先人たちの知恵がある。日々、因循姑息に安穏していてはだめだ。歴史を知れ、と月性は思った。

沿岸危機の背後に世界史物語

地球表面の七割は海である。その青い海を船が行く「地理上の発見」という時代があった。幕末の月性が「神州陸沈の危機」を訴える背後に、海の世界歴史の物語があった。

キリスト教徒は八百年かけサラセン（ギリシャ、ローマのアラブ人呼称）人をイベリア半島から追放する国土回復運動（リコンキスタ）を完成した。一四九二年グラナダ陥落が終結すると、ポルトガルの航海王ドン・エンリケが登場、大航海時代の幕が開かれた。世界歴史の中に日本の位置付けをどうするかを見よ、と月性は考える。

このイベリアの国土回復運動（リコンキスタ）の直後、ローマ法王は一四九四（明応三）年に、国王との契約（トリデシラス条約）で地球上の海を大西洋中心線の西回りをスペイン、東回りはポルトガルと二つに分割し、航海の冒険で発見した土地は、すべてその国の植民地と認めた。その影響の波はやがて日本沿岸におよんだ。

十五、十六世紀の二世紀にわたるイベリア半島二カ国の「地理上の発見」は、世界分割と植民地獲得の原点だ。その運動をベネチア冒険商人の子・マルコポーロの著書『東方見聞録』が大いに刺激した。地図のない当時の日本を中世ヨーロッパに「黄金の国・ジパング」と夢をかき立て紹介したからだ。たった一冊の本が、コロンブスを始め多くの冒険家の目を日本に向けさせ、海外へ進出するきっかけだったことの世界史上の意味は大きい。地球を二つに分断し植民地化を東西に競う大航海時代は、西欧キリスト教文明の世界展開に役立った。そして幾多《いくた》（あまた。数多く）航海の帆船には、必ず布教のための宣教師が乗り込んでおり、国王の支援を受けていた。

代表的な例は、ローマ・カトリックに属するイエズス会（耶蘇会ともいう）が一五四三年、イグナチオ・デ・ロヨラによって創設されたこと。三十年間の宗教戦争を終えたヨーロッパで、ローマ教皇に服従し、「神と教皇の戦士」として厳しく宣教することを使命としていた。ルターらの宗教改革（新教、プロテスタント）で失った領域を反宗教革命の先兵となってアジアのインドや中国、日本へ必死に布教し回復しようというものだった。

キリスト教許可で大内氏の国滅ぶ

この世界規模のグローバル化の波にのって一五四九（天文十八）年八月、スペイン人宣教師フランシスコ・ザビエルが日本に到着、初めてキリスト教信仰の種を蒔いた。ザビエル（一五〇七〜五二）はバスク地方ナバラの城で生まれ、パリで学ぶ。のちにイグナチオ・デ・ロヨラに出合い、七人が協力してイエズス会を創立した。

反宗教革命の指導者として、フランシスコ・ザビエルはインド、東インド諸島に布教、一五四七年に殺人の罪をのがれてマラッカへ逃亡していた薩摩藩士アンジロー（生没年不詳）に出会う。四八年、ザビエルはゴアでアンジローに洗礼をうけさせ、彼の案内で四九年夏、鹿児島の土を踏んだ。宣教を「上から下へ」効果的に伝えるため、ザビエルは天皇に面会しようとミヤコに上ったが、町は荒れ果てていて失敗し、大津坂本で引き返し平戸にもどった。そして再度、周防山口に領主の守護大名大内義隆を訪ね、時計など十三種の珍しい物品を贈って布教の認可を得た。義隆は金銀の対価を用意したが、ザビエルは辞退した。

ザビエルらは「仏教は地獄に落ちた先祖を救うことはできない、真言宗派は他の宗派と同じく偽りの、人を誑《たぶら》かす宗旨であり、悪魔が考えだしたものと思え」と、町角で辻説法した。

山口でのイエズス会の耶蘇伝道は、在来宗派の僧侶たちと衝突、怒りをかって不穏となった。これが一因となり、一五五一（天文二十）年九月、伝道を認めた領主大内義隆（一五〇七〜五一）は、重臣陶晴賢《すえはるかた》（一五二一〜五五）の謀叛にあい周防徳佐、防府口から差し向けた兵五千に追われた。義隆は九州筑前を目指したが海が荒れてかなわず、長門大寧寺に逃亡、追い詰められ公卿が放火、自刃した。

安芸の国主・毛利元就《もとなり》（一四九七〜一五七一）は四年後、安芸厳島で陶晴賢と戦って自害させ、晴賢が大内家後継に擁立していた義長（義隆の姉の子、大友宗麟の弟）を下関の勝山城に攻めて自害させ、大内家は滅亡した。

月性生誕の地・周防地方では、臨済宗や一向宗（浄土真宗）等、在来の仏教と、新しく宣教のキリスト教が衝突、原因となり、西国随一の守護大名大内氏が滅亡した、という歴史事実を余り認識しないようである。

この陶晴賢の反乱の直前、山口にいた宣教師ザビエルは、「ポルトガル船が入港した」という領主大友宗麟（一五三〇〜八七）の招きで、豊後府内（大分）に移った。ザビエルは「私が豊後滞在の間に、悪魔は山口で戦いが起きるようにしかけた……」と、山口に残った神父コスメ・デ・トルレスからの手紙を同封してヨーロッパのイエズス会員に知らせている。その手紙によると、反乱の兵士たちは「お前たちのキリスト教が悪い、殺そうか」と口々に叫び、動乱の原因は仏教とキリスト教の対立、衝突にあったと理解されていた。

大内氏は、日本に仏教を伝えた百済の聖明王の第三子琳聖太子を始祖としている。十二世紀以来、周防在庁の有力者で周防権介を世襲、大内介と称した。鎌倉御家人で六波羅評定衆、のちに周防・長門などの守護となり、山口に本拠を定めた。

義隆の時代は軍事より文事に専念し、京都から多くの公卿や文化人を招き、朝鮮・中国との交易も盛んで山口は西日本では一番よく栄えた。義隆の文治主義に周防守護代の陶晴賢はかねてから不満、ザビエルにキリスト教布教を許可したことがきっかけで長い大内氏の歴史を終わった。まことに皮肉である。

では次世代の戦国大名たちは、キリスト教・耶蘇会の海からの日本侵出にどう対応したのだろうか。月性は、その歴史展開を後に述べる『仏法護国論』で詳細に論じている。

「勤王の毛利」中国地方制覇

幕末に勤王の志士梅田雲浜《うめだうんぴん》（若狭小浜藩士、一八一五〜六五）が、萩にやってきて「長州藩はご先祖より勤王のお家柄であり、是非、西欧の外圧から京都を護るため大藩の毛利藩の力が必要である」と説き、「他藩の模範となって勤王の旗を揚げてほしい」と頼み込んだことがある。梅田雲浜の萩城下入りは、当時京都で談合していた月性の斡旋だった。この「勤王藩の長州」とは、いつからなぜそうなのか。

毛利氏の系統は皇室から出て朝廷とは浅からぬ因縁がある。藩祖元就《もとなり》公（一四九七〜一五七一）は、陶晴賢を討ったさい、詔を請い大義名分を明らかにした人物である。戦国末期の混迷で皇室財政が逼迫したさい、正親町《おおぎまち》天皇の即位費用を献上した。その功により元就は陸奥守に、子隆元は宮中の食膳のことを司る長官「大膳大夫《だいぜんのたいふ》」に叙された。さらに元就は三年後、石見国《いわみのくに》・大森銀山を禁裏御料所と足利幕府料所に二分して寄進した。この毛利家の「大膳大夫」の官位は、公卿勧修寺を通じ幕末まで続き、毛利が勤王藩と認識される所以だった。参勤交代のさい、京都に止まれるのは長州藩主だけだった。

そして天下分け目の美濃「関ケ原」の合戦は、元就の死後九年後の慶長五（一六〇〇）年に起きた。この時、毛利の「起請文」による団結は、ゆるんでおり足並みは乱れた。

近世の毛利といえば、遺訓「三本の矢」が人口に膾炙《かいしゃ》している。この話は一説に実話ではなく、世に「毛利の両川」とよばれた事実こそ、元就の人物を裏付けているという。

この「両川」とは、毛利元就の三男隆景が天文十三（一五四四）年、安芸・竹原と沼田の小早川氏を継承し、兄元春も安芸・備後両国を代表する吉川興経《きっかわおきつね》の養子となり吉川《きっかわ》家を継いだ。毛利宗家を両翼で支える吉川、小早川の協調体制のことを当時「毛利の両川」と呼んだ。元就の正妻妙玖は吉川国経の娘であり、吉川氏との血縁が深かった。

小早川隆景《たかかげ》（一五五三〜九七）は織田信長方の備中三村氏を滅ぼして瀬戸内海に進出し、水軍を利用して大坂石山の本願寺を支援した。一向宗（浄土真宗）の旗をなびかせて食糧、弾丸を石山寺に運んで十一年間、信長を苦しめた。信長は耶蘇教の布教を認め、宣教師を助け仏教と対立した。

他方、吉川元春は、出雲に尼子勝久《あまこかつひさ》（一五五三〜七八）を攻めて降伏させた。「われに七難八苦を与えよ」と三日月に祈った山中鹿之介幸盛の尼子再起の願いもかなわず、天正六（一五七八）年、尼子は滅亡した。毛利勢はこうして山陽、山陰を抑えたが、そのことは直接、キリスト教宣教師を支援する織田信長の天下布武と真っ向に対決することになった。

毛利の遺訓「両川」機能不全

織田信長の中国征伐の先鋒は羽柴（豊臣）秀吉の備中高松城の水攻め包囲戦だが、その時、吉川元春は、高松城を救援した。ところが弟の小早川隆景は「本能寺の変」での信長非業の死を知らないまま、毛利使僧安国寺恵瓊《あんこくじえけい》（?〜一六〇〇）の斡旋で秀吉と和睦した。明智光秀の毛利宛の密書が秀吉側に奪われたため、秀吉はそしらぬ顔で講和を急ぎ、兵を光秀追討に大返しできた。

この高松城での和睦をめぐって、主戦論の兄吉川元春と、弟隆景との間に致命的な対応の違いをみせた。密使の情報はともかく、結果的に起請文一つで中国地方を制覇した「毛利の両川」体制は狂い、いわゆる「三本の矢」の束は、この時点でばらばらに砕けた。

その結果はただちに現れた。秀吉と和睦した小早川隆景は、豊臣政権五大老の一人に選ばれた。しかし兄の元春は秀吉に従うことを嫌い、高松城の合戦後に家督を長男元長に譲り秀吉の九州征伐に従軍中、豊前小倉で病没した。また元長も秀吉の命を受け四国、九州に出征したが、父の死を追うように翌年九州日向の陣中で病没した。勇将であるとともに、文学、儒学、仏教などに造詣の深い教養人でもあった。

元春の次男元氏は、毛利の世臣繁沢氏を相続していたので、吉川氏は天正十六（一五八八）年、三男吉川広家（一五六一～一六二五）が継いだ。その年、広家は従四位下に叙され、出雲、伯耆両国十二万石を受領し、出雲・富田《とだ》城に移った。

これよりさき弟の小早川隆景は、秀吉の四国、九州出兵に参陣して伊予三十五万石を領し、朝鮮出陣では明将李の大軍を破った。そして文禄二（一五九三）年、隆景は秀吉の養子だった秀秋に家督を譲った。秀秋は従三位権中納言の官位に叙された。この小早川家の秀吉寄りへの家督継承は、毛利の「両川」の絆を劇的に転換、弱体化するものだった。

小早川秀秋（一五八二～一六〇二）とはだれか。木下家定の五男で近江長浜に生まれた。家定は豊臣秀吉の正室ねね（高台院）の兄にあたり、秀吉に重用され豊臣の姓を許され従三位中納言に叙任、播磨姫路城主となった。秀吉死後は徳川家康に近づき、慶長六年備中足守藩二万五千石に封じられた。

そして小早川隆景が文禄四（一五九五）年隠居すると、秀秋は、筑前名島城ほか三十三万六千石を継ぐ。慶長の役には総大将として渡海して活躍。関ケ原の戦いは西軍に属したが、途中で寝返り東軍勝利の原因となった。戦後備前、備中、美作五十一万石を与えられた。一方、毛利宗家の長男隆元は一五四〇（天文九）年、十七歳で元就から家督を継ぎ、備中、長門、周防、安芸の各守護となったが、同じ年、尼子征伐に向かう途中、急死した。その子の輝元が継ぎ、祖父元就に従って尼子を追討し中国地方を制した。

一五五八（永禄元）年のころ、毛利元就は直筆の全文十四カ条の遺訓を残した。骨子は「天下を望むなかれ」である。そして「元就は神仏への信仰心が深く、六十一歳まで毎朝、太陽を拝み念仏を唱えた。ことに厳島明神の信仰と加護によって三千貫の土地から興起して戦いに勝った……」と述べている。

こうした毛利の国造り計略の後、元就の孫たち、従兄弟同士の時代となって関ケ原合戦は起きた。

和議覆し、家康は安堵か

関ケ原の戦いは慶長五（一六〇〇）年、徳川家康と石田三成らが美濃関ケ原で行った戦いだ。一五九八年に豊臣秀吉が死に、ついで前田利家の死は、五大老筆頭の徳川家康が声望を高めた。五奉行の一人石田三成は豊臣家の将来を憂い、秀吉恩顧の大名と語らって家康を除こうとしたが、不和だった加藤、福島、浅野、黒田などは逆に家康と結んだ。そこで三成は毛利と縁の深い僧籍大名安国寺恵瓊（伊予六万石）や近江水口城主長束正家と評定して、五大老の一人毛利輝元を西軍の総大将に擁立した。若い毛利輝元はやすやすと大坂城に入城した。祖父元就の遺訓「天下を望むな」にうっかり、反してしまった。

一方、会津で挙兵した上杉景勝に向かった家康は、三成の挙兵で急遽引き返し関ケ原で西軍と相対した。この時、また従兄弟の吉川広家は、宗家毛利輝元の身元に、元就の遺訓に反する危険を感じて、毛利の老臣福原広俊と相談して徳川と和議を進めた。徳川方の重臣井伊直政、本多忠勝は、「毛利の領国は安堵《あんど》する」の意向を示し、毛利にとって関ケ原戦は不戦となった。

ところが一方の小早川秀秋は出陣の最中、徳川方に内通して東軍に寝返った。こうして九月十五日の決戦は、西軍総大将毛利輝元が、戦場に赴くことなしに東軍の大勝に終わった。

やがて戦後交渉があり、徳川家康は「毛利の領国安堵は部下が決めたこと」として、和議を一蹴して覆した。輝元が大坂城から広島城に退去すると、追い打ちをかけるように、中国八カ国の百十二万石全部をいったん没収し、輝元の嫡男秀就《ひでなり》(一五九五〜一六五一)に改めて周防・長門二カ国を給するという。「領国安堵」と異なる意外な事のなりゆきに、吉川広家の苦悩は大きかった。

それにしてもなぜ家康は、吉川広家らとの和睦を覆したのか。家康にとって、天下統一には財力が欠かせない。海外との貿易にも、真っ先にいるのは支払い資金だ。毛利支配下にあった石見《いわみ》大森銀山を奪取して徳川の手にいれる謀略があっても不思議はない。

関ケ原合戦の直後、家康は、豊臣検地のリーダーだった石田三成(一五六〇〜一六〇〇)、キリシタン大名で朝鮮征伐で輸送を指揮した小西行長(?〜一六〇〇)、元は毛利の使僧で秀吉の知恵袋だった安国寺恵瓊の三人を京都の六条河原で斬首した。

そして西軍の大名九十家の領地(総石高四百三十八万三千石)を没収した。ほかに減封四家、その総石高は二百二十一万五千石にのぼり、関ケ原の戦後処理は合計六百五十九万八千石に達した。減封は毛利、佐竹、上杉、秋田の四家であり、減封石高は没収した総石高の半分以上を占めた。この処理で豊臣秀頼は六十万石の一大名に没落した。

関ケ原戦で東軍に寝返った小早川秀秋は、他の西軍主力が改易、減封された中でただ一人、筑前名島城三十三万六千石から備前、備中、美作《みまさか》の三カ国五十一万石の領主に栄転している。

家康は吉川広家に対し「周防の上方口に居城して、広島の福島正則とともに忠勤に励むように」と告げて、広家に短刀を授けた。勝者の驕りとはいえ、和睦を騙《へん》したことの負い目は、天下常に末永く徳川方の心に残った。家康は終生、西国諸大名の動向を注意した。そしてのちに見るように僧天海の計らいで、日光と上野の輪王寺に朝廷から親王を門跡として迎えた。朝廷の威光で諸国の謀叛を抑止し、家康の後顧の憂いを絶つためだった、と言われる。この歴史事実は幕末の戊辰戦争で、輪王寺宮（のち北白川宮能久）を頂き、東奥羽越列藩同盟の独立運動にまで尾をひいた。

その後の毛利氏と徳川

徳川家康は、外様を削封、転封で没収して得た石高を親藩、譜代に加増して取り立て、大名の六十五家を再配置して天下の権を固めた。この戦国の歴史転換のもとで、敗者の毛利氏は、本格的に兵農分離を推進し、近世大名として衣替えするが、それは関ケ原戦の結果、周防・長門（山口県）の二国になってからである。「毛利の両川」策は、領地が十カ国にも拡大したとき、一つの起請文で結ばれた思想と組織は、予想外に脆かった。

長門・周防三十七万石を領した安芸（広島）生まれの毛利秀就《ひでなり》（十六歳）は、一六一一（慶長十六）年、初代藩主として長門萩にお国入りする。一説に、萩に二十万人もの人士が雪崩込み、築城は瀬戸内に便利な防府、山口が認められず、日本海に面した萩三角洲に築かれた。

毛利家は萩の宗家を中心に一門六家（三丘宍戸家、右田毛利、厚狭毛利、吉敷毛利、阿川毛利、大野毛利）があり、旧大内氏の領地を十八の宰判地区に分けて統治した。そして幕末に三家老自刃の憂き目にあった益田《ますだ》親施《ちかのぶ》、福原《ふくはら》越後《えちご》の両家は萩毛利の「永代家老」家として重きをなし一門八家と呼ばれることもあった。近代毛利の要だった。

徳川幕府の天下統一は、三代将軍家光による参勤交代制の施行と儒者林羅山の思想、朱子学導入による階級社会の形成で一応完結されたかにみえる。幕末の遊学を終え周防遠崎の自坊妙円寺に引きこもっていた月性は、やがて藩政改革の一つとして萩藩の参勤交代制の無駄を槍玉にあげ、その廃止を藩主に上申する。この制度は萩本藩だけでなく、長府、徳山、清末の毛利三家にも義務があり、財政の負担は大きかった。家光が参勤制を実施したころ、長門長府（山口県下関）の居城にいた毛利秀元（一五七九～一六五〇）は、宗藩秀就の国政を補佐し、一方で茶道や和歌に堪能で、その名は数奇の道に達した人物として中央で知られていた。やがて秀元は家光の御伽ぎ衆の職についた。将軍に伺候して諸国の咄《はなし》をしたり、雑談の相手をつとめるのである。

徳川との縁では、秀元が慶長十八年、松平因幡守康元の娘（家康の養女）と結婚したこと、また藩主秀就の室龍昌院（名は喜佐姫）は、越前中納言秀康（家康の次男）の長女。将軍秀忠の養女として秀就と結婚し、慶長十三年七月に江戸桜田邸に入輿し、四男三女を生む。徳川の毛利氏にたいする気配りは、尋常ではなかったともみられる。

それにひきかえ、元は同じ毛利一門なのに、岩国吉川藩は明治初年になるまで、大名に叙爵されていなかった。

なぜ大名叙爵無しか　岩国吉川氏

「毛利の両川」の片割れ吉川広家氏は、新しい領地の周防岩国に城下町をつくった。戦後の十月上旬、家臣団を整理し、出雲富田月山城十二万石をあとに中国山地を越えて周防玖珂郡由宇村に入った。十二月には家広の母慈光院（元春室）等に続き、譜代の家臣団、家族、従者たちも加わり、移住者は六千人に達した。

広家は翌一六〇一（慶長六）年秋入国した。萩藩主輝元に代わって、家康が大坂から伏見に移動する跡を追って奔走し、七月に漸く暇《いとま》が出て大坂から船で由宇村に着いた。さっそく隣接の岩国で城下町造りだ。

領国統治は新領地三万石の検収からだ。秀吉の太閤検地のやり方で、面積、地味、収穫高を定め、農民の名を検地帳に記入した。家臣団の再編成、城地の選定、城下町の設営、年末には家中の屋敷割、町割を行った。

町割には新領地の柳井津や玖珂町の商人を城下に移動させ、商人らの菩提を祀る寺院も移った。月性の母尾上が嫁いでいた岩国門前の光福寺は石見江津から、柳井の瑞相寺も岩国に分割した。そして水田や塩田の開削事業の歴史を刻んだ。

萩宗藩の慶長検地で、防長二州の総石高五十二万五千四百三十五石だった。岩国領は、四万五千石となり、輝元が与えた領地打渡し高三万四千石より、ほぼ一万石増えていた。

広家は毛利一門の最長老として輝元の信頼が厚く容易に引退を認められなかったが、五十四歳で隠居した。

長男広正が十五歳で二代藩主として祝式を行った。萩藩主・後見輝元は長女（のちの高玄院）を広正に配して、両家の親睦を密にした。ところが輝元の養子秀元（長府藩祖）が三万六千石を領し、次男就隆（徳山藩祖）が周防都濃郡に三万石を分地され、ともに大名として諸侯に列した。

一六五三（承応二）年、萩藩主秀就が没すると、長府藩毛利綱元が「祖父秀元の遺志だ」と称して、叔父元知に豊浦郡清末一万石を分地し、大名として藩塀に列した。これが、岩国吉川氏を強く刺激し、宗支関係は次第に冷え、幕末まで諸侯として大名に列することはなく、萩藩家老扱いだった。

幕府は吉川氏の関ケ原での功績を評価した。仙台の片倉氏、徳島の稲田氏と並んで殊遇を与えたことが、かえって宗家萩藩の感情を害したともみられている。

動乱終結を周旋した岩国藩・吉川経幹

そんななか三代広嘉は、地元岩国の錦川に五つアーチの錦帯橋を架け、紙蔵や船倉を建造し、大坂に蔵屋敷を置くなど物産を有利に売りさばく経済活動と生活文化の振興につくした。萩の岩国屋敷は三支藩並の体裁に改築し、江戸にも三千五百坪におよぶ広壮な赤坂邸を求めるなど諸侯並みの体面を整備した。

幕末動乱のさい、岩国藩十二代吉川経幹《つねもと》は、七卿都落ちを警護した。第一次長州征伐の戦後処理は、萩毛利宗家を代表して総参謀西郷隆盛（一八二七〜七七）と折衝し、三家老切腹を条件に終結させた。藩主毛利敬親は経幹の功績を認め、明治二年になって朝廷より大名叙爵があった。それまでの岩国吉川氏は終始、萩毛利本藩を下支えに徹したのである。

第一次長州征伐の処理で三家老切腹の一人・益田親施《ちかのぶ》の先祖にはこんな歴史事実がある。関ケ原戦のあと徳川家康は、文武に秀でた二十代益田元詳《ますだもとよし》に着目し、猿楽師大久保長安を介して「石見の所領を保証するから、徳川に仕えるように」と勧誘した。しかし元詳公は毛利家の恩顧を重んじて家康の再三の勧誘を辞退し、石見の所領から防長両国に移った。

家康の手先き大久保はほどなく、鉱山開発の金鑿《きんさく》司に昇任、一六〇二（慶長六）年、問題の石見大森銀山、佐渡金山、伊豆金山などの奉行を歴任したが死後、生前に不正があったとして遺子七人が幕府より切腹を命ぜられた。

余計なこぼれ話だが、歴史事実は、家康が「毛利の領国は安堵する」の約を覆した裏には、毛利の石見銀山欲しさの謀略を示している。一方、家康から「周防の東口を守って忠誠を尽くせ」と言われた吉川岩国藩は、第二次長州征伐の「四境戦争」で、よく戦い幕府軍を撃退した。歴史の皮肉と言えようか。この幕府の第二次長州征伐を吉川経幹は「大義のない会津侯の私戦」と理解した。

これより先、福沢諭吉は「とにかく外国軍艦を頼んで、長州を潰せ」と、禁裏守衛総督徳川慶喜へ上申した。幕府は一八六四（元治一）年四月、横浜関内に兵営を提供してイギリス海兵隊千五百人、フランス兵六百人の上陸、駐屯を許可した。そして八月萩藩征討（第一次長州征伐）命がおりた。海上からは四カ国連合艦隊十七隻、下関を砲撃して砲台を占領、長州は海上と陸路の両方から同時に攻撃をうけた。

講和条約のあと、幕府は四カ国へ三百万両の賠償金を払った。ただアメリカは南北戦争で軍艦は本国に引き揚げており、下関攻撃には一隻だけ派遣した。一度は賠償金の四分の一の七十五万ドル分を受けたが、国庫に納める理由がないと、明治になって日本に返金してきた。

この幕末動乱のとき萩藩主毛利敬親を代表して幕府側と折衝したのは、先にふれたように十二代岩国藩主吉川経幹であり三家老切腹で恭順を示した。この折衝の過程で西郷隆盛は、「長州の勤王精神」の本質を初めて理解することになった。俗に八・一八の七卿都落ち、禁門の変で会津藩松平容保と提携していた薩摩は、「薩賊会奸」と長州から罵られながらも急遽、「薩長同盟」に大転換するに至る。長州の「勤王の心」が初めて理解されたのである。

幕末動乱は、英仏外国軍隊が介入し、横浜に海兵隊が上陸して治安維持にあたるなど、内憂外患まさに半植民地化の状態だった。江戸城無血の明渡しがなければ、米仏海兵隊が介入して内乱勃発は必然であった。危機一発のこの時に至る歴史の歩みのなかで、「神の恩寵」を宣教するキリスト教西欧文明との手ごわい出会いがあり、前後左右に揺れる悩みがあった。幕末の月性は海からくる黒船と異教の接近を「神州陸沈」の危機と怖れた。

「神州陸沈」と耶蘇教

月性は死去二年前の安政三（一八五六）年十月、西本願寺広如宗主に請われて「護法意見封事」を提出した。江戸時代に堕落、失墜した仏教界の再建と日本の歴史文化をどう守るかについて諮問されたのである。月性は仏教関係の部分をはずした部分を知友に配った。これを本願寺は月性の没後、題名『仏法護国論』として末寺一万寺院に配付し、時代の歴史認識を高揚した。

キーワードは「神州陸沈」だった。漢詩人らしい表現だが、天変地異で陸地が沈没することではない。異教の浸淫で神国日本が奪われ、キリスト教に塗り潰されて仏教も歴史も失うと警告するのである。

冒頭は「窃《ひそか》ニ惟《おもんみ》レハ方今天下ノ憂……」ではじまり、過去の歴史を精緻に俯瞰《ふかん》すると、キリスト教西欧文明のアジア侵出によって、日本が植民地の危機にある。日本国家と仏法を護るには尊王攘夷による中央統一国家形成の実践、海防策の推進以外にない、と主張し、今、何が必要かを次のように論じている。

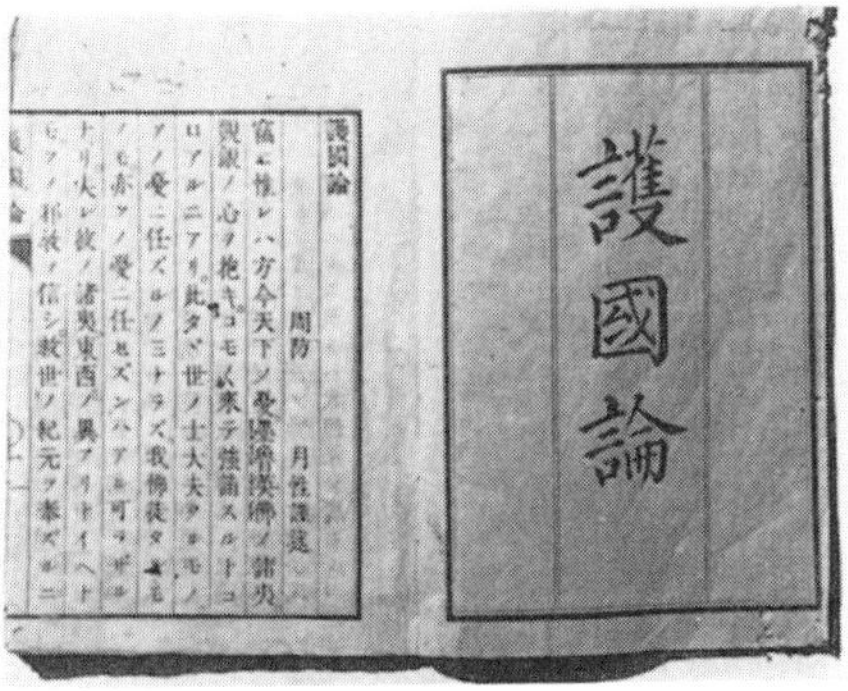

月性著『護国論』
（『仏法護国論』柳井市妙円寺蔵）

一、墨（アメリカ）・魯（ロシア）・英・仏ノ諸夷、邪教ヲ信ジ、皆十字架ノ章旗ヲ建テ耶蘇（イエス・キリスト）磔《はりつけ》刑《けい》ヲ表シ満船死ヲ決シテ、其ノ教ヲ到処ニ弘通スルヲ期ス。

一、モシ我内民、日ニ邪教ニ相親シミ、ソノ蠱惑《ちゅうわく》ヲ受ケ、ソノ利誘ヲ啗《くら》ヒ、ソノ教法民間に浸淫《しんいん》スルニ至ラハ、我仏法衰廃《すいはい》センコト必定ナリ。コレヲ如何スルカ、今ノ時、国家モッテ中興スヘシ。今ノ勢、仏法モッテ再ヒ隆ナルヘシ。何ソシカク神州陸沈シテ、仏法衰廃スルヲ憂ルコトコレ有ラント。

ペルリ来航やロシア軍艦が長崎、大坂湾に来るのは、キリスト教の覬覦《きゆ》（身分にはずれたことをうかがい望む）の心をもっており、もしその法（キリスト教）が、国民の間に浸透すれば、国家は「神州陸沈」して、仏法も必ず衰廃する。昔、世尊（釈迦）が説いたように、仏法が無上といっても、国が存在しなければ独立できない。国が亡びて法ひとり立つ例はない。その証拠を論じよう、という。国家が強く独立しなければ、仏教も亡びてなくなる、と主張する。

神州の歴史あって　大海に独立

幕末の月性は、国家が強く独立しなければ、仏教・神道の歴史と伝統文化も消えてしまう。衰えかけた国を、今もう一度盛り上げて繁栄させなければならない、と言って、滅びの事例を示す。
一、今ヲ去ル三百四十三（永正十二）年、葡萄牙（ポルトガル）、印度沿岸ノ地ヲ奪ツテ、土人ニ耶蘇《やそ》教ヲ教ヘ、ソノ地方ヲ蚕食《さんしょく》シ（釈尊の説教地）霊鷲山《りょうじゅせん》ニオイタ仏像を毀《こわ》シ、七十余万金トナス。固有ノ仏法ツイニ湮滅《いんめつ》ニ帰セリ。
一、ソノ後百四十三（承応三）年英吉利（イギリス）、葡萄牙ト戦テコレニ勝、印度ノ地ヲ有チテ大イニ邪教ヲ煽《せん》シ土人ヲ教化シ、スナハチ其国ト仏法トヲ併セ、コトコトク変シテ夷狄《いてき》トナス。
印度は釈迦が生誕した地だが、仏法根源の国にしてこの通りである。今また日本の国が亡びて法（仏教）のみが存在することはない。わが国仏法と伝統文化の歴史をみれば、次の通りだ、と海洋国・日本の特色を主張するのである。

一、我神州、大海ノ表ニ独立シ、天祖天ニ継ギテ極ヲ建、地神コレヲ承、神武天皇、其統ヲツキ、今ニ至リテ二千五百余年、一百二四世、聖子神孫、連綿相ウケ、イマタ曾《かつ》テ一日夷狄ノ凌侮《りょうぶ》ヲ受ケサルナリ。ココヲ以テ、欽明天皇ノ御宇、我仏法始テ西天ヨリ至リ、王公コレヲ尊奉シ、士庶コレニ帰依《きえ》シ、遂ニ天下ニ蔓延《まんえん》シ、八宗、国ト共ニ繁栄スルモノ、今二千三百余年、コレ豈国ノ存スルニ因テ法マタ建立スルニ非ズヤ。

神武天皇以来、万世一系の神州国家の歴史があったからこそ、天台、真言、禅、律、浄土など八宗も国とともに発展した、と印度仏教の滅亡の例をあげ植民地化を警告した。

今、日本の富有を羨み、アメリカ、ロシアなど諸夷がこもごもやって来て、分外のことを窺い望む覬覦《きゆ》の心で強請するが、決して通信や貿易、土地を借りるに止まらず、必ず虚実を窺い、これを奪い、属国として印度諸地域のようにしようとしている。どうして危なくない、と言いうるか、と。

幕末の月性は、欧米の属国とならないために、何が必要か、国家として大海の表に立つ自覚を訴えている。今の日本は、果してキリスト教文明のロシア、アメリカに蚕食されていないだろうか。沖縄や北方四島の現実は、何を語るのか。今に続く伝統文化と歴史は生きている。

第四章
耶蘇教侵入を鎖国制度で排除

ザビエル渡来のあとさき

イエズス会の宣教師フランシスコ・ザビエルは天文十八（一五四九）年、鹿児島に上陸、はじめてキリスト教福音の種を蒔いた。当時のミカド・後奈良天皇（一四九六〜一五五七）から宣教の許可を得ることには失敗したが、周防山口や豊後府内、平戸で宣教し、短期間に多くの信者を得た。日本の僧侶・神官たちとの反目、衝突で苦心しつつも、キリスト教はしだいに広がった。

月性は、宣教師の布教の手法を警戒する。童話の世界のようなモルッカ諸島、ミンダナオ島、セレベス島などでの布教と植民のやり方を取り上げて、言う。貿易のために土地を貸しても、布教で事実と作りごとの虚実を取り混ぜて民心の心に忍び、国土をとり、属国にしてしまう、と説明する。

そして彼らの国を取るのに「教と戦」と二術があるが、まずその国の人心をとる。人心を取るには術がある。厚利を与え、妖教で意識や感情を動かし、その術はきわめて巧みである。土民は誑誘《きょうゆう》（たぶらか）せられ、ついにその属国となる例は沢山ある。

今、その一例を言う、と次のように説明する。

「昔、ポルトガルが印度支那の海中にある瓜哇《じやがたら》を取ったときのことだ。商船一隻が瓜哇湾に来て、土人に泣きながら請うて言うのに、わが船長が病気で死んだ。海に沈むことも忍びない。もし貴国の地に墓を得ばはなはだ幸いだ、と。

土人は役人に告げ、ともに悲しみ、そこに葬る。船員は感謝して珍貨を渡す。土人大いに喜ぶ。越えて翌年、また来て墓をまつり、さらに数年を越えて、一人の老僧をつれ来たって言うには、これ死者の弟なり。もし墓の側に香炉を置き、草盧《そうりょ》（草庵。いおり）を許されれば、幸いこれより大なるはなしと。ポルトガル人は千金の貨を与え、土人は大喜びだ。僧は朝夕梵誦、操行清厳。土人これを敬し請えば、音吐朗々、満座の士民、慎み聴いて遠近より、どっと人々が信従する。その説くところは耶蘇教（ローマ・カトリック教）なのだ。

すでに兵艦数十艘を率い来たり、僧をして教（キリスト教）に入信した土人に煽動させ、一緒になって共に城邑（村）を焚く。国主は、禦《ふせ》ぐ事が出来ず、ついに併合される。その異境の地をとるやり方、その桀点（わるがしこさ）は、この通りだ」と。

月性の説明は具体的である。土民に法外な金貨を与え、喜ばせて耶蘇を信仰させ、馴染ませて最後は城や村を焚く。王も手がだせず国をとられる、という。

さらに月性は言う。「それは他の国ばかりではなく、我が神州でも、かってその術、方法で耶蘇キリスト教が浸淫した例がある」と述べ、豊後国での例を紹介する。

鉄砲伝来、大友宗麟の場合

月性は自著『仏法護国論』のなかで、ポルトガル船とイエズス会（耶蘇教）宣教師が、豊後国府内（大分）へやって来た時の歴史事実をあげて述べる。

「昔、天文十一（一五四二）年、ポルトガル　マサニ震旦（印度にて支那を呼ぶ称）ニ行コウトシ、風ニ遇ウテ我ガ豊後ノ神宮浦ニイタリ、国主大友宗麟（一五三〇〜八七）ニオクルニ　珍貨及ヒ鉄砲ヲ以テシ互市（貿易）ヲナスヲコフ。宗麟大イニ喜テコレヲ許ス。ソノ後二年、ポルトガル人、六大船ニ駕シ来タリ、ソノ一隻ハ薩摩種島ニイタル。

この月性の論述によると、大友宗麟が鉄砲を貰った天文十一年は、種子島の鉄砲伝来より一年早く、宣教師ザビエルの初来日よりも、七年も昔のことになる。宗麟は、まだ少年期にあり義鎮《よししげ》といったが、ポルトガル人の高い文化と火薬や鉄砲を知り、遠い異国を憧憬した。父義鑑《よしあき》が家臣に討たれ、義鎮（のち宗麟）が二十一歳であとを継ぎ領主になった。それまでに義鎮は、輸入した鉄砲は将軍足利義晴へ献納した。見返りに豊後・肥後両国に加え肥前、筑後など北九州六カ国に版図を拡大し、守護職のほか、九州探題に補せられた。

一方、山口にいたフランシスコ・ザビエルを府内に招いた期間は、わずか二カ月足らずだが、キリスト教を受容し、立派な教会堂と住院を設け信者は千五百人を越えた。商人ルイス・デ・アルメイダの協力で府内に病院や孤児院をつくり、貿易でも大いに利をあげた。三十二歳で剃髪し宗麟（禅宗）と号した。天正六（一五七八）年四十八歳のとき、宗麟は神官出自の室の反対を押し切って受洗し洗礼名をドン・フランシスコと称した。

受洗四年後には有馬晴信（一五六七?～一六一二）・大村純忠（一五三三～八七）と共にローマ教皇のもとに少年使節団（天正遣欧使節団に千々石ミゲル）を派遣したが、たまたま日向耳川の合戦で島津軍に大敗し衰退した。豊臣秀吉の支援でやっと滅亡を免れたが、混乱のさなかに津久見で病没した。

後を継いだ長男大友義統《よしむね》は、豊臣秀吉の九州征伐に従い、豊後一国を安堵されたが、秀吉の禁教令で棄教した。文禄の役（文禄・慶長の役。一五九二［文禄一］～九六［慶長二］）で朝鮮在陣中の失敗で徐封、のちに常陸の配所で死去し、鎌倉御家人以来の大友氏は滅亡した。

天下人・信長とキリスト教

鉄砲と貿易とキリスト教の受容で豊後府内が繁栄し、衰亡した先進例をみた。この時代と重なる天下人・三人の時代はどのように発展したろうか。

江戸時代の狂歌に「織田が搗《つ》き、羽柴がこねし天下餅、坐って食うが徳川家康」というのがある。戦乱に明け暮れた応仁の乱後の戦国時代も、いよいよ織田信長（一五三四～八二）、豊臣秀吉（一五三七～九八）、徳川家康（一五四二～一六一六）の登場で、天下統一の大事業へと移るが、その過程で三人は、神仏習合の伝統文化をどのように位置づけたろうか。西欧文明キリスト教・イエズス会との関係はどうだったか。幕末・月性の歴史認識を見逃せないのである。

まず織田信長はどうか。前記『仏法護国論』で月性は、次のように指摘する。

「織田公（信長）モ又カッテ其ノ法（耶蘇《やそ》［蘇］教）ニ惑ヒ、南蛮寺ヲ京師ニ建テ、蛮僧（宣教師）ヲ延キ、その法漸ク浸淫《しんいん》シ、高山右近、小西摂津守、明石掃部ノ如キ一時ノ豪傑ナルモ、皆コレ（耶《や》蘇教《そ》）ヲ崇奉セリ……」と。

つまりキリスト教宣教の庇護と高山右近らキリシタン大名を利用することによる信長の天下統一の道を国家の危機と疑っている。

信長は父信秀の葬儀のさい、焼香の灰をわし掴みして、位牌にぶん投げ、並みいる読経僧を驚愕させたことがあった。生まれつき傍若無人の振る舞いが多く「大うつけ」とよばれた。

それで天文二十二（一五五三）年、傅役《ふやく》だった平手政秀も、手におえず諫言の責任をとって自刃してしまった。父秀信の重臣だった政秀だっただけに、信長もショックは大きく心の底に響く痛手だった。信長は大いに反省、悔悟して一寺を建立、供養して菩提を弔った。その住持に僧沢彦《たくげん》を当てた。

僧沢彦は信長が十三歳で元服したさい、その名を「信長」と選び、のちに信長が斎藤道三の井口城を占領して、これに移った時、「岐阜」の名を選んだのも沢彦だった。文治主義の中国周の文王が「岐山に起こった」という故事にもとづいて「岐阜（岐山）」と名付けたのである。

のちに信長が天下統一を志し、朱印の必要が出たとき、沢彦は求めに応じて印文を「天下布武」とした。この天下布武の四文字のなかの「武」の文字の意味は、「戈《ほこ》」を「止」めるの含意がある。干戈を使用しないことが「武」の本領であり、本当の意味である。この沢彦の思想が信長を痛く動かしたのではないか、といわれる。

天下統一、平和国家を目指し、信長は天幕の幕府を置かず、代わりに城を造り、城下町を形成して経済振興を図った。しかし現実は、理想と大きく異なった。

比叡山焼き討ち　三千人の悲惨

理想はたしかに天下布武の字句の通りだが、現実の天下統一の行動では、伝統文化の仏教と外来のイエズス会キリスト教との争いの処理にあった。信長は仏僧を宗派別に論戦させ、負けた方を処刑して軽蔑した。イエズス会の伝道を庇護する信長にとって、仏教界は最大の敵対勢力だった。ここで仏教界を憎む信長の事蹟の一端を見ておきたい。

一、比叡山の炎上＝一五七一（元亀二）年九月十二日、「信長公は比叡山に押し寄せ、根本中堂、山王二十一社をはじめ、霊仏、霊社、僧坊、経巻など一堂一宇余さず焼き払い、またたくまに灰となる……逃げまどう山中の老若男女、僧俗、児童、学僧、上人すべて捕まえて首をはね、信長公にお目にかける。美女・小童らを数えきれないほど捕らえて、信長公の前に連れてくる。悪僧は首をはねられても、わたくしどもはお許しください、と口々に哀願するのも、お許しにならず、ひとりひとり首をうち落とされた。目もあてられないありさま。数千の死体がころがり、まことに哀れなさま……」だった。「こうして信長公は年来の（崇仏派の朝倉、浅井への）うっぷんを晴らされた……」

この虐殺は僧侶千五百人、老若男女千五百人の三千人にのぼり、死体は河川に埋めた、といわれる。この比叡山炎上後、信長は志賀郡を明智光秀に与え、岐阜にもどった。明智光秀は坂本に城を構えた。

一、将軍義昭の反発・滅亡＝一五七三（天正元）年、将軍義昭は、信長を打とうとして浅井・朝倉・武田・本願寺等と謀る。足利義昭は東の武田・上杉の川中島合戦の仲裁、西の北九州をめぐる毛利と大友攻防の仲裁をして天下平安に尽くしていた。これが織田信長は気にいらなかった。信長は「参内をおこたるな」とか、「忠節者に恩賞を与えよ」とか十七条にわたる意見書を提出した。これが将軍義昭の気を不快にした。

義昭の謀叛を怒った信長は同年四月入洛、二条城を囲み、洛外、洛中百二十八カ所に放火し諸邸、寺院を焼いた。このあと信長は和議を提案、義昭は七月、若江の城に亡命、足利幕府・将軍家は滅びた。

崇仏派の朝倉・浅井の滅亡

一、薄濃《はくだみ》の宴＝足利将軍滅亡の翌八月信長、朝倉義景（四十九）を越前一乗谷に攻め、自殺させる。ついで浅井久政・長政（二十九）父子を近江小谷城で自殺させた。

翌一五七四（天正二）年正月一日、信長公直属の馬回り衆・小姓だけで酒宴を開く。前年、北国で討ち取った朝倉義景、浅井久政・長政父子三人の首の薄濃（漆塗りにして金粉をかけたもの）を折敷《おしき》の上に置き、酒のさかなとして謡などして遊ぶ。「まことにめでたく、世の中は、思いのままであり、信長公いたくお喜びだった……」と。

浅井久政は信長の妹・お市を娶ったとき、信長は「朝倉攻めはしない」と約していた。なぜか。朝倉氏は越前守護・父孝景以来、将軍足利家を助け、天文四年、後奈良天皇の即位料を献上、同十年、本願寺と和議が成立していた。

また義景は足利義昭が奈良興福寺を脱出すると、越前一乗谷に迎えて元服させた。義景は将軍足利義輝の一字を賜り延景を義景と改称した。浄土真宗の蓮如（一四一五〜九九）が、興福寺の領地・越前の吉崎に御坊を開くさい、守護朝倉氏の斡旋で成立した経緯もあった。朝倉氏は仏教・一向宗門徒と関係が深く、足利将軍家を支援した。

信長の天下布武の前途には、蓮如の吉崎での布教以来、仏教徒の多い北近江の浅井、南近江の六角義賢等との対立を乗り越えなければならなかった。

比叡山延暦寺の焼き討ちのあと、信長の虐殺行為は、武田の菩提恵林寺や高野山の聖僧侶に及び、さらにこの年、天正二年七月、信長は反信長の一環だった伊勢長島の一向一揆を、陸と海から大鉄砲で襲撃、空前の大虐殺を実行した。一揆側の降伏を一旦認めたが、許さず中江と長嶋の城に籠もった男女二万人ほどを、幾重にも柵を張って閉じ込め、四方から火を放って焼き殺した。かつて吉崎での「百姓がもちたる国」への憎しみからに違いなかった。

琵琶湖周辺と湖上の人々は、すでに本願寺八世蓮如《れんにょ》上人（一四一五〜九九）の布教で多くは一向宗（浄土真宗）徒であり、信長の京都上洛、天下平定はもともとむつかしかった。信長の天下布武には、イエズス会・キリスト教保護の反面、一向宗等の信仰否定、僧侶の虐殺、その領国、神社仏閣の放火、壊滅をともなう阿修羅《あしゅら》の歴史がみられる。

歴史にもしは無いが、信長が日本の天下取りに成功していれば、神仏習合の伝統文化は衰滅し、一神教キリスト教国家に置き代わった可能性を否定できない。幕末の月性は、信長当時の歴史をそのように理解しており、再び海からの西欧列強のキリスト教文明の侵略を「神州陸沈」の危機と唱えた。

明智の信長弑逆《しいぎゃく》　頼山陽が理解

幕末に僧月性が西本願寺法主広如《こうにょ》上人（一七九八～一八七一）に上書した護法意見封事『仏法護国論』のなかで次のように言う。

「……欽明天皇ノ御宇、我仏法始テ西天ヨリ至リ、王公コレヲ尊奉シ、士庶コレニ帰依シ、遂ニ天下ニ蔓延し、八宗、国ト共ニ繁栄スルモノ、今二千三百余年、コレ豈国ノ存スルニ因ッテ法マタ建立スルニ非ヤ……」と。

国家によって公認された八宗（南都六宗と天台宗と真言宗の平安二宗）は、国と共に栄えたが、これは国家があってこそ仏陀の法も成り立つのでは、と問いかけた。ところが織田信長の天下布武は、仏法壊滅の手法であり、国内に恐怖と猜疑で謀叛が続出し、秩序は乱れて人倫鴻毛《こうもう》（おおとりの羽毛。きわめて軽いこと）のような日々であった。

したがって織田の天下統一に対する価値評価は、時代とともに様々に異なる。信長の同時代の安国寺恵瓊は、「三、五年はもつが、やがて高ころびする」と、信長の失脚を予告した。また江戸の儒学者頼山陽は「本能寺の謀叛は、だれがやっても、おかしくないこと」と言い、平成の神官中川正光は「光秀公こそは救国の英雄なり」と判断している。

光秀の「本能寺の変」は、信長への怨恨説が多々あるが、どれも後世人の付け足し話といわれる。幕末の月性はどう受け止めただろうか。頼山陽の「信長弑逆《のぶながしいぎゃく》」に対する見解は怨恨説を否定して次のようにユニークである。

「信長が弑逆にあい、十中の六、七まで成功した事業は地に墜ちた。明智光秀が何を苦しんで刃を主君の腹に刺したのか。世の人々はいずれも疑問に思う。が考えると、もし光秀がいなかったとしても、信長は必ずしも禍を免れることはできなかった……」と、次のように怨恨ではなく、耐えられる事柄（弑逆の大罪）が大きかったからだという。

「信長は多くの戦いで四方の旧家を打ち滅ぼし、その後に功臣をすえた。しばらく土地を与えておいて、彼らに用を足させた後、理屈を構えて彼らを除き、土地を奪う。林通勝があり、佐久間信盛があった」と。さらに頼山陽は言う。

「明智光秀は、信長の心が荒木村重を誅殺して摂津を奪いとろうとしているのを見抜いたが、自分（光秀）の封土の丹波を奪うことは、村重を殺して摂津を奪ったのと同じではないとは考えられなかった。これこそ光秀が信長にたいして大きく忍んだところだ、光秀ばかりか、信長の諸将は秀吉も含めてみな同じような心を抱いていた」と。

なるほど佐久間信盛父子は信長の尾張以来の重臣である。しかし石山合戦の十年間、「お前の働きは何だったのか」と、朝廷の和議で決着したことへの腹いせかのように佐久間父子を追放した。

頼山陽は「人間が恩義に感ずるのは行為の跡にあるのではなく、その意志の如何にある……すでに（土地を）施して後、これを奪いとるにおいては、その恨みを結ばせること、これを施さない前よりも甚だしいものである。この道理をよく考えたい」と、明智光秀の信長弑逆についての心情を推し量っている。

本能寺の変の前、光秀は信長から「伯耆、石見を切りとるように」と、言い渡され秀吉の備中攻防の支援に派遣されようとしていた。

光秀は急遽、老ノ坂を東に向けて本能寺に信長を襲った。そして天正十（一五八七）年六月十三日、山城の山崎で、中国大返しの秀吉軍に敗れた。闇夜にまぎれて近江の坂本へ脱出する途中、宇治郡の小栗栖《おぐるす》で片藪陰を通るとき、藪から突き出された土民の槍に刺されて、あっけなく果てた。

その時の光秀の鎧の引き合わせに次の辞世が書きつけてあった、と明智軍記に伝える。

順逆ニ二門ナク　　道理に従うと、逆らうと二門無し
大道心源ニ徹ス　　大道は心の源に徹す
五十五年ノ夢　　五十五年の夢
覚メ来タッテ　一元ニ帰ス　　今覚め来たって、根源に帰す、のである。

この辞世の句が真正のものなら、天地に正邪の別に門は無く、大道は心の源に徹するものだ。五十五年の人生は夢のようでもあるが、今日覚めてその根源に帰したのである。

明智はたとい、信長弑逆を後世に逆臣と批判されようと、自分のとった大道は心に徹したものである、といって歴史に問いかけている。

信長高ころびを安国寺恵瓊も予言

百年も続いた応仁・文明の乱を鎮めて、天下統一の平和社会を創ろうとする信長のやり方に、なぜこうも評価が割れるのか。これまでの「逆臣、三日天下の光秀」の歴史評価は、光秀こそ「救国の英雄だ」として全く真逆に解釈されるのである。

それは天下統一の手段として信長が、イエズス・キリスト教を庇護する反面、仏教徒大衆を徹底的

に批判し、鎌倉以来の仏教文化を圧迫したことにあるようだ。

この織田信長の天下統一の失敗を、上記の毛利氏の外交僧・安国寺恵瓊《あんこくじえけい》（？～一六〇〇）は、次のような文書を毛利一族の吉川家に送って、信長時代の挫折を予言している。

「信長の時代五年、三年は持《もち》たるべく候。左候て後、高ころびに、あふのけに、ころばれ候づるに見え申し候。藤吉郎（木下）はさりとてはの者にて候」

明智光秀の「本能寺の変」より、十年も前に安国寺恵瓊は信長の横死を予言し、秀吉の天下制覇を示唆していて興味深い。

安国寺恵瓊は、安芸の守護武田信重の遺児であり、毛利攻めで武田の居城銀山城が落城したさい、安芸安国寺に逃げ込み、得度して僧侶になった。十六歳で臨済宗東福寺で修行した。師の住持竺雲恵心が、毛利隆元と親交が深く、外交僧だった縁から、法弟の恵瓊もその役割をになうようになった。

恵瓊は一五七〇（元亀元）年、毛利を代表して将軍足利義昭に謁見し、大友宗麟との和議を朝廷に申し入れ、実現させた。こうした将軍の行為が信長は気にいらず、義昭追放の因となったことは先に述べた。

恵瓊は一五七三（天正一）年十一月、将軍の座を追放された義昭の処遇をめぐり、織田方の羽柴藤吉郎秀吉と交渉し、義昭が追放先の河内の若江城から都に帰られるよう斡旋した。義昭は中国筋の毛利輝元、吉川隆景らに助勢を求めた。このさいの羽柴藤吉郎秀吉との協議を通じ、恵瓊は秀吉の巧みな義昭への説得をみて、秀吉の非凡な才能を知り、信長高ころびを予言する冒頭の書状を国元の重臣に送ったのだ。秀吉の天下となり恵瓊は六万石の僧籍大名に出世した。

キリシタン大名　二十家余り

一五七六（天正四）年信長は、明智光秀の意見をいれて、天下布武の築城を水運のよい安土の山に城石垣を築き七重の天守閣を築いた。岐阜城と尾張・美濃領国を長子信忠に与え、安土に移る。馬回り衆に地所を与え屋敷をつくらせ、諸国職人を召し寄せて安土に居住させた。宣教師によるキリシタン大名の紹介、斡旋の見返りに教会やセミナリオ（神学校）建設を許可した。

このころ本願寺光佐は大坂石山城に拠り、信長に抗し、一方の毛利輝元は信長と絶ち海上から兵粮を石山城に入れる。大友宗麟が耶蘇会宣教師カブラルを招き、その子義統《よしむね》に洗礼を受けさせ、自分も三年後に受洗した。そして大友歴代の菩提寺万寿寺を放火で焼き、豊後宇佐八幡も火事で灰燼に帰した。信長は切支丹宣教師オルガンチノ（一五三三～一六〇九）に、安土城下に寺院の建設を許可し、二年後の一五八一年二月、黒人をつれてきた切支丹巡察師ヴァリニアーニ（＝ヴァリニャーノ。一五三九～一六〇六）に学校建設を許可した。翌八二年一月、大名大友宗麟と「九州下」地域の大村純忠・有馬晴信ら三人は少年使節をローマ教皇の下に派遣した。その二年前、大村は長崎を南蛮との貿易港とし、イエズス会へ教会領として寄進していた。マラッカのようにポルトガルの要塞化が懸念されていた。

キリシタン大名は九州から、京・摂津地方へと増えた。宣教師たちは、領内への布教がやりやすくなるので、大名の改宗に力をいれた。一方諸大名はキリスト教宣教師がもたらす鉄砲をはじめ、貿易の利益はもちろん医学、天文学など学問、技術に魅力を感じ、宣教師に接近した。大名によっては、近隣国の圧迫に対抗するため、南蛮船を指揮する宣教師から火薬や軍事資金の援助を得るメリットもあった。

京畿では、アンリケ結城忠正をはじめ、高山飛騨守・高山右近らが洗礼、右近の感化で小西行長、蒲生氏郷、黒田孝高らが入信し、織豊政権の統一戦争が全国に広がるにつれてキリシタン大名がふえた。一六〇〇（慶長五）年の関ケ原戦時には、二十家以上のキリシタン大名がおり、信者は全国で七十五万人に達した、といわれる。やがて時代が移って、統一権力のキリシタン抑圧方針が決定的になり、多くは信仰的に冷却し棄教していった。

サン・フェリーペ号事件、秀吉怒る

織田信長の天下統一は、南蛮渡来の鉄砲とイエズス会宣教を庇護することで、成功するかに見えたが、日本在来の神仏習合文化の壁の前に失敗した。あとを継いだ豊臣秀吉は、どんな天下統一を考え、行動したか。月性は、次のように言う。

「ソノ後天正十五（一五八七）年豊臣公　西征シ、蛮僧（イエズス会宣教師）見テ、ソノ倨傲《きょごう》ヲ憤《いか》リ、寺ヲ壊チ僧を逐ヒ、愚民ノ邪教ニケガサル、モノヲ併セ駆リ、悉クコレヲ海外ニ出シ、厳ニソノ教法（イエズス・キリスト教）ヲ禁止ス。然レトモ、ナホ惑《まどう》テ反《かえ》ラス、陰《ひそ》カニ、ソノ教ヲ信スルモノアリ……」と。

秀吉は一五八七（天正十五）年、九州を討伐した直後、筑前箱崎（博多）にもどると、突然「日本は神国である」と宣言して、伴天連追放令を発布した。趣旨は「神国の日本にキリスト教は国情にあわない。仏法を否定して、神社仏閣を破壊する宣教師は二十日以内に国外に出よ」という。

予想以上に九州の「下」（有馬、大村・布教地域のこと）を中心にキリスト教が浸透し、長崎がイエズス会の所領になっている。朝鮮出兵に必要ならポルトガル海軍を支援させるという、宣教師クエリョの発言、そしてカトリック大名への宣教師支援は、わが天下統一の障害となる、と秀吉は判断した。ポルトガル船が女の足に鉄輪をはめ、インドに売り払う奴隷売買を目撃したこと、そして長崎の教会領を没収し、直轄領として鍋島直茂を代官に任命した。しかし秀吉の伴天連追放令は、貿易船に宣教師が乗ることを認めたため、抜け穴となり、布教は続いた。

ところが、地球の東側からやって来たスペイン船サン・フェリーペ号事件（一五九六）が起きた。フィリッピンからメキシコに行く途中、船が土佐海岸に遭難した。取り調べの幕府奉行は、「スペインはどうやって、メキシコやフィリッピンを奪取したか」と、聞くと航海士が言う。「先ず宣教師がさきに布教して精神的征服をし、のちに軍隊を派遣して領土を征服した」との言質を得た。これを聴いた秀吉は大いに怒った。「伴天連追放令」の実施を厳格にした。そして京畿でフランシスコ会六人、イエズス会三人等の宣教師を含むキリスト教徒二十六人を逮捕して長崎まで歩かせ、磔刑に処した。この事態で朝鮮出兵の末期、秀吉とキリスト教関係は緊張した。

家康　岡本大八と禁教令

では徳川家康はキリシタン布教にどう対応したか。家康は一六一三（慶長十八）年秋、貿易、航海術と鉱山技術導入のため、伊達政宗（一五六七〜一六三六）が、支倉常長（一五七一〜一六二二）をスペイン、ローマへ派遣することを認めた。が支倉使節団が七年後に帰国の時には、すでにキリスト教禁教令が厳しく、大殉教が起ころうとしていた。

　きっかけは四年前の一六〇九(慶長十四)年暮れ、長崎港で起きたマードレ・デウス号の爆沈事件だった。当時の長崎奉行長谷川藤広の配下だった岡本大八(?～一六一二)という人物が、領主有馬晴信(一五六七?～一六一二)に対し「デウス号事件の恩賞として幕府から領地を斡旋する」と称して、六百銀など賄賂を数回にわたりとった。大八はその後江戸に来て駿府の家康に仕える本多正純の臣下になったが、有馬晴信の問合わせで贈収賄のことが発覚した。晴信もまた旧悪を大八に訴えられた。結局大八は事件から三年後の一六一二(慶長十七)年三月、幕府は大八を火刑に処し、晴信を甲州に配流、五月に斬首した。二人ともキリシタン信者であり、とくに晴信は大名として大友宗麟(=豊後臼杵城主。一五三〇～八七)・大村忠純(一五三三～八七)とともに耶蘇教の布教を熱心に保護し、周知のようにローマへ少年使節を派遣の実績があった。

　こんな背景もあり、岡本大八事件は、キリシタン同士の争いだけに大がかりな捜査となり、駿府の家康側近にも信者がいることが発覚した。ジョアン原主水ら十数人の武士が検挙されて取潰しとなった。ジョアン原主水は、手の指を断ち、足の筋を絶たれ、額に焼鉄で十字形を印せられて追放された。

禁教令違反に五刑罰

　岡本大八事件をきっかけに、家康側近の「黒衣の宰相」といわれた以心崇伝《いしんすうでん》(金地院崇伝《こんちいんすうでん》)は、徹夜で長文の伴天連追放文を書き上げた。

　その内容は「日本は神国仏国たり、神を尊び、仏を敬い、仁義の道を専らにし、法を匡《ただ》し、過犯の輩あれば、その軽重に随い、墨《いれずみ》（はなきり）、非（あしぎり）、宦（去勢）、大ヘキ（死刑）の五刑をおこなう……」と刑罰について述べた。

さらに「彼《か》の伴天連の徒党は、みな政令に反して神道を嫌疑《けんぎ》し、正法を誹謗《ひぼう》し……これ邪法に非ずして何ぞや。実に神敵、仏敵なり。急に禁ぜざれば、後世必ず国家の患《わずら》いあらん。これを制せざれば、却って天譴《てんけん》を蒙《こうむ》らん」と、大御所家康に上書した。

幕府は一六一二（慶長十七）年三月、直ちに「キリシタン禁教令」を発し、京都のキリスト教会堂の破却を命じた。秀吉の伴天連追放令から二十六年目のキリシタン禁教令だ。この年に、イエズス会の宣教師二百五十人が、全国の各地に駐在していたと見られる。

この神敵・仏敵排除の「キリシタン禁教令」は、江戸の将軍秀忠の命により、ただちに全国に発布された。将軍秀忠から三代将軍家光時代に禁圧がいっそう厳しく、一六三九（寛永十六）年の「島原の乱」を期にポルトガル船の渡航を全面的に禁止して「鎖国」体制を完成した。キリシタン禁教令から二十七年目のことである。

耶蘇の毒　二十八万人犠牲とは

徳川家康に登用された以心崇伝（一五六九～一六三三）は、紀伊生まれの臨済宗僧侶。南禅寺住持のとき、家康の駿府に招かれ、外交文書の作成や仏教界の統制にあたった。寛永四年、紫衣事件で大徳寺、妙心寺の沢庵宗彭、玉室宗柏らと対立、二人を流罪に処して知られる。また「大坂夏の陣」直後に発した寺院諸法度・武家諸法度・禁中並《ならびに》公家諸法度の制定など、幕府体制の基盤となる骨組みの起草に深くかかわった。さらにキリスト教禁圧の掟も、以心崇伝の知恵によるもので、火刑の犠牲者は全国にひろがった。

幕末の月性は、『仏法護国論』の中で徳川家康のキリシタン禁圧を次のように述べている。

「……東照宮（家康）オコリ、禁ヲ設スルコト殊ニキヒシク、アワセテ互市（貿易）ヲ禁スレトモ遂ニ天草ノ変ヲ致シ、征誅セラレ死スル者、三万余。ソノホカ前後禁ヲ犯シ、磔《はりつけ》刑ニカカリ戮《りく》セラレ死スル者、凡ソ二十八万人ニシテ、耶蘇ノ毒、遂ニ滅除《めつじょ》セリ。邪説ノ人ヲ禍《わざわい》スルココニ至ル」と述べ、キリシタン禁教令に違反して前後およそ二十八万人の犠牲があった、と記述している。この数字が正しいか、どうかは分からないが、膨大な人数の多さを示している。

徳川家康が豊臣秀頼を攻撃する「大坂の陣」（一六一四年十月）は、城内に宣教師や多くのキリシタンが五畿内や北国から集まり、なかにはシェスト（＝ジュスト・洗礼名）高山右近（一五五二～一六一五）の子息とその旧臣、豊後の旧大友・ドン・フランシスコの息子も混じっていた。六流の大旗に神聖な十字架や救世主の像を翻し、大坂方の気勢は大いにあがった。この戦いで豊臣秀頼は、高山右近の協力を得たいとしたが、マニラへ追放後のことで間に合わなかった。

耶蘇教徒で満ちた大坂城の秀頼の軍隊は「彼らはいずれも教役（耶蘇の戦争）を行うために来集した」（バジェー日本耶蘇教史）といわれる。

この大坂の一戦に備え徳川方は、事前にキリシタン大名を一掃する必要があった。大坂征討の一カ月前の九月、高山右近、内藤如安らキリシタン百四十八人をマニラ・マカオに追放した。

秀吉が九州平定の過程で、キリシタン勢力の威力に疑問をもち、「天下統一の障害になる」として「伴天連追放」令を発したことが、「大坂の陣」で徳川は、目の当たりに実体験することになった。この戦いは和議がなり、決戦は翌年の夏の陣で徳川の勝利に終わった。

島国の日本は海の道を通じ海外との貿易が大事である。秀吉も家康も海外と貿易しながら、どうやって耶蘇会から日本文化を守るか、が問われていた。伴天連追放やキリシタン禁止令も、宣教師の侵入を防止できず、弾圧の手段で応じることになった。

平山常陳事件とキリシタン処刑

家康が死ぬと二代将軍秀忠は、同じ一六一六（元和二）年八月、キリシタン禁令の強化を指令した。これまでイギリス・オランダに認めていた国内商業と居住の自由を廃し、貿易も平戸と長崎の二港に規制した。耶蘇教徒の海外追放に次ぐ措置であり、全面鎖国への第二ステップである。

これよりさき家康は、イギリス人ウイリアム・アダムス（一五六四〜一六二〇）を外交顧問として重用した。関ケ原合戦のはじまる直前の四月、オランダ船デ・リーフデ号が豊後大分の臼杵湾岸に漂着したさい、家康は船長のアダムス（＝アダムズ）を大坂に招き、会見した。彼の世界知識に驚き、造船術と航海技術を尊重して外交顧問に登用し、三浦半島に領地を与えた。三浦按針の日本名で家康に自由に会える立場だった。

この「リーフデ号」漂着は、キリスト新教国のイギリス・オランダ両国が日本と関係を結び、国内では旧教ローマ・カトリックのイエズス会・耶蘇会と対立することになった。事態は平山常陳事件に現れた。このころ南洋で、日本商人に商業利益を奪われていたオランダ商人は、イギリスと共同して

「宣教師の日本潜入に、朱印船の役割が大きな役割を果している」と、幕府に訴えていた。

事実、オランダ・イギリス連合艦隊は一六二〇（元和六）年夏、宣教師二人が潜んでいた日本商船を台湾付近で捕え、幕府に突き出した。平山常陳の船がマニラからの帰途、捕まったのである。

この英・蘭両国が幕府に出した文書には「マカオやマニラとの交通が行われるかぎり、宣教師の日本潜入は跡を断つことはできない」とあった。キリシタン潜入に対する新教国からの警告である。

幕府は取り調べの結果、二年後の一六二三（元和八）年、捕まった二人の宣教師スニガ師とフロレス師を含め船長以下十五人を処刑した。宣教師二人と船長は火刑、その他船員は宣教師の入国扶助罪で処刑された。宣教師の一人スニガ師は、父は新西班牙（ノバイスパニア＝現メキシコ）提督を務めたウイルラマカン侯だった。もう一人のアウグスティノ会派のスガニ師は、四年前来日し、長崎奉行は門地の高いのに敬意を表し、安全を保障して最初の船で帰国を命じていた。マニラにもどったが再び日本行きを企てて、今回の事件に遭った。

幕府は、秀吉の「伴天連追放」令、続く家康の「キリシタン禁教」令の実施を強化し、国禁違反者への処罰を厳しくした。

幕末の月性は、彼ら宣教師が「ソノ人ノ国ヲ取ルニ教ヲ以テスルニ巧ミニシテ、且ツオソルベキヲシルベシ」と、述べ、当時の宣教師の不法入国や不謹慎な行動を認めている。日本の法令を無視して入国し、居住し、旅行して布教する行動を、徳川幕府は許しがたく、禁教令を厳密に施行することになった。

品川で五十人処刑、迫害全国へ

平山常陳事件の一カ月後の一六二二（元和八）年夏、長崎でキリシタン五十五人におよぶ大がかりな処刑が行われた。この受難事件は大殉教といわれる。

二代将軍秀忠は、翌一六二三（元和九）年七月、将軍職を辞し、家光に継ぐ。新将軍家光は就任早々の十月、東海道品川でキリシタン五十人を処刑した。家光は「江戸の足元で多数の耶蘇教徒が出たことを痛憤」した。イエズス会の耶蘇信徒を中心にフイリッピン・マニラ経由のフランシスコ会、ドミニコ会なども含まれていた。捕縛、放逐、火刑、磔の酷刑に処せられた。

この品川での火刑は、四方に竹柵を結い、中に五十本の柱を並べ、薪を三尺ごとに山のように積み上げ、火をつける。柱に泥縄で縛られ、焼き切れるとき、全て終わる。検分の奉行ら役人が机をならべ、周りに見物の群衆がすずなりの中で五十人が火刑に伏した。

この処刑は天主教会の史上最も顕著な殉教事件として特筆大書された。「天使のエロニモ師」、「遠藤シモン聖人および其の殉教」と記録されている。イエズス会の一人でイタリア人エロニモ宣教師は、奥州の鉱山や津軽に逃れた信者を訪ね慰めるなど千人に洗礼を授け、二十年にわたって献身な伝道をした。蝦夷（北海道）にもわたり、後には江戸で信徒の帰依をうけ重鎮となった。柱側に縛られ目を閉ざして火の至るのを待った。エロニモ師は天を仰ぎ、主に願うふうをみせ火のほうに向かって声を上げ教えを説き、やがて声は絶えた。

刑場についた「其の侶の殉教」者の中には、かって家康に追放された原主水がいた。騎馬で乗り付けた原は、大音声で「余は徳川殿の旗本にその人ありと知られた原主水だ。この度道（キリスト教）

のため死す。これわが勝利である」と叫んだ。馬を下り柱に縛られた原は火に向かって手を開き、焼けるのを望む様子を見せながら一時間のちに地に倒れた。原主水は駿府で家康後宮の女官と密通し、その女房が大悪事を企てたことの余波ともいわれるが、それまで江戸に潜伏していたのである。

江戸品川での処刑事件の翌二四（寛永一）年六月、久保田（秋田）藩でも、キリシタン三十三人が処刑された。蝦夷（北海道）でも多数が処刑された。

また二七（寛永四）年、長崎奉行は管内のキリシタン三百四十人を逮捕、幕府は島原城主松倉重政に処刑させた。二九（寛永六）年、長崎奉行竹中重義はキリシタンに極刑を加えた。

この間、後水尾天皇は、紫衣《しえ》事件、春日局の無礼など幕府の処置に不満が多く、にわかに譲位し、明正天皇（徳川和子《まさこ》［東福門院］所生。所生は、うみの親の意）が践祚《せんそ》した。称徳天皇以来八百五十九年ぶりの女帝となった。三代将軍家光は三年前、キリシタン弾圧の一方、天皇の権威に近づき、女御徳川和子（秀忠娘・十六歳）を入内、中宮としていた。

鎖国へ　国家存立守る

一六三二（寛永九）年、秀忠が死ぬと、幕府はキリシタン潜入を阻止するため、日本人の海外渡航を規制した。寛永十二年には海外渡航を全て禁止し、海外居住の日本人は帰国できず、これを犯すものは死刑に処すと厳しく規制した。

徳川三代将軍家光のとき、幕府は海外との通行を閉ざす「鎖国」という、かつて歴史に例を見ない蓑虫政策をとった。国を閉ざす鎖国問題が、なぜそれほど大事なことか。それはキリスト教をめぐる世界史発展の狭間で、海洋日本の国家の存立にかかわる問題であったからだろう。

秀吉・家康時代の初期、海洋日本は対外的には、いわゆる「御朱印船」が南方に往来してスマトラ海峡以東の各地に日本人町ができた。その前の足利時代には将軍家や、周防大内氏、天竜寺の船が明国船と海上で取引する「勘合貿易」があり、一方で私的な「倭寇」が中国、朝鮮の沿岸を荒らしまわった。それも足利末期に国内の秩序が整い、織田信長の天下統一事業が緒につくとほとんど止み、秀吉時代になって跡を絶った。

代わりに登場したのが「朱印船」だった。秀吉の朱印、特許状を手に海外と貿易する三本柱の大型和船である。西国大名をはじめ長崎・京都・堺の豪商、たとえば末次・荒木・茶屋・角倉《すみのくら》・伊勢屋らは御朱印を得て、コーチ、カンボジア、シャム、台湾、ルソン（呂宋）、マカオ等に出帆した。漆器、刀剣類、蒔絵、傘、銅地金、樟脳等を輸出した。帰航には各地から絹織物、毛織物、砂糖、陶磁器、珊瑚、鹿革などを積んできた。そのころ、国内の佐渡、石見、伊豆の金、銀の生産が盛んになり輸出の主流だった。

このような海外交流も、先に述べた寛永十二年五月の第三回鎖国令（日本人の海外渡航と在外日本人の帰国禁止）により、朱印貿易は終わった。幕府は外様大名の参勤交代制を定め、五百石以上の大船建造を禁止した。長崎・商館前の海辺を埋立て広さ三万坪強の「出島」を造成し、ポルトガル商人を平戸から強制、移住させ監視した。

また、この年はじめて寺社奉行を置き、評定所の制度を決めた。国内では踏み絵制や高札場を通じて、懸賞金付きで宣教師やキリシタン信者の摘発につとめた。これらの措置はキリシタン活動を規制し、国内の秩序と伝統文化を守るためだった。

「島原の乱」　農民と耶蘇の複合

こうしたなか「島原の乱」（島原・天草一揆）は起きた。三年前の寛永十一（一六三四）年以来、天候不順で凶作が続き松倉勝家は、年貢取り立てに厳しく、年貢未納のカタに妻子を水牢にいれたり、両手を縛ってミノを着せ、それに火をつける。苦痛のあまりとび上がったり、走り回るので、ミノ踊りとよんだという。悲惨な刑罰である。島原はキリシタン大名有馬晴信（一五六七？〜一六一二）の領地だったが、贈収賄で失脚した後、旧家臣は牢人となって残った。

徳富蘇峰は「島原は実に日本における耶蘇教の揺藍であり、また宣教の巣であった。天草も亦同様であった」と述べ、さらに要旨次のように言う。

「天草の領主天草種元も宣教師アルメイダから受洗し、強制的に島民を耶蘇教に改宗せしめた。秀吉の征討後、領地は肥後のキリシタン大名小西行長（？〜一六〇〇）の勢力の下に、依然として耶蘇教の根拠地の一つとなった。

関ケ原後、寺沢広高の所領に加えられたが、徳川幕府の禁教令が励行され、キリシタン大名の寺沢も耶蘇教を棄て、その迫害者となった。寛永六年寺沢の家臣三宅某をして全島民を棄却せしむべく派遣してから、その迫害は過酷を極めた……」と。三宅某は寛永十年広高の死後、その子堅高に仕え四年後の島原一揆に遭った。

一六三七（寛永十四）年十月、肥前国・島原と天草にキリシタンを中心とする農民一揆は、みてきたように、この地方は小西と有馬の遺領でキリシタン信仰が厚かった。大坂の陣後、島原城主に松倉重政・勝家父子、天草は唐津藩寺沢高広・堅高父子支配下にあったが、島原の激しい年貢取り立てに加え、しだいに牢人や隠れキリシタンの勢力が表面化して宗教的な一揆となった。

騒乱はまず島原半島の南から島原城を攻め、おくれて天草の一揆も加わり、牢人十三人が評定衆となり、キリシタン天草（益田）四郎時貞（十六）を総大将に、叛徒は有馬氏の旧城原城に籠もった。ほとんどが百姓の男女で、一部牢人を含み、その数は三万七千で、大坂夏の陣以来、二十三年ぶりの大がかりな戦争に発展した。

幕府は三八年正月、近隣諸藩の軍勢で総攻撃したが、鉄砲二千丁を持つ籠城軍の前に、上使板倉重昌は戦死した。あわてた幕府は老中松平信綱を派遣、十二万の軍勢で島原城を囲み、食糧、弾薬などが無くなった二月末、やっと落城させた。神の使者として崇拝されたジェロニモ天草四郎は首を長崎でさらされた。幕末の月性は、「天草ノ変、征誅セラレ死スル者、三万余……」と記している。捕虜となった男女ことごとく処刑され、城主松倉勝家は改易の後、斬罪された。今でも島原城は城全体が墓場として残っている。

島原乱後　鎖国体制を確立

幕末の月性は、イエズズ会・耶蘇教（ローマ・カトリック・キリスト教）の侵出を「神州陸沈の危機」と恐れるが、そのキリスト教にはどんな特徴があるのか。歴史家徳富蘇峰は、「当時の耶蘇教徒は、日本主権者の命令を無視して、独自勝手な運動をし当局者の目に余る事実があった。宣教者の不謹慎が耶蘇迫害の災難を招いた」と述べ、責任は半ば自らにある、として五つの理由を示している。
耶蘇教は①日本の国法を無視する　②日本の神仏を侮蔑、攻撃して平地に波乱を起こさせること　③社会の落伍者を収拾し、自然に不平等党の巣窟となること　④西班牙（スペイン）の手先となり、日本侵略の間諜（スパイ）となること　⑤外国の勢力を利用せんとする、内地の野心者の手引きとなるの虞《おそれ》のあること。

以上が徳川幕府が耶蘇教禁圧のやむを得なかったことを認める理由として示している。

鎖国政策は家康・秀忠・家光三代、三十年以上かかって実現した。鎖国は徳川自身の存立と同時に、日本を守る自衛のために余儀なくされた政策だった。禁教はすなわち鎖国であり、鎖国こそ禁教を主とする政策だったといえよう。

耶蘇教が日本で広がった当時、たまたま欧州は三十年戦争（一六一八〜四八）の真っ最中だった。キリスト教領国の新・旧両派はドイツを舞台に悲惨な宗教戦争が繰返し展開された。ウエストファリア条約によって、やっと近代国家が成立する、という時代だった。

旧教国のスペインがいかに日本でのイエズス会・耶蘇教の布教に熱心であったか、秀忠・家光もある程度、欧州の情勢は得ていたに違いない。幕府は、三十年戦争が終わる九年前の一六三九（寛永十六）年、五回目の鎖国令を発令し、完全な鎖国にはいった。日本は長崎・対馬以外、貿易の門戸を完全に閉ざし、長崎からポルトガル人を追放した。

ちょうど、その九十年前、フランシスコ・ザビエルは日本に来着した。ザビエルは「この国の土と国民を神の名において支配する」との強い信仰心と気概のもとに福音の種をまいた。続いてすぐれた伴天連が大勢、日本にやってきた。耶蘇教との争いが主な要因となって鎖国の島国・日本となってしまった。

幕末の周防・妙円寺の月性が、再び来航する十字架の耶蘇教をおそれたのは、その原因が世界史の波を途絶した「日本・鎖国の歴史」に秘められているからである。それは「法（キリスト教）ト武器ニヨル神州陸沈」すなわち、日本植民地化に対する恐怖だった。

日本仏教界の布教は、近世初期の秀吉時代には、すでに現代とほぼ同じ状態に全国的に発展していた。秀吉に次ぐ徳川幕府は、鎖国と同時に、仏教組織を「寺請制度《てらうけせいど》」（宗門改［あらため］において、檀那《だんな》寺であることを証明［寺請］することにより、キリシタンや不受不施派など禁制宗派の信徒でないことを保障した制度。以上、朝尾直弘他編『角川新版 日本史辞典』による）として活用し、キリシタンを徹底的に規制した。その反面で江戸時代の仏教界の堕落と、その再生こそが幕末・月性の新しいもう一つの課題となっていた。

第五章
海の危機、歴史と思想・制度を生む

文化も外患も海から

ユーラシア大陸沖合に弓なりに浮かぶ日本の国は、ほどよく海に守られ、悠久の昔からゆったり発展してきた。月性は、瀬戸内の海辺に育つなかで海の道のことを考える。

紀元前から古代中国は、稲作をはじめ、文学、哲学、法、官僚組織や高度の宗教が発達した。それらの文化を日本は、海の道を通じて受け入れた。戦争などで朝鮮百済との交流が栄え、土木、金属加工、絹織物、土器の技術などを持つ一族が集団で日本列島に移り、伝えた。

渡来人の王仁《わに》が「論語」や「千字文」を伝え、六世紀の仏教伝来（五三八年）も、百済の聖明王が、朝廷に仏像や経典を贈り、聖徳太子や蘇我馬子らが受容し興隆をはかった。仏教の積極的な導入の結果、寺院や仏像づくりがさかんになり、それまでの古墳文化に代わる新しい飛鳥文化を現出した。

周防平生《ひらお》町の神峰山・般若寺はその時代の用明天皇勅願の古刹である。守護大名大内氏は、周防国大内村が出身地で、姓は多々良とも言う。すでに述べたように百済聖明王の第三子琳聖太子始祖との伝承をもつが、渡来した製鉄技術者の子孫かもしれない。海道途中の周防・平生町には朝鮮の地名が残っている。

聖徳太子は仏教を国家の基本におき、冠位十二階や憲法十七条を制定して中央集権的な官司制の基礎をつくった。伝来した漢字や儒教をもとに外交文書や朝廷の記録を帰化人（渡来人）に手伝わせ、政権に仕えさせた。これらは皆、海の道を通ってやってきた。

文字というものが、人や物の記録を残し、日本文明の歴史を語るようになった。『日本書記』や『古事記』は、神代からの歴史文化の源であり、漢字を平仮名、片仮名の文字に変え、文字を芸術の道にまで高める民族の知恵は、ただ畏敬するばかり、と月性は思う。このように中国、朝鮮から北九州、さらに瀬戸内から畿内へ通じる海の道は、先進文化を伝えたが、同時に内外の敵もその海から黒雲のように襲ってきた。

日本全体が、北から南へ一つになって協力し、初めて外国の侵略者と戦ったのは中世の元寇の役（蒙古襲来とも）だった。文永・弘安の役（一二七四年・文永一一～八一年・弘安四）の二度にわたる海防戦は日本の歴史を変える大事件だった。幕末の海防僧月性が、遠く元寇を「神州陸沈」の第一回目の危機だったと自覚するので、その内容をすこし見ておきたい。

鎮西の激戦、二度の神風

フビライ（世祖）の世界制覇がなり、朝鮮高麗の協力で征東軍二万五千の兵が合浦を出発、十月五日対馬佐須浦を制圧、十四日壱岐を攻略した。さらに平戸島、鷹島など松浦半島沿岸を侵し、十月十九日に筥崎《はこざき》から今津にいたる博多湾に侵入した。

二十日に元軍は上陸、鎮西武士と各地で激戦が展開された。太鼓・銅鑼を鳴らし、矢継ぎ早に弓を射る元軍の集団戦に武士たちは圧倒された。水城《みずき》（福岡大野城・太宰府の境界にある土塁）に後退したが、夕方に元軍は追撃を止め、軍船に引き揚げた。その夜の暴風雨で二百余隻の元船は難破し、兵士一万三千の犠牲を出して退却した。これが歴史に残る「文永の役」である。

十八歳で幕府執権となった相模太郎・北条時宗（一二五一～八四）は、幕政の中心にいて蒙古襲来を含む難局を処理した。異国防衛政策のために、日本最果てから東国武士を北九州や長州へ動員、土着化させ、幕府の西国への統治権を急速に推進した。

この間、南宋を征服したフビライ（世祖）は二度、日本へ元使を送ったが、幕府によって斬られた。幕末の頼山陽が『相模太郎、胆、甕《かめ》の如し』と詠ったとおり、北九州沿岸の海防将士は蒙古襲来を怖れなかった。

世祖は征東行省を設け準備をすすめた。一二八一年五月、東路軍四万の兵士を九百艘で高麗合浦を出発、対馬、壱岐を侵し六月六日博多湾にはいった。鎮西武士は防塁で激戦、さらに小船で襲いかかり、元軍は日本軍に阻まれて上陸できず、壱岐沖に退却した。

一方、元・江南軍十万は慶元を出発、七月二十七日西軍と合流、鷹島沖に進み大船団で威嚇した。ところが四日後の閏七月一日、台風が襲い大船団は難破し、数万の元兵が波にのまれた。やっと助かった軍船は鷹島沖に集結したが、日本軍の掃討作戦により、本国に帰り得たのは四分の一に過ぎない、と伝えられる。

この歴史的な海辺での合戦で元寇に勝利したものの、日本側は鎌倉幕府が潰れるほどの大きな傷痕を残した。

歴史の教え「元寇の役」

元寇の海防戦は、日本の歴史に三つの教えを刻みこんだ。その一つは、断固として外敵を排除し国の独立を守ること、このため幕府は鎮西武士に加え東国武士を動員したため、国家統一の国民意識が、はじめて本州の北端まで行きとどいた。

二つ目は、対馬・壱岐への侵略で起きた暴行・殺戮の悲惨な危害は、大きな社会不安を生んだ。民心の不安と動揺は、鎌倉新仏教の信仰、救済思想を全国の一般大衆へ広げた。当時の末法思想とも重なり、国家存亡の危機意識から、仏教内部に仏教を歴史的に理解する風潮が生まれた。日蓮による日蓮宗をはじめ法然の浄土宗、一向宗（浄土真宗）、曹洞宗、臨済宗、時宗など、比叡山の仏教（法華経・天台宗）が、鎌倉新仏教として全国に伝播したのである。

三つ目は、元寇での勝利は、貴族や寺社による異国降伏の祈禱によるものとして神国思想の昂揚の条件となった。この思想は、国家危急のときの「神風思想」となり、昭和時代にいたるまで神頼みの依頼心のもとになった。

このような特質の反面、元寇へ挙国一致の施策は、御家人の大きな財政負担になった。武士たちへの恩賞がないため、窮乏化した鎌倉幕府は倒壊という歴史的な代償をはらうはめとなった。

幕府は、海防のため「異国警護番役」の制度を設け、博多湾中心に鎌倉幕府が潰れるまで防塁を築き続けたことが原因だった。国家独立への義務と負担は大きかった。

相模太郎・北条時宗は、元使を斬って防戦を決断したが、元寇合戦の敵・味方双方の戦没者を弔うため、鎌倉に円覚寺を建立した。十六年間政治をリードし、弘安七（一二八四）年四月四日、時宗は出家したが、その日他界した。享年三十四。

このような鎌倉幕府と元寇の歴史物語は、江戸末期の漢詩人儒学者頼山陽の『日本外史』等で幕末の志士たちへ伝えられた。月性が激励した松下村塾の塾生らも、蒙古襲来の恐怖が、全国民の骨の髄まで震撼させ、熱狂した国民感情が脈打つ音を良く知っていたのである。

恐怖は再び　北の海から

日本の海防危機は、歴史上、一番目に元寇の役（文永［一二七四］・弘安［一二八一］の役）。二番目にイエズス会（ローマ・キリスト教）の浸透そして鎖国。三番目に欧米列強の沿岸異国船による幕末脅威となって再現した。日本の海防危機は、幕末のペリー浦賀来航（一八五三［嘉永六］年）がはじめではない。沿岸侵略の歴史は、半世紀以上も昔、北の霧の深い海からはじまっていた。月性は幼少時に異国船の沿岸接近を教えられ、怖れていた。この海からの危機の中から尊王攘夷の思想が海から生まれ、広がった。

頭痛の種は、まず帝政ロシアの不凍港を求める南下政策である。江戸幕府は、島原の乱後の寛永十六（一六三九）年、五段階にわたる最終の鎖国令を発したことは、すでに見た通りである。「耶蘇の毒」を持つ宣教師の入国を防ぐためポルトガル人渡来の禁止、大船建造と日本人の海外渡航禁止をはじめ、貿易もオランダ、明の二国以外の国を禁じ、入港は長崎出島、対馬だけとした。

この間、北方のロシアは、毛皮を求めてシベリアに至り、十七世紀後半にベーリング海峡を越えアラスカまで侵出した。そのアラスカをロシアは欧州での戦争で財政が窮乏し、十九世紀になって、たった七百二十万ドルでアメリカへ売却した。他方で支那の沿海州を奪い、松前氏の領土樺太（サハリン）や千島の択捉島を襲ってロシア領の拡張を図り、幕末には一時、対馬を強引に占拠した。元寇の次は、ロシア侵攻による露寇である。

一望、果てし無い太平洋の海は波が荒かった。伊勢の船頭・大黒屋光太夫（一七五一～一八二八）は、和歌山藩米を積んで乗員十六人と江戸に向かう途中、遠州灘で台風に遭い八カ月後カムチャッカに漂着した。二年後にイルクーツクへ到着、ここで帝室科学アカデミー（植物）会員キリル・ラクスマンの知遇を得、寛政三（一七九一）年、ロシアの首都ペテルスブルクでエカテリーナ二世に謁見、帰国許可を得た。翌年九月、キリルの子で修好使節アダム・ラクスマンに伴われ、十一年ぶりに根室に帰着した。

ラクスマンは翌寛政五（一七九三）年、松前でロシア初の使節として幕府の石川忠房ら説諭使と会見した。しかし鎖国令により、イルクーツク総督の貿易交渉の書簡受領は、拒否され、長崎入港許可書を受けて帰国、政府に報告した。

光太夫は、江戸に送られ、将軍家斉、老中松平定信が列座しての取調べをうけた。『漂民御覧之記』、『北槎聞略』はその時の記録である。以後、光太夫は軟禁生活となり、江戸番町楽園で一生を終えた。享年七十七。

イエズス会（耶蘇教）の宣教師追放を主眼とした徳川幕府の祖法「鎖国令」は、江戸二百六十五年を貫きとおした。この政策は歴史上「鎖国」の用語でよばれる。享和元（一八〇一）年、長崎の通詞志筑忠雄が、ドイツ人医師・ケンペルの著書『日本誌』の一章を「鎖国論」と訳したのが最初だが、ロシア使節ラクスマンが根室に来航（一七九二〔寛政四〕年）したさい、新しい情勢に対処できない幕府の保守的姿勢に批判をこめた用語だった。

江戸末期にかけて、鎖国制度は「海防論」として儒学者、文人、勤王家らのなかで脚光を浴びた。幕末に海防僧と呼ばれた月性は、鎖国下の対外政策をどうするのか、国防と立国の知恵を京・摂津の文人らに求めた。

林子平ら勤王家の時代

月性は、海防の歴史には、先達たちの知恵と行動があったことを知らされていた。ロシア使節ラクスマンが日本を去った同じ九三年の初夏から秋にかけ、経世家林子平（五十六）や勤王家高山彦九郎（四十七）が相次いで死没したが、いずれも江戸末期、湾岸の危機を自覚して、海防と勤王を訴えた人々だった。

林子平（一七三八〜九三）は幕臣の子だが、兄（姉の説もある）が仙台藩に出仕したので一家で仙台に移住した。子平は無禄の身分ながら、江戸で蘭学医者の宇田川玄随、蘭学界の大御所大槻玄沢《おおつきげんたく》、蘭方医・奥医師桂川《かつらがわ》甫賢《ほけん》らと親交、長崎ではオランダ商館長フエイトに海外事情を聞くなど、新しい知識を得た。こうした学問的基礎をもとに天明五（一七八五）年、四十八歳で『三国通覧図説』を上梓した。朝鮮、琉球、蝦夷について記したもので、小笠原諸島をわが国の領土と明記し、その後の欧米諸国の侵略を阻止する上で重要な歴史資料となった。

続いて、子平は五十歳で『海国兵談』の原稿を脱稿、幕府批判の内容のため、出版に応じる書肆《しょし》（本屋）が無く、仙台で自ら版木を彫り、第一巻を上梓した。二巻以後も苦心惨憺し、寛政三年（五十四歳）四月に友人らの支援でやっと三十八部だけ全十六巻出版できた。しかしその年末、「人心を惑わし、政治を私義した」と幕府の咎めをうけ、江戸の日本橋小伝馬町獄屋へ入牢された。

子平は『海国兵談』の冒頭で、「海国とは何のことか、地続きの隣国がなく四方皆海に沿える国をいう。だから海国には、唐山（支那）の軍書や古今伝授の諸説と異なる海国の武備が要る」と述べ、そのわけを知らなければ日本の武術とは言えない、と現状の海防の防備の無さを批判した。日本の海は日本橋からフランス、オランダまでの水路一本を隔ててつながっている。侵略しようと思えば、外国軍艦は順風にのって、たちまち走り来るので、外敵を防ぐ水戦の備えがいる、水戦の要は大銃（大砲）にある。支那流の山国の軍書は役に立たない。『水戦』こそが海国武備の根本だ、と主張したのである。

この『海国兵談』が日の目をみたころ、探検家間宮林蔵（一七七五〜一八四四）は、蝦夷地（北海道）でたまたま測量中の伊能忠敬（一七四五〜一八一八）に出会い、測量技術を教わり樺太（サハリン）を探検した。その成果は、シーボルト著『日本』を通じて「間宮海峡」の存在を世界に知らせた。

また勤王家蒲生君平（一七六八〜一八一三）は、ロシアの北海出没を知ると、海防を説いて陸奥の海岸を巡視し、荒廃した歴代天皇陵を調査して『山陵志』を著した。後期水戸学の儒学者藤田幽谷《ゆうこく》、子平らと交わり、幕末の尊王論に影響を与えた。

一方、史書『太平記』を読み、先祖が新田義貞につながる勤王家高山彦九郎（一七四七〜九三）は、九州で客死するまで全国を遊説し、尊王を説いて注目された。公卿、とくに中山愛親《なるちか》の知遇を得た。京都三条大橋に額ずいて皇居を拝した奇行が伝えられる。

互いに交流した蒲生、高山、林子平ら三人は、今日「寛政の三奇人」として名を歴史にとどめている。国の守りを憂える幕末勤王家たちは、この先達三人の行動を昨日のことのように良く記憶し、月性ら勤王志士へ与えた影響は大きかった。

当時の民間エリートたちは、北の海の危機を敏感に捉えたが、徳川幕府の対応はにぶかった。六無斎と号した林子平は、「親もなし、妻なし子なし板木《はんぎ》なし、金もなければ、死にたくもなし」と詠じ、世間の悲しい同情をうけた。子平の海防への先見の明は、ずばり当たっていた。

その後、北のロシアに続いて南西アジアの海から英米、フランスの大船が、つぎつぎに日本沿岸に現れるようになった。月性が生まれる半世紀も前から四海に暗雲が垂れだし、鎖国日本は、袋のなかで揺れる蓑虫のように風の間にまにだった。この鎖国の袋が破れる前のロシア南下の脅威、露寇に、もうすこし触れておきたい。

近藤重蔵や高田屋嘉兵衛らロシアと攻防

幕府も北の海の脅威に手をこまぬいていたわけではない。ラクスマン帰国の翌寛政六（一七九四）年、ロシア船はエトロフ（択捉）島に植民を開始し、その後樺太・千島を盛んに侵略した。慌てた幕府は百八十人からなる蝦夷調査団を編成、当時随一の蝦夷通といわれた探検家最上徳内、幕臣近藤重蔵

（一七七一〜一八二九）らを派遣した。松前蝦夷地御用となった近藤重蔵は四度、千島列島を調査探検し、エトロフ島に「大日本恵土呂府」の標柱をたてた。

兵庫の海運業者・高田屋嘉兵衛（一七六九〜一八二七）は、千七百石積の辰悦丸を建造、箱館に支店を設け、松前交易を中心に活躍した。寛政十一（一七九九）年、幕府が蝦夷地を直轄すると、高田屋はエトロフ島航路を開いて漁場を設置し、幕命で蝦夷地産物売り捌《さばき》方となった。幕府も、盛岡、弘前藩兵を箱館に送って守らせた。

やがてロシア・アメリカ会社の幹部レザノフは文化元（一八〇四）年、ラクスマンに続く、アレクサンドル皇帝の特派大使として、ラクスマンが持ち帰った許可証通り長崎に来航し、通商を要求した。仙台領の漂流民四人をつれてきた。

幕府は翌年三月、目付遠山景晋《とおやまかげくに》を長崎に派遣し、レザノフ特使の要求を拒絶した。そして翌年一月幕府は、「ロシア船取扱令」を出し、薪炭等の必要品を供給し、「万一、退去に応じない時は、打ち払いを命じる」（薪炭給与令）という対応措置をとった。

レザノフ長崎退去二年後の文化四（一八〇七）年四月、ロシア船はエトロフ島を侵して会所・番所を略奪し、松前奉行の下役が自殺する事件があった。長崎で通商を断られたレザノフが、部下に樺太（サハリン）とエトロフ（択捉）島の日本陣屋を攻撃するように命じていたのである。

箱館奉行は弘前（津軽）・盛岡（南部）二つの藩に兵力増強を命じ、秋田・庄内藩にも出兵させた。翌年一月から二月にかけ、会津・仙台藩の兵が蝦夷地守備に向かった。

さらに三年後の文化八（一八一一）年五月、ロシア人はクナシリ（国後）島に上陸、略奪する。守備隊は六月、ロシア艦長ゴロヴニンをクナシリ（国後）島で逮捕、身柄を松前の牢屋に移す。ところが翌年九月、クナシリ島沖合を帆走中の高田屋嘉兵衛の船が、ゴロヴニン幽囚の報復としてロシア船に捕まった。高田屋はカムチャッカに連行されたが、翌年帰国しゴロヴニン釈放と日露両国の融和に尽力した。

しかしこの間、幕府の目ぼしい海防策はなかった。米価高騰で加賀金沢で打ち壊しが起こり、幕府は十年におよぶ二度の倹約令延長のうえ、さらに一二年一月、諸経費の二割以上の節約令をだした。

江戸湾近海の沿岸を視察した老中首座の松平定信（楽翁）は、白河（松平）・会津（松平）両藩に、相模・安房海岸に砲台構築を命じたが、文化九（一八一二）年四月致仕、溜詰に引退した。御三卿田安家出身で陸奥白河藩主だった定信は、将軍補佐役として「寛政異学の禁」を発するなど寛政改革を指導したが、海防時代の波には対処しきれなかった。

長崎でフェートン号事件

この間、日本列島の南端、長崎港でも文化五（一八〇五）年八月十五日、イギリス軍艦フェートン号がオランダ国旗を掲げて無断侵入、オランダ船を探索し商館員を逮捕した。ナポレオン戦争で、イギリス東インド艦隊所属のフェートン号は、フランスに服したオランダ東インド会社船を拿捕するためだった。たまたまオランダ船が入港していなかったため、フェートン号は、一転イギリス国旗をかかげ、オランダ人を人質にして、薪水を要求した。長崎奉行は警備が手薄く、イギリス船の不遜な暴行に対応出来ず、フェートン号は商館員を釈放して出港した。この事件で長崎奉行の松平康英は責任をとり切腹した。

その九年後、文化十一（一八一四）年六月、今度は別のイギリス船シャーロット号が長崎に入港、十月まで碇泊した。さらに四年後、一八年五月、イギリス船は江戸の玄関口の浦賀に来て貿易を求めた。幕府はこれを拒否し、浦賀奉行を二人に増やして防備体制を固めたが、効果は期待できなかった。沿岸海防の必要は北の海から、江戸周辺、南海に広がり手の付けようがなくなった。海防の財政負担は各藩に重くのしかかった。シャーロット号長崎入港の年、越後の幕領諸町村で農民一揆がおこり、幕府は箱館・松前のほか蝦夷地守備兵を引き上げたのである。

海防の範囲が全国に広がり、鎖国体制維持に辛苦する幕府にとって、今度は日本の真ん中で歴史を変えるほどの激震が起きた。徳川御三家の一つ水戸藩の海岸にイギリス捕鯨船船員十二人が上陸する事件が起きたのだ。少年月性が養父から知らされた事件だった。

水戸藩の海で「大津浜事件」発生

かねて地元民の間で心配された事件が文政七（一八二四）年五月二十八日朝、常陸（現茨城県）海岸の大津浜で起きた。現在の北茨城市、岡倉天心の六角堂のある五浦《いづら》のすぐ近くの海、大津浜沖合に異国船数隻が現れた。昼ごろ、二隻の小舟に船員十二人が鉄砲や鯨突き・銛を手に上陸してきた。

常陸沿岸の沖合は黒潮と寒流が出会う場所で魚類が多く、鯨の大漁場である。春以来、鯨を狙うアメリカ、イギリスの捕鯨船が現れ、沿岸の人々が恐れていたことが現実に起きたのだ。

驚いた地元は水戸藩庁へ注進し、上陸してきた異人全員を逮捕、拘留した。水戸から筆談役の会沢安《やすし》（号は正志斎）らが現地に急ぎ、取り調べた。捕鯨船員らの上陸の理由は、薪水の要望だった。会沢は薪水の欲しさばかりでなく、「日本からイギリスまでの海路図を四本の指で再三撫でた」ので、これは「神州を服従させようとする侵略の意図である。真に憎むべきこと」と、報告した。

知らせを受けた郡奉行藤田幽谷《ふじたゆうこく》（一七七四〜一八二六）は、第八代藩主徳川斉脩《なりのぶ》へ、「只、薪水の要請だと、油断してはなりません。加比丹（船長）まで上陸してきた真の目的は別にあった」と、会沢安らの筆談結果を報告し、藩主の「単に薪水を求めての上陸」といった甘い判断を戒めた。

この事件で逮捕されたイギリス船員十二人は、知行地の付け家老鈴木家の洞窟に監禁された。この時、藤田幽谷は、たった一人の息子・東湖《とうこ》に向かって告げた。

「急いで大津浜に行き、もし船員が釈放されることがあれば、宿舎に突入して船員を斬り尽くせ。そして悪ぶれず役人に自首して、裁きをうけよ」と悲壮な厳命をくだした。

その際の心情を東湖は、『回天詩史』のなかの漢詩『述懐』で、「三たび死を決して死せず」とうたっているが、その第一回目の決死の時が、この父幽谷の厳命だった。東湖は「敬って教えを奉ぜん」といって、水杯して六月十一日夕刻、水戸を出発しようとしたところ、その時すでに遅く、船員たちは、釈放されてしまった、と知らせがあった。

この時の幽谷の息子・東湖にたいする気概は、悲壮感の固まりであり、尊王攘夷の精神と思想の原点とみられている。

五月の大津浜事件のあと、七月に今度は薩摩の宝島にイギリス船員が上陸して、野牛を略奪した。この争いで船員一人が射殺された。こうした事件の翌文政八（一八二五）年、幕府は「異国船打ち払い」

令を全国諸大名に発した。十九年前、ロシア船へ出していた薪炭給与令を撤回した。

そして大津浜事件を体験した筆談役・会沢安（正志斎）は同じ年、幕末志士の尊王攘夷思想のバイブルともなる著書『新論』を完成した。

海からの衝撃が、『新論』を産み、初めて萩藩校・明倫館に紹介したのは幕末周防の月性であり、最初に水戸で会沢正志斎に直接会ったのは、後に触れるように東北脱藩の途中の吉田松陰だった。

会沢正志斎とは誰か

では維新の教典とも言える『新論』の本質は何だろうか。後期水戸学のなかで、藤田東湖（一八〇六～五五）と双璧といわれる会沢正志斎（安《やすし》。一七八一～一八六三）は天明二年、水戸藩下士に生まれた。幼時より向学心が強く、九歳で東湖の父藤田幽谷に師事し儒学などを学んだ。『大日本史』編纂の史局「彰考館《しょうこうかん》」に入り、郡奉行を経て総裁となる。天保改革派の中心となり天保十一（一八四〇）年、弘道館初代総裁を務め、東湖とともに幕末の第九代藩主徳川斉昭《なりあき》（一八〇〇～六〇）を助けた。

四十四歳のとき纏めた『新論』は、七編からなっている。「神州は太陽の出づる所、元気のはじまる所にして天皇が世々皇位を継がれ……」と国体論を説き、「しかるに今、西の果ての蛮夷が諸国を蹂躪し、虎視眈々とねらっている……」とした。

この国体論は、尊王攘夷とともに、後期水戸学の根幹だが、会沢正志斎も日本の国柄の優位性を高らかに謳《うた》いあげた。外国の日本侵略の手口を研究し、ロシアを糾弾した。つまり蝦夷（北海道）を脅かし、官府を焼き、兵器を掠め、その上あらためて通商を求める。彼らは手段を選ばないから、これに対抗するには士風を興し、国内体制を改革して国防力を強化しなければならない―、と訴えた。

『新論』で会沢は、国体論と海防強化に伴う国内体制改革を述べた。「長計」編では、

一、事を起こす場合は、巨視的で且つ長期展望をもつこと、そして神州日本の国を運営するには祭政一致の理念を厳守すること。

一、英雄のことを挙げるや、先ず天下を大観して地形、人情、兵謀を心得、万世（永遠の歴史）を通視し、一定不易（不変）の長策（長期計画）を立てること。

と諭している。このことが攘夷断行の方法論だが、それを根底で支えるのは「祭政一致」だという。神州日本にとって国家独立の大事は、祭祀と戦争だが、正志斎は、当時の状況を踏まえ「祭祀を尊王」に、「戦争を攘夷」に置き換え、さらに水戸学がよって立つ根本理念の国体論と大義名分論を肉付けして、『新論』を著作した。

地勢と海と後期水戸学

水戸の尊王攘夷の思想をいうと、必ず「後期水戸学」が言われる。徳川光圀がはじめた『大日本史』の修史事業は、正徳五（一七一五）年に、一応列伝を脱稿した。それまでの期間が「前期」といわれ、その後、約五十年間の空白期間を経て、寛政年間に再び修史事業が活発になり、明治の完成まで通算二百五十年続いた。

この再開後の期間を歴史上、「後期水戸学」と呼ぶ。常陸国《ひたちのくに》の気候風土、北朝と足利の土地柄、異国船接近などの地理と歴史的な環境条件が重なって、再び『大日本史』修史事業参加の文人、学者た

ちの眼を覚醒させた。

原因の一つは水戸藩の領国・常陸国正面百八十キロが太平洋に開くという地理上の理由があった。鎌倉後期南朝勢力を増やすため、伊勢から海路、東国に向かう途中の公卿北畠親房（一二九三～一三五四）は、常陸沖で暴風雨に遭い、筑波山麓にある小田城に入った。そこで『神皇正統記』（一三三九年完成）を著述したが、「大日本は神国なり……」ではじまる南朝正統を主張する歴史観は、後期水戸学の『大日本史』の内容と一致するのである。

神皇正統記は「……日神すなわち天照大神が長くその統を伝えて君臨している。わが国だけ、このことがあって他国に例はない。それゆえにわが国は神国というのだ……」と宣言している。

その神国日本の国が、やがて海外から侵される危機が海防論となり、後期水戸学を活性化させた。主役となる会沢正志斎や藤田東湖らを育てた儒学者藤田幽谷（一七七四～一八二六）の存在が大きい。幽谷は水戸の古着商の二男に生まれた。当時水戸第一の儒学者といわれた立原翠軒《たちはらすいけん》（一七四四～一八二三）に入門し、一七八八（天明八）年総裁だった翠軒に推挙されて「大日本史」編纂・彰考館の史館小僧となった。幽谷は、義公光圀の時から集められた万巻の書を、館務の合間にむさぼり読んで学問は大いに進んだ。

やがて幽谷は武士に取り立てられ、編修（編纂員）となって上野国《こうずけのくに》（群馬）の勤王家高山彦九郎と交遊、心を大きく開かれた。

修史にからむ対立で翠軒とその一派が去ると、幽谷は七代藩主徳川治紀の重用もあり、文化四（一八〇七）年、同総裁となり、民生上重要な郡奉行を兼任し、藩政に重要な職務を占め、水戸の天保改革に大きな影響を与えた。のち藩内門閥保守派との対立で、郡奉行を解任され、総裁専任となる。幽谷は「後期水戸学」の実質的な創始者であり、その「正名論」は、水戸学名分論の原型といわれる。

この間、藤田幽谷は家塾青藍舎で、実子の藤田東湖、その他会沢正志斎、豊田天功（＝彦次郎。一八〇五〜六四）ら尊王攘夷派の人材を養成した。彼ら幕末水戸藩の「（皇道の）大義を明らかにして人心を正す」の精神が、尊王攘夷の中心の思想となり、維新改革を主導することになる。

この水戸精神は、月性や吉田松陰らの思想と共鳴し影響して維新回天へ、時代を大きく動かすのである。

日本史の裏に僧侶の知恵

海からの外敵を防ぎ、国の独立を守るのに徳川幕府の努力と工夫があった。家康の征夷大将軍就任から、最後の将軍徳川慶喜の大政奉還まで二百六十四年間、なんとか平和を維持した。それには①鎖国制度維持と仏教界の支配、②学問の奨励、③身分制度の固定化、④武家諸法度と参勤交代、⑤公武一和の維持等、制度の重層的、多角的な発展が必要だった。しかし幕末には内憂外患が相つぎ、財政破綻、農民一揆などとともに幕藩体制は次第に衰えた。

こうした中、「明治維新はなぜ成功したか」と、その原因の謎解きで来日したロシア人がいた。明治七年、来日して東京外国語学校で教鞭をとった革命家で地理、民族学者のレフ・イリイッチ・メーチニコフ（一八三八〜八八）である。滞在は足かけ二年だが、彼は「明治維新の世界史的な成功には、日本の歴史があった」と看破した。源頼朝と、彼を継ぐ徳川家康の改革精神を「日本史の発見」と意義付けている。

このメーチニコフの日本史発見に関連して、回想すれば、時代を動かす歴史上の智者は公家や仏僧たちだった。京都から下って公文所、政所別当の大江広元（一一四八～一二二五）は、頼朝の幕府創立に協力した。朝廷との政治折衝に手腕をふるい、守護・地頭の設置を実現し、平家を滅亡させ武家権力による全国統一を実現した。頼朝の死去後も、大江広元の幕府内での地位は変わらず、北条氏の執権政治の確立に貢献した。

この状況を捕らえた漢詩人・史家頼山陽は、大江広元を公家出自ながら鎌倉幕府を助けたうえ、頼朝亡き後に北条執権を確立したのは「獅子身中の虫」と、揶揄、批判した。幕末の月性は、広元が長州・毛利家の遠祖だけに、「毛利藩は尊王倒幕の先頭に立つ責任がある」と、決めつけた。この長州の抱えた毛利遠祖の歴史問題を強調することを忘れなかった。

また織田信長の「天下布武」も僧沢彦《たくげん》の知恵だったし、鎌倉幕府を参考に江戸幕府を開いた家康にしても、知恵は以心崇伝《いしんすうでん》（金地院崇伝。一五六九～一六三三）と天海・慈眼大師らに負うところが大きい。彼らの協力があってはじめて、江戸幕府が存在したのは、メーチニコフの指摘する通りである。

長命の天海《てんかい》（一五三六～一六四三）は陸奥会津郡高田の人で、高田竜興寺で得度、随風と称した。比叡山、足利学校などで学び、天正十八（一五九〇）年、川越喜多院で天海と改名した。

徳川家康・秀忠・家光三代の帰依をうけ、寛永二年、江戸上野に東叡山寛永寺を創建した。日光山、比叡山ほか多くの寺院を復興したが、上野寛永寺を年号と同じ呼称としたのは異例だった。

また家康を天台宗の山王一実神道による神・東照大権現として、日光東照宮に祀り、上野寛永寺と並んで門主に皇族から「輪王寺宮」を迎えた。もし西国大名の攻撃があれば、直ちに逆賊となるように仕組み、徳川家の不滅の繁栄を図った。

一方、以心崇伝は、家康に招かれて駿府に行き、禁裏公家諸法度、武家諸法度、寺院諸法度などを起草、幕府制度の屋台骨造りに参与した。キリスト教禁圧の外交文書作成を任され、黒衣の宰相といわれたことは既にのべた。

元和四（一六一八）年、江戸芝に金地院を建立、新設の金地僧録に任ぜられ、臨済禅宗五山派を初め、仏教諸宗派の統制に当たった。そして「禁裏公家諸法度」を厳守する立場から、幕府は寛永四年、大徳寺・妙心寺との間に勅許制度を巡る「紫衣《しえ》事件」を起こすなど、仏教界の統制を強めた。

皇室との婚姻　家康の強要

第一〇八代後水尾《ごみずのお》天皇（一五九六～一六六〇）は、この紫衣事件発生や家光の乳母・春日局が突然上洛して、拝謁を要請するなど朝廷を翻弄する幕府を嫌気され、天皇は突然譲位された。この間にいたる事情を知る月性は、「徳川家康は朝廷を軽蔑した」と認識していた。後陽成天皇（一五七一～一六一七）は家康に関ケ原の戦いを慰労する綸旨《りんじ》を賦与、征夷大将軍に任じた。にもかかわらず家康は、しだいに朝廷への干渉を強め、秀吉に比べ高圧的な態度に終始した。このため、後陽成天皇は在位二十六年間で、慶長十六（一六一一）年、譲位した。後を継いだ後水尾天皇は元和六（一六二〇）年、家康が遺言で図り決めていた通り、秀忠の娘・和子を入内・女御とし中宮とした。和子《まさこ》（東福門院）は明正天皇をはじめ二皇子、五皇女を産み、朝幕関係の融和に努《つと》め、家康の念願を果たしたといえる。

平清盛と同様に、天下一の家康も徳川幕府の権威を高めるため、皇室との政略的婚姻を推進したのだが、このやり方を月性は批判したのである。

幕末の動乱のさい、安政の大獄を起こした大老井伊直弼（一八一五〜六〇）が、桜田門外で水戸の浪士らに暗殺されたさい、幕府は公武合体を策して孝明天皇の皇妹和宮を将軍家茂に降嫁させた。ちょうど家康が、朝廷との融和を図り、幕府の権威回復と公（朝廷）武（幕府）一和化を計画したのと全く同じ政策である。徳川家の安泰を図る家康の長期展望こそ、洞察力十分といえる。しかし幕末の公武一体政策は、すでに水戸精神にもとづく尊王攘夷思想がひろがっており、坂下門外で老中安藤信正《あんどうのぶまさ》（一八一九〜七一）が水戸浪士らに襲われるなど、幕府の威信はますます降下して逆効果だった。

宗旨人別帳と仏教界の堕落

このように徳川の幕府制度は僧侶たちの知恵で運営されたことを歴史は語っている。とくにキリスト教禁圧のため、民衆を特定の寺院に檀家として所属させ、キリシタンでないことを保証させる「寺請檀家制」を全国に展開した。そして寛文四（一六六四）年、キリシタンでないことを証明する、個人別の宗旨人別帳（第四章で既述）の制度化が全国に実施された。

はじめは京都や九州などキリシタンの盛んだった地域で、転びキリシタンの、転びの事実を檀那寺から証文「寺請証文」を提出させたが、宗旨人別帳の作成が全国的に制度化されたことは、すべての町、村の人々は、宗門改めのときだけでなく結婚、出生、死亡、転居、奉公人召抱えなどのときも、寺請証文の交付が義務づけられた。そして庶民は旅行、奉公、婚姻などの移動のさい、宗旨手形とともに、町、村役人の発行する人別送り状も必要だった。

もとはキリシタン閉め出しの踏み絵のような制度だったが、寺院は民衆を宗教面でリードするだけでなく、一般庶民の生活面を監視する任務もあり、戸籍役場の機能を果たすようになった。江戸時代の寺が墓地を持ち経営が安定し、葬式仏教と揶揄されることになった。信仰の場における仏僧は、だんだん傲慢となり、仏教界が堕落した。

幕府の寺社奉行は、寺院の末寺、本寺の本末制度を活用し、宗旨人別帳で封建社会を末端にいたるまで、がんじがらめに規制した。この江戸末期の堕落した仏教界をどうやって信頼を回復し、近代化をはたすのか、というのが月性のもう一つの課題だった。

学問が封建制度をしばる

「天ハ尊《たっと》ク、地ハ卑シ。天ハ高ク、地ハヒクシ。上下・差別アルゴトク人ニモ又、君ハタフトク、臣ハ、イヤシキゾ。ソノ差別ガナクバ、国ハ、オサマルマヒ」

建仁寺で学んだ林羅山《はやしらざん》（一五八三〜一六五七）は、朱子学の思想で幕府の身分制度の正当性を説いた。徳川幕府の安定は、根底に林羅山の朱子学を官学として採用したことが大きい。儒者林羅山の師匠・藤原惺窩《ふじわらせいか》（一五六一〜一六一九）が、近世儒学の祖とされるが、それ以前に更に儒学の先達がいた。大内氏時代の周防山口が生んだ臨済宗聖一派の僧桂庵玄樹《けいあんげんじゅ》（一四二八〜一五〇八）と、玄樹晩年の弟子である儒学者南村梅軒《みなみむらばいけん》（生没年不詳）の二人である。

玄樹は島陰・海東野釈と号し、幼にして南禅寺に入り景蒲玄忻《けいほげんきん》らに参じ続いて建仁寺、東福寺で儒学を学び十六歳で受戒した。応仁元（一四六七）年、大内氏の遣明正使に従い、画家雪舟とともに明国に渡り、七年間滞在しておもに尚書（書経）を学んだ。帰国後、島津忠昌藩主の招請に応じて薩摩の島陰寺に住し禅法を説くが、かたわら多くの門弟に宋時代に行われた儒教の哲学的解釈や論説を教えた。

当時の明国における新しい儒学、『大学章句』を刊行して、薩摩地方に流布した。四書（大学・中庸・論語・孟子）を教授するため、句読などを新しくした『桂庵和尚家法倭点《けいあんおしょうかほうわてん》』は、新儒学を啓蒙するため一般へ公開を意図したものとして注目された。中国の新思潮の紹介につとめた桂庵の学統は日向安国寺の月渚泳乗、竜源寺の一翁玄心、大竜寺の文之玄昌へと継承され、そして先に述べた京都学派の藤原惺窩に及び近代朱子学の源流となって伝わった。

一方、儒禅一致を説いた周防の人・南村梅軒は南学（南海学）派の祖として、谷時中（一五九八～一六四九）に継承された。谷は高知真常寺で修行し、剃髪して慈冲と称した。南村に朱子学を学び、還俗して時中と改めた。高知で儒学、医学を教授し、門下に野中兼山・山崎闇斎・小倉三省らがいる。小倉は谷の子一斎に程朱学を伝え、藩執政として勤倹力行、庶民から敬慕された。

また兼山は、姫路生まれの高知藩士で治水灌漑、新田開発などで手腕を発揮した。山崎闇斎（一六一六～八二）は幼時出家し、のち土佐の吸江寺に移る。野中兼山に出会い、勧められて谷時中に朱子学を学ぶ。寛永十九（一六四二）に還俗。四年後『闢異《へきい》』を著して仏教を論難し、土佐を追放された。兼山の援助で京都に居を構え、講座の席を開いた。

十年後の寛文五（一六六五）年、会津藩主保科正之《ほしなまさゆき》（一六一一～七二）に迎えられ、同十二年保科が死すまで七年間仕えた。晩年は神道各派の集大成を企画し、神道の「つつしみ」を朱子学の「敬」にかえて詳しく説明した独自の神道説、垂加神道を唱えた。垂加は別号。この教えが会津藩に深く浸透し、廃仏の政策が徹底して行われた。

このように元は僧侶たちに伝わった朱子学は、国家体制作りに利用され、徳川幕府の身分制度等を、膠《にかわ》のようにしっかり固定した。

人倫と禁教を説く「高札場」

周防山口で大内文化の学芸、文化を身につけた長府藩主毛利秀元は、将軍家光の御伽衆《おとぎしゅう》だったが、当然朱子学の話も出たにちがいない。いち早く山口の臨済宗僧桂庵玄樹が渡明して新儒教（宋学）を中世室町期に紹介したのが、日本での朱子学の源流だったことは奇遇である。

孔子の学問を新しく体系づけた朱子（朱熹《しゅき》の尊称）学の思想が、江戸時代における社会秩序の形成と安定にとってどれだけ役立ったか、その成果は計りしれないほど大きい。

江戸幕府体制の「よらしむべし、知らしむべからず」の情報規制の中で、大衆への天下統制は、町筋や橋詰、港などに設けられた「高札場《こうさつば》」が、情報伝達の手段だった。幕府の高札には、田畑の高札、キリシタン掟の高札、忠孝掟の御札などがある。

公儀御法度（幕府法）の法令と権威があり、御高札場では脱帽しなければならなかった。この幕府御札に加え、各藩御札は「添え札」や「身分高札」といわれ、藩政の制度、法令の周知徹底をはかった。

例えば毛利藩は二代藩主綱広が万治三（一六六〇）年九月、民生の基本法ともいえる「郡中御法度」

を発布して高札場に掲示した。その冒頭は次のような書き出しである。

郡中制法条々

一　天下より仰せ出さるる御法制、諸事宜しく相守るべき事

一　貴利支丹《きりしたん》宗門の御撰削（ママ）、天下厳重の御制禁也。然るに五人組緩《ゆる》ませ無く僉議致し不審なる者これ有るに於いては急度《きっと》申し出べし。兼ねて定め置く所の褒美、早速遺すべし。若し脇より漏れ出づるに於いては、五人組の者落度たるべし。その軽重を糾し、天下の法に任せ、その沙汰あるべき事。

以下、安芸、石見より西国往還の海陸の道筋、人馬船渡等に至るまで、上使（幕府が諸大名に遣わした使者）、飛脚御物の運送、昼夜に限らず滞り無きように馳走あるべし。その仕組み、常々緩《ゆる》ませ有る間敷き事。

また農民の指導、倫理道徳の尊重などを決めている。

吉川岩国領では、幕府による天和二（一六二八）年の「忠公札」、正徳元（一七一一）年の「親子札」より早く、親への孝行、弱者救済、商道徳の尊重など仏教の慈悲、儒教の道義を高揚して儒教・仏教習合の色彩の強い高札を掲示している。

封建制度の幕藩体制だが、社会秩序は人間の倫理道徳の尊重の上にあることを高札場を通して強く訴えている。

また萩宗藩の法令、条例は全般に基調がきびしく、とくにキリシタン禁圧を冒頭の二番目に揚げて、家康時代に発布したキリシタン禁教令の施行徹底、そして鎖国の実施状況に目を光らせている。

では海外との貿易に熱心だった家康が、なぜこのようなキリシタン禁教令の発布を迫られたのか。月性が活躍した幕末動乱の歴史を理解するには、鎖国の具体的な仕組みと内容を知らなければならない。

幕末の月性は二十七歳で三たび遊学に飛び出していくが、その本当の理由は、幕藩体制を支えている諸大夫の儒教精神を知ることだった。そのために儒学者を全国に訪ねて、日本の閉塞社会をどう打開し、西欧の侵略にたいする海防思想とその実践の必要を確認することだった。

第六章
海防・独立・尊王運動へ

鳴く蟬のごとく

妙円寺月性は、僧侶にして志士、志士にしてまた秀でた詩人だから、人は幕末における特異の偉人と呼ぶ。多情多感の人であり、少年時代から事に臨み、物にふれて情感の発動を詩に賦してきた。詩人の心が時代の波を捉える。

天保十一（一八四〇）年の夏、周防・遠崎の妙円寺に「中国のアヘン戦争」のニュースが伝わってきた。長崎に来た清の商人が報じたのである。月性は日本の近海に、いよいよ容易でない事態が起きたと感じた。

その年、寺の住職・養父周邦《しゅうほう》（母尾の下の弟、叔父に当たる）は、寺所有の田畑を売却した。といって戦争の危機に備えるということではない。それまで溜《た》まっていた負債の大部分を清算したのである。この負債は、どうやら前後十年近くにおよぶ月性の遊学費用だったようである。二百戸前後の檀家をもつ寺ながら、月性の遊学費は台所の負担になり、経済的になかなか苦しく、当然、月性は気兼ねのいる日々であった。

それでも月性は翌十二年の正月早々、広島の儒者坂井《さかい》虎山《こざん》を家塾百千堂に再訪して長詩をものにし、厳島、室津を過ぎて寺に帰った。夏には萩に遊ぶ、といった生活をした。さらに翌天保十三（一八四二）年八月、清国はついにイギリス陸海軍の増援部隊に降伏し、軍艦コーンウォリス号上で南京条約を結んだ。清国が一方的に上海など五港を開き、香港をイギリスに譲ったことも分かった。

その翌月の九月、妙円寺では月性の祖母オヨネ（七十三）が死去した。悲しみのなかにも、内外落ちつきのない日々が続いた。そのころ月性は、つぎのような漢詩をつくった。五言律詩で、句題は「蟬」である。漢詩人はしばしば、高い樹木の上で短い夏の日を過ごす「蟬」を高貴な生き物とみて、そのしぐさを詩に賦すことがある。

蟬

睡醒支枕聴　　睡醒めて枕を支えて聴く
断続両三声　　断続する両三声
忽帯余音去　　忽ち　余音を帯びて去り
還求美蔭鳴　　また美蔭を求めて鳴く
松林風不定　　松林風定まらず
山路雨初晴　　山路雨初めて晴る
愛此涼軒下　　此の涼軒下を愛す
使人詩思清　　人をして詩思を清らかしむ

この詩に難しい語句は一つも無い。盛夏に鳴きしきる蟬の動きを有りのままに捉《とら》えて清麗真迫《せいれいしんぱく》の妙がある。蟬に重ねて想う月性の詩情は澄みきっている。国内外の情勢は、松林の凪にも似て、少しも定まらないが、山道の雨は止んで空も晴れ上がった。自分の詩情を、清らかにしてくれる涼軒の下を愛している、と詠んでいる。作者の月性自身の胸中に、さて次に蟬が求めたような美蔭をどこに求めようか、という心の動きが感じとれる。実はこのころ、月性は三度目の修学に飛び出すことを意図しているのである。清国がイギリスに香港を割譲した翌年の天保十四（一八四三）年八月十五日、お盆のさなか、すでに述べたように立志出関の詩「将に東遊せんとして壁に題す」を残して、遠崎の寺から東に向けて出発した。

月性は予定通り、あめ色の菅笠に脚絆、錫杖《しゃくじょう》姿で、すぐ近くの港で船に乗った。奈良の長谷寺に着くと、「なぜ、寺を出奔したか」について、養父周邦住職宛てに、時代に対する志を示して理解を求めたことは、すでに述べた。

篠崎小竹の梅花社入門

学僧憧れの長谷寺を訪ねた月性は、やがて大坂島町の叔父龍護（五十歳）の長光寺に戻り、三カ月ほど叔父の許に寓した。その後大坂で最も人気の高い儒者篠崎小竹を紹介され、梅花社に入門し文章を学ぶことになった。

叔父龍護は筑前の亀井南冥に漢学を学んだあと、本願寺学林で経学を修め、詩文や書画にもすぐれ、学林を代表する学僧の一人だった。仏学を豊前長久寺で学び、田布施の円立寺、柳井の誓光寺（妙円寺の本寺）を経て大坂長光寺にはいり、第九代覚順の養子となった。周山龍護と号し、観月臥松楼主人の別号もある。僧にして風雅を好む長光寺境内の広さを感じさせる。

龍護は京坂方面の学者や文人との交際が広く、その娘は昭和のノーベル賞湯川秀樹の実家につながる紀州田辺の儒者小川家に嫁いだといわれる。が前の戦争による大阪空襲で長光寺は全焼しており資料がない。今は洋風の寺の門入口に「維新史跡・正四位月性龍護遺跡―長光寺」の石碑があるだけである。

いずれにしても月性の篠崎小竹《しのざきしょうちく》（一七八一～一八五一）への入門は、この叔父の幅広い文人交遊がきっかけだった。月性は、すでに漢学も宗学も身につけており、特に漢詩人としての素養については、かって日田・咸宜園《かんぎえん》の広瀬淡窓（一七八二～一八五六）が、「湲師《えんし》（月性）は業を恒遠真卿《つねとおしんきょう》（醒窓《せいそう》）にうけているが、真卿は私の門人である。今この（月性の）詩稿を拝見したが、世上で詩を能くする者でもおそれおののくであろう。私の学系を引く支裔の繁栄を、その存命中にみることができたのは、楽しみのなかの楽しみである」と絶賛したほどである。

そうした実力から月性は、入門早々に抜擢されて、梅花社の都講（塾頭）の地位となり、叔父龍護の推薦に十分応えたことになる。

そのころ、篠崎小竹は、住居も細君も紹介した程の親友・頼山陽（一七八〇～一八三二）の残した『日本外史』の出版準備に寧日（安らかな日）ないころだった。

海防論、伊勢に斎藤拙堂を訪う

梅花社に入門して何日も経たないうちに、月性は真っ先に伊勢・津城下の儒学者斎藤拙堂《さいとうせつどう》を訪ねた。天保十四（一八四三）年九月二十八日のことで遠崎を出て、まだ一カ月余りきり経っていない。小竹から示された拙堂の詩を見せられて月性は、居ても立ってもいられなかった。拙堂は、その年たまたま、北方のロシア南下の脅威をふまえ『海務策』を開板（木版本を出版すること）したばかりだった。月性が耳にした最初の海防論である。

月性は胸を躍らせ、錫杖《しゃくじょう》を飛ばして津の城下町に斎藤拙堂を訪ね、一詩を呈した。この時、拙堂四十六歳。藩校教授から郡宰に転じて二年目だった。突然の来訪を受けた拙堂は、月性の率直果敢の気概に好感を持った。

月性が呈した詩題は、「畳前韻寄呈拙堂先生」である。つまり、先生の素晴らしい漢詩をみて感動し韻を重ねて差し上げます、と初訪問の礼に七言律詩の二首を呈上した。最初の一つは拙堂先生が早くから藩校・有造館の学職に抜擢され、よく経国の筆を揮《ふる》われて藩主・君侯の補佐の任にたたえ、不平の徒が少ないのは先生の徳によるもので男子たるもの青雲の志を得て、瀛洲《えいしゅう》（東海の）神山に登られたというべきで実に敬慕に堪えぬ、とうたっている。

もう一つの詩の要旨は、「我が文園は多年荒れていたが、拙堂先生、筆を揮って力耕された。先生の学殖は深く、千古不朽の著書があって別に門を開き、新機軸を出された……先生の詞才に敵するものはいない……」と、いうのである。

この詩をみれば、月性は、すでに拙堂が伊勢津藩の藤堂藩主父子に大いに任用され、学職に任じ共に功があったことを理解している。それは事前に拙堂の人柄と経歴を篠崎小竹からしっかり教えられていたからであろう。

というのも海防論者の斎藤拙堂（一七九七〜一八六五）と、篠崎小竹（一七八一〜一八五一）は、ともに江戸の昌平黌で教授・古賀精里《せいり》の同じ門下生であり、二人は旧知の間柄だった。斎藤拙堂は、小竹より一回り後輩になるが、詩文とも双璧であり、ことに文章は天下に比類がないと称されていた。そんな関係から小竹は、早くから拙堂の国防論について承知しており、海防思想の先達を探し求める月性をいち早く紹介することにしたのであろう。

翌弘化元年、拙堂は郡宰の職から再び藩校有造館の学督として登用され藩校の発展につくし、嘉永三（一八五〇）年には、より具体的に国防論を論じ『海外異伝』を著した。

この出会いのなかで月性は、弘化年間に前後五回、津の城下町に斎藤拙堂を訪ねて教えを受けたほか、拙堂が京都に出るたびに、二人は会合し海防問題を論じ深めている。月性の海防論をめぐる思想形成は大いに高まり進んだ。

では外圧と沿岸海防にたいして仏教界はどうか。日本の宗教界は徳川支配体制の中で窒息したままでよいのか。月性にとって、仏教界における近代化の自覚と、その実現が最大の課題であった。仏教世界自体に、海防危機の覚醒がなければ、護国・護法は成り立たないと思うからである。

本願寺派・超然「忘年の友」となる

斎藤拙堂と会った後、月性は明けて弘化元（一八四四）年五月上旬、叔父龍護《りゅうご》と一緒に上京し、本願寺派の僧超然《ちょうねん》を紹介された。超然は西本願寺第二十代宗祖・広如《こうにょ》上人に侍し、宗門屈指の学僧だった。その超然が月性を宗祖に推挙したことが、のちに月性が海防僧、そして勤王僧として宗門内で重きをなしていくきっかけとなった。

そのころの国際環境は、帝政ロシアやイギリスをはじめ西欧諸国が日本に開国をせまり、幕府は異国船打払い令を出すなど緊張を深めていた。一方で幕府や諸藩は経済的に財政が苦しくなる中、勤王論や神国論など民族主義思想が盛んとなり、それとともに「仏教は外来のもの」と、無用を唱える排仏論が旺盛となった。閉塞感に満ちた世相ながら、内憂外患の様相が、日増しに深まるのは誰の目にも明らかだった。

本願寺の命で天保五（一八三四）年に募金のため肥後に出張した叔父龍護が、いくら説得しても、宗祖の意を理解しようとしない衆僧の前で、いきなり小刀を取り出し、左手の薬指を切り落とした、というエピソードがある。この場をうたう龍護の詩に、月性は韻を踏んで「次龍護師切指韻三首」を残したが、本願寺の危機的な財政赤字の再建に尽力する叔父龍護の気迫に感服したのである。そうした本願寺にあって超然は、勤王僧としても顕《あらわ》れ、その著『護法小品』は、月性の「護国論」に先行する著作として注目された。その内容の骨子は、

「仏子は儒（教）を排せず……皇統一系、万国の表に特立す。……西洋（キリスト）の教えは、貨を分かち薬を施し、天主の仁に託して拓土の餌となす。故に西洋諸国は常に他州を侵伐す……これ邪教となす所以なり。儒の道たる、綱常を守り、気節を尚《たっと》ぶ。故に教は支那に出づといえども、皆よく皇国を知り、支那を外にするを知る。仏子の皇国に於けるも亦然り……然らば即ち瑞穂国《みずほのくに》は三道鼎立（神・

儒・仏）各々正法をなす」と。日本の伝統文化は、神道・儒教・仏教の三つが混ざり習合してできている、と述べている。この考えは月性の信条、思想と全く同じである。

超然もまた、同じ著書のなかで、「自分は久しく此の説（護法小品）をもっていたが、世の儒家に質問する縁がなく、空門中に共に語るべき人もなかった。この度、周防の清狂道人（月性）に遭うことができた、と喜び、「道人（月性）は浄土真宗の徒、余と同流の人也。擢党《てきとう》質直にして才敏、酷《はなは》だ文を好む。つとに鉅儒碩師《きょじゅせきし》（大学者）の間を周旋す。而してその志尚を察するに略々余と合す。因《よ》りて忘年の交わりを結ぶ」と、月性が儒学者と広く交遊していることに感心し、讃えている。

超然は寛正四（一七九二）年、近江・高宮村（現彦根市）の円照寺に生まれた。本山学院に学び、国学、和歌や詩文の才にも優れていた。広如上人の命ではじめた『真宗法要典拠』十八巻の校補者として知られたほか、『俗語源流』、『方言』などがある。

超然と月性、二人の出合いは、やがて西本願寺・広如上人を中心に、仏教界の維新回天に尽瘁《じんすい》することに発展するのである。

学成って「時習館」を開く

月性は、本願寺僧超然《ちょうねん》と儒者斎藤拙堂に巡り合ったあと、弘化元（一八四四）年六、七月の二カ月かけて北陸から関東へ宗祖親鸞の足跡を訪ねた。この旅に学ぶ経験は、のちに吉田松陰の脱藩、東北旅行に影響したようにみえる。

この旅行のほかは大概、大坂・梅花社を中心に京摂津の儒学者や文人の人脈を訪ね歩いた。この間

に月性が修学した内容の特徴を纏めると、
一つ目は、時代の先端にいた儒学者・文人を通じて海防実践の必要を確信できたこと。

二つ目は、仏教界と、対立する儒学者たちとの交流と周旋の道を拓いたこと。

三つ目は、師篠崎小竹の知友である頼山陽の勤王の歴史観にふれて、日本の国柄・一君万民の国体を得心できたこと。

四つ目に、これらの知見をいかに護法・護国にむけて実現するか、そのために必要な海防実践の思想を形成できたことではあるまいか。

こうした修学の結果、沿岸海防と国家の独立、宗教復興には、新しい力、人材の養成と毛利藩政の改革が必要と考えた。

月性は西海の辺陬《へんすう》（国ざかいの地）周防遠崎から中央に出て、多くの達識《たっしき》（深く広く物事に通じた見識）の士に交わることで学識が深まった。考えてみると世のなかの排仏運動も、それはただ仏教の興廃に終始する問題ではなく、国家の存亡にかかる大きな時代転換の渦巻きがからんでいる。互いに詩文を応酬して得た学識者たちとの交流を通じて月性は、そのように悟った。

月性の立志実現にとって、篠崎小竹と斎藤拙堂の二人に出合い、さらに西本願寺学林を代表する僧超然の信任を得たことが決定的に重要であり、幸運であった。篠崎、斎藤の二人はたまたま江戸の官学昌平黌《しょうへいこう》教授の古賀精里（一七五〇〜一八一七）を師としており、そこに学問のとりもつ絆があり、運良く月性はその余慶に浴した。

古賀は江戸中後期の儒学者としてのちに尾藤二洲《びとうじしゅう》（一七四五〜一八一三）、柴野栗山《しばのりつざん》（一七三六〜

一八〇七）とともに「寛政の三博士」と世に称されるが、はじめ陽明学を修め、京都に遊んで朱子学に転じた。大坂で尾藤二洲や頼春風（山陽の父）と親交し、故郷の佐賀で藩校の学制改革に努めた。のち幕府の儒官に抜擢されて経書を講義し大学頭林述斎とともに朝鮮通信使との交渉に当たった。もう一人、丹後田辺藩士の野田笛浦《のだてきほ》（一七九九〜一八五九）も精里に学び、斎藤拙堂らとともに「文章四大家」と世に称されたほどだった。

月性は、この四年間、実に頻繁に、これら先達を訪ね回って親しく交流し、揮毫文を乞うている。その都度、酒杯を傾けて詩や文をつくり、互いに時局を語り合ったのである。

月性がこれら優れた先学儒家にめぐり会って感動しないはずがない。

そして「学成って」後、遠崎の妙円寺に帰ってきた月性（三十二歳）は嘉永元（一八四八）年四月、「清狂草堂・時習館」を開塾し、周防を中心に幕末に活躍する人材養成にかかった。その翌嘉永二年に、これまでに学んだ坂井虎山、篠崎小竹、斎藤拙堂、野田笛浦の四人から得た詩文を纏めて『今世名家《きんせいめいか》文鈔《ぶんしょう》』八巻を編纂した。開塾した清狂草堂の「時習館」で使う教材として生かし、活用した。

ではこの四年間に月性が学んだ海防思想の内容はどんなもので、それが月性の行動にどう顕れるかを見たい。

頼山陽史学の尊王・愛国

月性が四年間の修学中、一番大きな影響を受けたのは頼山陽（一七八〇〜一八三二）の尊王・愛国・護民の気魄《きはく》であった。山陽は天保三（一八三二）年九月、京都の自邸「山紫水明処」で肺を病み死去している。月性は最初の遊学で恒遠醒窓《つねとおせいそう》の塾に入って二年目だったので、山陽の謦咳《けいがい》に接する機会はなかった。しかし月性は、師篠崎小竹を通じて、友人山陽の著書に存分に親しんだ。『日本外史』をはじめ、『日本楽府』、『日本政記』に示す、日本古代から中世・近世にいたる咏《えい》（詠）史《し》（史実を主題にして詩歌を作る）と、その勤王思想に圧倒されたのである。

漢詩人・儒家にして史家の頼山陽の存在について月性は、つとに広島の藩儒坂井虎山から聞いて承知していたろうが、実際に梅花社の篠崎小竹のところで、山陽史学の雰囲気に包まれた中で、とっぷり生活し修学したのである。小竹の膨大な中国古典、漢学資料の中に、莫逆《ばくぎゃく》（逆らうこと莫《な》し）の友山陽の各著書、関連の資料が整然と揃っていた。

山陽史学に関していえば、月性が弘化三年冬、改めて揮毫を乞うた中の一人に後藤松陰（一七九七～一八六四）がいる。月性より二十歳年長で、美濃生まれの儒学者。名は機、号は春草、のち山陽に師事する。そして文政三年、大坂で開塾し、山陽の三男・頼三樹三郎は、この松陰の塾で学んでいる。松陰は篠崎小竹の娘・町子と結婚する。詩文にすぐれ『春草詩鈔』（天保四年）の著書がある。しばしば月性と漢詩を応酬し、文事を楽しんだ。

山陽の父春水は謹厚《きんこう》（慎み深く情にあつい）の碩儒《せきじゅ》（大学者）で広島藩に仕え、妻静子の義弟・尾藤二洲と交遊しており、叔父春風（松三郎・医師）、杏坪ら山陽の一門は名士によっていた。山陽は昌平黌で尾藤二洲に学んだが、日本の歴史を著述する修史の志があり、一年で帰郷した。そして狂気を装い二十一歳で京都に脱藩したが、藩法の制裁で連れ戻され九年間、安芸の自邸に幽閉・禁足された。この間に『日本外史』の底稿《ていこう》は出来た。

山陽は、この『日本外史』を四十八歳の文化十（一八一三）年に完成し、前年まで老中・将軍補佐だった松平定信に進献することで世に出た。父春水が企図した史書『本朝編年史』事業が、藩の都合により余儀なく放棄したが、山陽の外史著作の奮発で父の願いも実現した。

この間、山陽に対する京畿での悪評は募るばかりだったので、一時、備後神辺《かんなべ》の儒学者・漢詩人菅《かん》茶山《ちゃざん》の私塾・廉塾《れんじゅく》（黄葉夕村舎）に身を置いたが、三十二歳の時、茶山の許を飛び出した。

しかし大坂の儒者で、山陽を相手にする者はいなかった。がそのとき外史の草稿を読んだ篠崎小竹が、温かい批評を加えた。しかも山陽は、小竹の紹介で京都の医家・小石元瑞の世話になった。京都を永住の地とし、元瑞の義妹を後妻として又二郎、三樹三郎をもうけた。三樹三郎は、のちにみるように勤王志士として、月性らとともに国事に奔走し、安政の大獄に連座して処刑されている。

仏者と儒者をつなぐ

このように篠崎小竹の梅花社を中心とした月性の立志の修学は、頼山陽の影響を無視しては語れないほどだ。さきに述べたように梅花社の都講（塾頭）でもある月性は、師小竹から信頼され、山陽史学の雰囲気のなかで精神的にも満ち足りていた。

そのころ月性は、師小竹に関する漢詩二首を残した。一つは弘化二年七月十六日の夜、小竹父子、後藤松陰らと船を浮かべて淀川東岸の桜祠に遊んだという詩である。

「盞《さかずき》を洗ってこもごも酌み、立って舷頭に舞ひ長嘯《ちょうしょう》（声を長くひいて詩歌をうたう）したが、中国の古戦場・赤壁に遊んで酒杯を上げたという仏印法師も、痛飲、狂歌、洒落の態は、この清狂（月性）

に似たりやいなや、到底及ばぬだろう」と。才気煥発ぶりをみせている。

もう一つは、「松蕈《しょうじん》山歌小竹先生に呈す」というのがある。松蕈の蕈《じん》は、きのこのこと。「だれが松蕈（きのこ）の多い山を割いて、岩山の土のまま先生の机の辺に置いたのか。先生はこれを割愛して狂（月性・清狂）に持たせ、わが江上の宅に移したが、明日の夕方には松蕈は傘のように開き、酒杯を助ける下物（酒のさかな）となるだろう。この楽しみを我一人これを恣《ほしいまま》にしてよかろうぞ。月を踏んで必ず先生の来訪せらるるを迎え、月下に相対して玉山の酔倒するのを看よう。快事ならずや」というのである。

小竹先生から頂いた薫陶と恩愛の情を松茸に暗喩して感謝しているようにみえるが、どうだろうか。

この作詩の前後（弘化二［一八四五］年）に、月性は超然著『放言』六冊を、広島の百千堂・坂井虎山に示した。そして、超然に書を送って、「坂井虎山、斎藤拙堂二人に文を届けた。そして虎山は『放言』を非常に感賞し序文を作って贈ると申している」ことなど、超然に報告している。時代は廃仏毀釈にむけて仏教抑圧運動が進むなか、僧超然は有力な儒者たちとの橋渡しを務めた月性の仏教界を越えた広い交遊に大いに感謝したのである。つまり、月性の小竹先生に呈する、この作品の中には、仏教界の僧超然と儒者坂井虎山、斎藤拙堂らの見解を相互に紹介し、周旋することができたことの嬉しさ、そして仏教、儒教の識者をつなぎ、双方の理解を得たことの一種の達成感すら読み取れるのである。

では次に月性は、山陽史学のどのような思想に心を奪われ、それが倒幕思想となって幕末維新に発展し、実践することになるのであろうか。

勤王・王室凌辱《りょうじょく》の罪を追及

毛利の遠祖・大江広元《おおえのひろもと》が、源頼朝の鎌倉幕府を助け、頼朝死後も北条氏の執権政治を実現し、頼山陽から「獅子身中の虫」と筆誅を受けたことは、すでに触れた。ではその虫・広元のどこが不当なのか、もう少し見ておきたい。

大江広元の先祖は、平安時代の文人の家・菅原道真の菅家と並ぶ江家《ごうけ》と称された。元来は渡来系で土師《はじ》氏を名乗ったが、桓武天皇の外祖母の縁戚によって大枝朝臣を下賜され、貞観八（八六六）年、音人《おとんど》のとき、大江に改称したといわれる。後、文章博士・式部大輔の地位につく学者を輩出したが、とくに摂関期の大儒匡衡《まさひら》、白河院政期の漢学者匡房《まさふさ》が有名である。匡房は幼少より神童といわれ、文《もん》章得業生《じょうとくごうしょう》となり、のち東宮学士に任ぜられ、白河・堀川・後三条の三代にわたり天皇の師となった。政治家としても故実先例を重視し、後三条天皇のブレーンの一人となり、参議・権中納言となった。

その江家十一代目で毛利氏始祖として大江広元（一一四八〜一二二五）が、隣の中国にも例をみない日本独自の幕府制度を創出した。で、天皇の大権を奪う知恵を出したことは、「広元が後悔したとしても、もはや及ぶものでなく、広元のためにも、惜しみても余りあることである」と、頼山陽は『日本政記』のなかで広元の罪に筆誅を下すのである。

広元は頼朝が五十四歳で死去した後、策謀をすすめて未亡人政子の親元北条氏に執権を移し、源氏を潰した。「広元の才能は天下を救うのに十分であるのに、朝廷の知るところとはならなかった」と。

さらに山陽は次のように述べる。

「そもそも広元は、先祖代々、王朝の直接の臣ではないか。朝廷で自分を認めてくれる人がいなければ、進士の心を休めばよい。しかるに人の力を借りることを急いで、盗賊を助けるような真似をした。もし広元がいなかったならば、頼朝は一個の悪強い武将にしか過ぎなかった。どうして天皇の大権を、あれほどまで盗みとろうか」と。そして又続ける。

「広元の才能は（斉の桓公を覇者とした名臣）管仲や王猛のようにすぐれているから、頼朝や泰時を手玉に取るのに充分である。それならば彼らを制御して王室を凌辱《りょうじょく》させないようにし、もっと密かに朝廷を守るという手段がなかったであろうか。無かったわけではなかろう」と、大江広元の王室への凌辱の罪を追及する。

鎌倉幕府創設の当時、摂政・関白・太政大臣を務めた公卿九条兼実《かねざね》は、日記「玉葉」で、頼朝が大江広元を抜擢したことは、「まことにこれは獅子身中の虫が、獅子を喰うようなものではないか。悲しむべし」と頼朝の運命を予見している。その事態を頼山陽は、「獅子身中の虫」と題して、たった六句の詩で表現した。漢詩人の月性は、膝を叩いて山陽の歴史観と文章力に敬服し、王権奪取の幕府政治の実情を如実に知ったのである。その幕府政治は北条、足利、徳川と幕末まで続いた。

このように頼山陽が修史で述べる古代、中世以来の天下統一の大義名分論が、月性の勤王思想を磨き、倒幕・海防の運動に灯を付けたのであろう。

幕末の長州藩士、伊藤博文、井上馨等は、『日本外史』より、『日本政記』の方が面白かった、と言っている。ロンドン遊学のさい彼らは船中で読み耽ったという。そして月性の門下で、のち松下村塾に入り幕末運動に奔走して倒れた久坂玄瑞（一八四〇〜六四）の蔵書にも、なぜか毛利家の系図が所蔵されていた。

海防・維新回天へ胎動

歴史は人がつくるもので、科学が作るものではない、といわれる。幕末の維新回天は、幾つかの歴史の条件が整い成熟して動きだした。それも一本調子ではなく、試行錯誤しながら歴史が用意した道を維新回天にむけてである。

維新回天の意義と目標は、ちょうど天の運行が変わるように、先ず衰えた国の勢いをもう一度元に戻すことである。「座って喰うは徳川家康」の徳川武家政治を止めて、鎌倉幕府以前のように朝廷中心の統一国家を造ることだった。七百年続いた源氏、北条、足利、徳川の武家政治を天皇政治の統治に戻して、新しい縄で縛る新しい制度、国家を創ること。それが維新回天の意味であり、海からの外寇を防ぐ海防の大義だった。

この維新回天の胎動は、日本の長い歴史と伝統文化が用意した多様の条件が重なって起きた。一つは、北の海から始まった欧米列強の外圧強化と幕府の海防機能の無さ、という事実である。二つ目は、人を動かす日本古来の伝統文化と歴史・思想があり、三つ目に、幕藩体制の藩の枠を越えて、朝廷の守護に尽くさんとする多くの勤王志士たちの覚醒と行動があった。

「禁裏」――。妄りにその裡に出入りすることを禁ずるの意味で、皇居、御所ともいう。江戸時代にきんり様と言えば、天皇のこと。「禁裏付」がおり、目的は代々、京都所司代の指揮下に「禁裏」を守護し、費用など御用度を司り、公家以下の「禁裏」に出入りする人々を厳しく監督した役だ。後陽成天皇が天正十六（一五八八）年、聚楽第に行幸されて以来、天皇が京都御所から外出されることは、幕末の攘夷祈願で、加茂（賀茂）下上社へ行幸までなかったといわれる。

幕末のころ、たまたまアメリカは米墨戦争（一八四六年）でメキシコ・シティを占領、ニューメキシコ、カリフォルニアの二州を強奪、併合した。もし京都御所に近い若狭湾や大坂湾に外国海兵隊が上陸してきたら、どうするか。西国大名の動向を監視するのが目的の京都所司代や大坂上代では、万一の異国船軍隊の強襲に、全く手が出ないだろう。

そこで「禁裏を守護しよう」「朝廷に忠義を尽くそう」と、命をかけて藩体制の枠を超えて、梅田雲浜《うんぴん》（一八一五～五九）や梁川星巌《やながわせいがん》（一七八九～一八五八）、頼《らい》三樹三郎（一八二五～五九）ら勤王の志士が全国に輩出するようになった。

幕末動乱の前には『太平記』、『古事記』、『国学』、『大日本史』、『日本外史』等の歴史書が語る文化遺産があった。こうした歴史の教えが世界史の時代変化の流れのなかで勤王の大義を生んだ。天皇か、将軍か、朝廷と幕府のどちらが正しいのか。朝廷・王城を護るため「脱藩」して行動する勤王志士たちが全国に声をあげるようになった。

平成の現在は、「勤王の志士」という言葉さえ、ならず者のテロ暴発と言い換えて揶揄し、死語となって久しい。あの時代、国家を憂うる人々の決死の行動がなければ、国の勢いを取り戻し、世界に興起することはできなかった。幕末の歴史を冒瀆することは、できない。月性の足跡を追ってみよう。

海防僧となり勤王僧へ転生

月性が遊学中の弘化年間に、欧米列強のアジア侵出は、いっそう激しくなった。ロシアの南下に続いて、英米、フランスなどの軍艦が浦賀、長崎、琉球に頻繁に渡来し、通商を要求する事件が相次ぎ、朝廷から幕府に海防強化を命じる勅書が下された。

考えてみると、現下の仏教界の危機は、単に江戸時代における仏僧の悪業、堕落、教風の頽廃《たいはい》に対する、世間の非難に止まるのではない。月性は今まさに、国家の危急存亡の事態にもかかわらず、仏教界が何の関心も示さない態度を鋭く批判する。仏教者がよき信心者であるためには、まず神州に住む良き一国民として、山陽の修史が教える尊王・斥覇《せきは》の理想のなかに生きていく。この生き方が月性を海防・護法へ転生させた。その片鱗は、月性詩文のなかに力強く顕《あらわ》れている。

外圧危機が強まるなかで月性は嘉永元（一八四八）年に、四年ぶりで周防・遠崎に帰省したが、その直後に無為無策の仏教界を痛憤して、『秦紀を読む』の作がある。

月性の詩想は、「焚書坑儒《ふんしょこうじゅ》」で潰れた中国古代の始皇帝一代の成敗を詠じて、日本の危機を暗喩《あんゆ》、敷衍《ふえん》したのである。詩は次のように詠っている。

―始皇帝は外敵の斉、楚等六カ国を滅ぼし、万里の長城を増築した。『詩経』、『書経』といった儒学の教典・書物を焼き、学者四百六十余人を穴埋め死させた。また徐福を蓬莱《ほうらい》、方丈など三つの神山に向け、仙人と不死の薬を求めさせたが、かなわなかった。始皇帝は君臨すること、わずか十年で没したではないか―、と業績を指摘する。

月性は、教典を焼き、言論を統制する、そのやり方の間違いを詠じ、仙に非ず、仏に非ず、儒に非ず、国家経営の根底に「神・儒・仏習合」の徳政が要《い》る、ことを主張している。

「儒にあらず、仏にあらず」という。たしかに月性は、少年のころ柳井・新庄で国学神道にふれ、さらに仏僧になろうとして佐賀に学び、転じて儒学を究めるため、京畿に遊学した。この詩に対し後藤松陰は、知行合一の実践道徳を説く、陽明学派の王陽明に読ませられないのが残念、と評し、「月性は今ここに三たび志を展《ひら》いて、儒仏の境涯を超えて国士として転生したことが、人々にありありと感じ取られる」と、いうのである。

　そして月性の詩境は、西欧列強のアジア侵略、近海への圧迫の強化とともに、表現が激超となる。弘化二年夏、篠崎小竹父子と舟で桜祠で遊ぶ」詩のなかでは、「一戦、二百年、覇図定まる。我が神君（家康）、あまねく郎圧す。今に至って、四海、太平久し。恩波、容与《ようよ》として游航泛《うか》ぶ」―と徳川鎖国がもたらした平和の時代に感謝している。ところが、数年後の嘉永元（一八四八）年、遠崎妙円寺に帰ってからの作詩「蒸餅《じょうへい》（パン）」を見ると、

「幾枚の蒸餅、調飢（飢え）を拯《すく》う。葡萄に船頭、賊夷を拝す。大息す、神州の元気餒《う》えたるを。満船甘んじて、犬羊の遺《のこり》を受く」と。

犬羊とは、つまらない者（ここでは欧米列強）からパンを貰って、とこの詩は、神州の元気が病み衰えたことを示して嘆く。そして更に嘉永三年の作詩「酔後放歌」の作詩では、次のように、更に激しくなる。

一戦辞せず　耶蘇の野望絶て

　漢詩は作者の志と、その真実を顕すといわれる。月性は幕末の海防危機に対応するには、一戦するにしくは無し、と次のように詠う。読み下しを吟味しよう。

「酔後放歌」

詩を作るも　尋常の詩人たるを欲せず
放吟　満腹　経綸《けいりん》を吐く
酒を飲むも　尋常の酒客たるを欲せず
一酔　胸中に兵戟《へいげき》躍る
近歳　西邦（支那）小戎《しょうじゅう》を啓き
遂に余波をして　大東に及ばしむ
沿海伝言す　蛮舶《はく》（おおぶね＝船）見ゆと
要衝の藩鎮　防戦を議す
我れ方外に居て　志酬《むく》い難し
詩酒清狂　杞憂を消すのみ
安《いか》にか　袈裟《けさ》を甲冑に代へ
如意にて指揮して外寇を防ぎ
艨艟《もうどう》を撃破して海底に沈め
一戦して彼が覬覦《きゆ》の心を絶つを得んことを
満清和戎の議に效《なら》はず
肯《あえ》て犬羊の土地を割くを許さんや

この長詩は、やさしい語句ながら、月性の異国船に対する沿岸海防への決意を吐露している。幕末の時勢を見て、重要なことは「敵の兵艦を撃破して、その覬覦の心を絶たんことを望む」と、強調していることである。

月性がいう「覬覦《きゆ》の心」とは、分不相応のことを望み願う、望んではならないことを狙う下心、つまり植民地化のことである。隣の清国は、領土・香港を割譲して南京条約（一八四二年）を結んだ。がこんなことは日本では絶対に許せないこと。西欧諸国の植民地化の野心を砕くためには一戦が必要だ、というのである。

事実、月性の予告どおり、幕末の文久三（一八六三）年六・七月、長州毛利藩は下関海峡でアメリカ商船とフランス軍艦を攻撃した。薩摩では鹿児島湾でイギリス艦隊と薩英戦争があった。欧米列強の日本植民地化を窺う「覬覦の心」を砕く一戦だった。

この戦いの経験から被害の大きかったイギリスは、「他のアジア諸国と違って、植民地化は難しい」と悟った。しかし幕府が幕末に結んだアメリカはじめ西欧五カ国との不平等条約は、遅れた国・明治国家の主権を損なう軛《くびき》であり、日清・日露の二つの戦争に勝利するまで苦しめた。

西欧文明との衝突　準備へ

月性は、京畿で修学中、最後の段階で将来の海防、軍事力の強化を予測して藩財政の要人とも顔をつないでいた。小林三四郎（一八一八〜八二。後の熊谷五一）という人物である。弘化四（一八五二）年、しばしば長州藩大坂御蔵屋敷に訪ねて懇談し、津藩士のもとに一緒に出かけて酒杯を交わしている。小林は長門・阿武郡奈古村に生まれ、萩の小林作兵衛に養われ、のち藩命で萩の富豪で藩用達・熊谷五右衛門の養嗣となり、藩会計に処して違うことがなかった。専心、家政を整理して凶作飢饉のさい金穀を収め、尊王攘夷の論が盛んになり奇兵隊結成のさい、参謀白井小介（一八二六〜一九〇二）が来て軍用金を図ると、直ちに応じ、製鉄所建設のための巨費も献じた。また京都の変（八・一八クーデター）や、鉄砲、軍艦の購入のさいにも、皆資金を調達した人物だった。

そんな金が何処から出たのか。長州藩は、本会計とは別に「撫育局《ぶいく》」という特別会計があった。第七代藩主毛利重就《しげたか》が、領内に水田、塩田など開拓し、新たに生じた収入は撫育局の特別会計に納めた。この資金は、安永一年の日光修繕費、銀二千貫目の用を達し、大坂中之島・蔵屋敷の購入、武庫の兵器修繕、毛利祈禱所・満願寺の再興、人民救助のため、米倉を下津、三田尻、熊毛光井、上関麻郷、大島久賀など十カ所に設けたが、いずれも会計本部以外の撫育局専属の資金からだった。

米輸送の港は柳井や下関などだが、萩本藩の領分でないから、中の関大浜、下関今浦、熊毛室積の三カ所に新しく港を造り船舶の自由出入を図った。この港に問屋や倉庫の設置にも撫育局から補助金を支給して、海の道の繁栄をはかった。

長州藩（毛利二州）の表石高は三十七万石だが、岩国、柳井、防府その他地域の水田開拓等で幕末には百万石近くへ増えた。その増加分は全て撫育局が管理したが、支出には藩主も手が出せなかった、という。

その撫育局の出納責任者小林三四郎に、月性は酒杯を交わしつつ、友好関係をもった、という。この時代、イギリスの産業革命は第一段階を終わり、商品の販路を求める産業資本主義は、西欧に広がり、アジア地域を植民地化することは、当然の「正義」とみた。

こうした中、ロンドンでは嘉永元（一八四八）年、例の「ヨーロッパに幽霊が出る、共産主義という幽霊である……」という『共産党宣言』(マルクス・エンゲルス著)が公刊されている。

「人類は歴史始まって以来、世界は支配するものと、支配される者との関係が続いているぞ。支配されるばかりの世界のプロレタリア・労働者は結束して、支配者側の資本主義体制をぶっ壊し、王制や土地貴族の現体制を破壊して歴史以前の原始共産社会を建設しよう」と、呼びかけている。

イエズス、キリスト教文明の宗教ばかりか、新しく共産主義の思想革命が押し寄せてくる。この思想は世紀を越えて世界文明を呪縛して漂うモンスターの誕生だった。後にロシア革命を実践し、昭和のコミンテルン(世界共産主義同盟)は、第二次世界大戦を左右して世界の歴史に影響し、さらに現在は革命の姿を変えて文明・文化の内側に入り込み、人間の自堕落を指向しているようにみえる。

月性は、先の漢詩で「……沿岸伝言す　蛮船見ゆと、要衝の藩鎮防戦を議す」と、幕末の沿岸住民の不安・動揺をうたった。自分も何とか、袈裟を鎧に変えて指揮し、一戦して敵軍艦を沈め、植民地化の野望を砕きたい、と決意を述べている。

第七章
維新回天へ黎明の風

予告通りペリー艦隊来航

かねて恐れていた事態が江戸湾の浦賀沖で起きた。嘉永六（一八五三）年六月三日、アメリカ東インド艦隊司令官ペリーの率いる艦隊が現れ、江戸の町は、黒船四隻の姿に脅えて大騒ぎになった。まるで寝耳に水のような驚きだ。

このころの月性は、私塾「時習館」主宰の一方で、西本願寺の学僧として知られ、この日はたまたま、布教師として江戸築地別院に滞在中だった。

ペリー提督のサスケハナ号以下四隻の軍艦が、黒煙を空高くなびかせて現れたとの知らせで築地の本願寺前は、荷物を運ぶ人と車でごった返し、町中が不安に脅えている。黒船は時に江戸湾に深く入り、ボートで水深を測ったりし、火の見櫓の鐘が、混乱を余計大きくしている。江戸泰平の夢が破れたのだ。月性は、脅えきった生々しい街の様子をみて「こんなことでは、どうしようもない。だめだ」とつぶやき、思いを萩の人士にはせ、急いで周防遠崎の自坊に帰国した。

江戸湾への黒船来航は、実は突然ではなかった。一年前、幕府は長崎のオランダ商館から「来年、米国は、日本と和親条約をむすぶため、軍艦がくる」と予告されていた。しかし老中阿部正弘（三十四歳）ら幕府首脳は評議せず、「もし艦隊が来れば、長崎で拒絶すればよい」との段取りで決着をつけていた。

ペリー提督は、数年前のメキシコとの米墨戦争で、メキシコ湾岸の海上警備で活躍し、米国内では知られた勇将だった。こんどは「日本開国の使命」をおびて、ミラード・フィルモア大統領の将軍宛国書をもち、来航した。

そして六日後の六月九日（西暦七月十四日）、軍楽隊演奏の中を久里浜に上陸、浦賀奉行戸田氏栄らに国書を手渡した。

この将軍宛の国書の内容は「余が強力な軍艦でペルリ提督を派遣し、江戸市を訪問させた目的は友好、通商、石炭と食料の供給及び難破船の保護である。万能の神陛下に加護を垂れんことを」ということだった。

その冒頭で「偉大にして、良き友よ……合衆国の憲法と諸法律は、他国民の宗教的、政治的事項に干渉を禁ずるものなり。余は陛下の国土の平安を乱す行動をなさないよう、特にペルリ提督に諭したり」と、述べ友好と通商の開始で共に利益を得たい、と強調している。江戸鎖国の扉を、正面からこじ開けようと図る、慇懃無礼な外交辞令だった。

長州、佐賀、越前等は国書拒否

これより先、老中阿部正弘（一八一九～五七）は、島津斉彬《なりあきら》（薩摩藩主。一八〇九～五八）の提案で御三家の水戸家隠居の徳川斉昭《なりあき》（一八〇〇〜六〇）を海防参与に命じていた。幕府は米大統領の国書を御三家と諸大名に公表し、米国の要求を受け入れるか、どうか意見を求めた。これまで外交権を一手に握っていた幕府にしては、例の無い措置だった。

たまたま第十二代将軍徳川家慶（一七九三〜一八五三）が、ペリー来航直後の六月二十二日、六十一歳で死去した。老中阿部にすれば、新将軍家定（一八二四〜五八）は体が弱く、幕府閣僚の指導力に不安があったので、有力大名に影響力をもつ徳川斉昭の協力を得て事態に対処しようとした。

老中阿部は、もし開国しなければ日米戦争になると判断し、諸大名に判断を求めた。諸大名の意見は、八月末までに出そろった。大大名のうち、彦根藩井伊家は通商を肯定したが、薩摩藩島津斉彬は七月二十九日、時間稼ぎの「ぶらかし策」を次のように建言した。

「打ち払いは、海防手薄なおり必勝の見込みはない。通商を許すことも、その時期ではない。許せば国威が薄らぎ、オランダ国王に義理がたたず、戦争を嫌って許したと思われる。先ず三年ほど回答をのばし、その間に海防を十分にし、軍備を整えたうえで、打ち払え。軍備の経費を惜しまず諸大名に金銭を配し……」など、と述べた。

これに対し長州毛利家の回答拒否をはじめ、越前藩松平家、佐賀藩鍋島家、久留米藩有馬家、土佐藩山内家などは戦争をして要求を拒否せよ、と毛利藩と同様の強硬論を提出した。

結局、老中阿部は、島津斉彬の意見に近い「他日、軍備の整備を待ち、断固たる措置にも及ぶべし」との見解をとった。しかし幕府の「ぶらかし策」は、江戸湾防備くらいで、別に具体策はなかった。領地に沿岸を擁する各藩が「戦争も辞せず」の強硬論を突出させ、海防の大義の前途が容易でないことを予感させた。

当面、幕府は各藩に江戸湾防備を命じ、江戸の長州藩は大森海岸に兵を展開した。東北旅行脱藩の罪で、萩で蟄居していた吉田松陰は、藩主毛利敬親の特別の配慮で許され上京したところだった。一足先に浦賀に出掛けた師佐久間象山（一八一一～六四）を追いかけ、共に浦賀で垣船に囲まれた軍艦を望見した。

一カ月後、今度はロシア艦隊が長崎へ入港し、松陰は旅費を佐久間から受けて長崎へ急いだ。ロシア船で世界へ密航する魂胆だった。しかしロシアのプチャーチン艦隊は、二日前に出航しており企ては失敗した。

翌安政一（一八五四）年元旦早々、ペリー艦隊は「一年後に」という予定を早めて再び横浜沖に現れた。クリミア戦争の最中であり、ロシアのプチャーチン艦隊の長崎来航に刺激されたのである。「ぶらかし」の時間稼ぎのないまま幕府は三月にアメリカ、八月に英国、九月オランダとそれぞれ和親条約を結び、下田、箱館を開港した。敵方の目をくらますように下田に来たロシア使節・プチャーチン提督とは十二月二十一日、日露和親条約に調印した。内容は下田、箱館、長崎を開港し、択捉島とウルップ島の間を国境とし、樺太を両国の雑居地と定めた。その後千島、樺太日ソ交換条約があるが、この時のプチャーチンとの条約が今日、ロシアによる北方四島・不法占拠の根拠に抗議するわが国の主張となっており、国際正義と法の歴史的価値を示している。

鎖国開放狙うペリーの宗教史観

安政元年三月三日、幕府は横浜で日米和親条約十二カ条を締結・調印し、下田、箱館二港を開いたが、この条約では、まだ通商の開始は取決められてはいない。とはいえ、鎖国日本は、開国に向け大きく一歩を踏み出すことを迫られた。

条約調印後、帰国したペリー提督は議会の要請に応えて、『日本遠征記』を纏めて報告した。それはペリーの対日宗教史観を示すものだった。それによると、日本はマルコ・ポーロの『東方見聞録』以来、中世欧州の関心の的だったが、コロンブスの大航海は憧れのジパングを発見できなかった。その後、ポルトガルとスペインの耶蘇教（ローマ・カトリックキリスト教）が日本に進入した。遅れてイギリス、オランダのプロテスタント（新教）派が来日し貿易をめぐる新旧のキリスト教の争いから、幕府はキリシタンを追放して鎖国体制をしいた、とペリー提督は記録し、報告した。

その日本の鎖国開放に備えて、欧州キリスト教国と日本との国別の交流の歴史的事実を徹底して研究、整理し、さらに日本の地理、歴史、宗教、科学、哲学、農業などについて当時、資料のあるかぎり克明に調査した。

一口に「ペリーの砲艦外交」と歴史家は述べるが、その根底にあるペリーの日本研究は、日本宗教と欧米キリスト教との交流、その挫折、政治制度をめぐる用意周到な研究の深さには驚かされる。

とくに日本が鎖国制度を実施した原因について、ポルトガル、スペインを追放し、貿易の利益を確保するため、長崎出島に鬱屈しているのは、卑劣なキリスト教布教のあり方に問題があった、と批判している。ペリーの『日本遠征記』は、軍事戦略の領域を越え、日本開国への文明の使徒としての使命が、宗教的な視点に立っており、その歴史的執念の強さが読みとれる。

海防思想の実践と農兵

ペリー来航は、国内にはげしい攘夷の運動を引き起こした。かねて水戸藩徳川斉昭は、「外国船打ち払い令」を復活するよう、老中阿部正弘に建議していたが、見送られて憤懣《ふんまん》があった。しかし今回、海防参与の立場からは、「和平は敗北を意味するが、幕府に防備力のない現実を知った以上、むやみに戦争をしかけることは危険だ」と、わかった。せめて士気だけでも高めようと攘夷を叫んでいるのである。

このころ、月性と吉田松陰との出会いはまだなかった。ただ水戸の藩士と親交のあった桂小五郎（のち木戸孝允、版籍奉還を率先して毛利藩主敬親に説いて断行）は、熱烈な攘夷論者であり、攘夷のできない幕府をそのままにしておけない、と月性の知友である秋良敦之助《あきらあつのすけ》（毛利藩家老浦靱負《うらゆきえ》の家宰）に次のような手紙を送っている。安政元（一八五四）年四月のことである。

「当今の勢い、外夷いつ、我が本朝を侵掠《しんりゃく》致し候か、幕府耶々《いよいよ》本朝膝《ひざ》を以て屈し候か、斗《はか》り難し。真に其の期に臨み、幕府、幕府と申し、一決断之れ無く候は、尊氏中の尊氏にて千万の大不忠、誓って人民の忍秋《にんじゅう》に非ず」（木戸孝允文書）と人民の立場からの尊王攘夷の決意が示されている。木戸は、のちに長州・萩藩が初めて造った洋式船「丙辰丸」を品川沖に回航させ、海上で艦長松島剛蔵と共に水戸藩士数名との間で「成破の盟約」を結んだ。この血盟は、横浜にある英米の領事館の焼き討ちなど「破」を担当する水戸浪士の攘夷決行だった。

ペリー来航から明治維新までの十五年間は、文字どおり幕末の動乱期だが、仏教徒の月性は、この間藩主毛利敬親（一八一九〜七一）に対しすでにふれた「海防五策」を初め、その他幾つもの献策をした。「海防五策」では、兵制を改めて国民皆兵制度とし、国民全部の士気をあげて国防の気運を高めよ、と訴えている。

この「農兵ヲ組織シテ、コレヲ以テ防寇《ぼうこう》ノ策トスル」との説は、中国の兵史や先覚者たちの海防論に見えており、必ずしも月性の新説ではない。しかし中世以来、実際に農民を組織訓練した例はまれである。勤王志士梅田雲浜の和歌山・十津川の農兵訓練があり、そして月性の農兵策は、周防阿月の秋良敦之助によりペリー来航から安政五年まで実行された。その成果は幕府による第二次長州征討のさい、世良修蔵軍監らによる第二奇兵隊として周防大島口の幕府軍解放戦で活躍した。

勤王・海防強化の根本目的は、京都の「禁裏」を異国船の軍事侵入から守護することだった。月性は塾清狂草堂・時習館で、江戸湾口に砲台を築くことより、京都御所を護るために、先ず摂津の海、和歌山・四国間の紀伊水道、馬関（下関）海峡や、四国・九州間の豊後水道の海防防備を重要視することが大事、それも周防大島の防御が基本だ、と教えていた。

月性　久坂玄瑞を励ます

年号が嘉永から安政元（一八五四）年に替わった年の二月二十七日、萩に住む月性の親しい友人久坂玄機《げんき》（玄瑞の兄）が享年三十五で急逝した。驚いて月性は弔いの詩を作った。ところが五日後の三月四日に玄機の父良廸《よしみち》が病没した。

月性は五月はじめ萩に出て、亡くなった久坂玄機の家を弔問し、弔詩を捧げた。玄機の名は真、萩藩医で蘭学に優れ、海防計画を議論して大いに意気上がったのは、つい半年前の嚶鳴社《おうめいしゃ》での会合だった。江戸で黒船騒動を目撃した月性の帰国報告会の席だった。

弔詩で月性は「久坂玄機は医家、丈夫の士、平生の志は、国難を医《いや》すに存す、決戦攘夷の絶命の文に志を知るべし」と、毛利藩主の命で作った海防策を病中に校了した玄機の努力を讃え、勤王の心を惜しみ悼んだ。

実は、こんなことがあった。玄機の臨終が近いと思ったのか、嚶鳴社の月性の盟友・藩士中村道太郎（のち九郎）は、死亡前日の二十六日付けで弟秀三郎（玄瑞の幼名）のいる好生館に次のような書簡をだした。

「明早朝、塩屋町畳屋土谷弥之助（ママ）と申し候者方まで御出下され候様お願い奉り上候。遠崎の月性上人、出萩につき少々得面話度き趣有之候必々御差繰り御出下さるべく候、今日は御舎兄様忌日かと相考え申し候流涕《りゅうてい》に堪えず候、頓首。尚々、六ツ半時には必々御出下さるべく候、以上」と。午前七時までに必ず来てくれ、と念をいれている。中村道太郎は、瀬戸内から月性が萩に来ることを知っており、月性と親しい間柄の土屋蕭海《つちやしょうかい》（通称土屋矢之助、吉田松陰と親しく、月性の知友）を引き合わせようとしている。玄瑞はまだ十四歳、母富子は前年の八月に死去している。一年も経たないうちに、両親と兄の三人が亡くなり天涯孤独の身となった。嚶鳴社グループの中村道太郎らが玄瑞の前途を心配したのである。

この嚶鳴社は弘化三（一八四六）年、西欧列強の外圧をどう振り払うか、時事問題を論究する目的で、藩士周布《すふ》政之助（一八二三〜六四）らが藩校明倫館内につくった。そのとき月性が、正親町《おおぎまち》三条実愛《さねなる》（明治新政府の議定のち刑部卿）に依頼して「嚶鳴」と命名してもらった。詩経の「鳥が友を呼ぶ声から転じて、友が互いに励ましあう声の意」であり、玄瑞の兄玄機も主要メンバーだった。

今回、弔問のさい月性は玄瑞（この年改名を許される）の不幸をかわいそうに思って、目をかけ、親切にいたわった。その後玄瑞は、周防遠崎の清狂草堂・時習館に月性を訪ねた。塾で書読を学び、また天下の情勢を修得したのである。そのころ、玄瑞の祖父吉村祐菴は、近くの田布施《たぶせ》で医者だったのでしばしば訪ねた。月性は、誠実で端正な玄瑞に対して、「これからは吉田松陰と口羽憂庵について学びなさい」と勧めた。なにかと兄玄機に代わり身辺のことについて玄瑞に助言した。松陰の実家である杉家と親しい交際のある月性は、生涯の伴侶として松陰の妹お文を玄瑞にさりげなく紹介したのである。

月性が交際を勧めた口羽徳祐（号憂庵）は、この年藩主敬親が藩中の俊才五人を選んで関東に遊学させたうちの一人。口羽は月性の紹介で江戸の羽倉簡堂《はくらかんどう》（幕臣、儒学者、著に海防私策。一七九〇〜一八六二）に入門、簡堂は「少年重厚にして才気ある長門の口羽生の如き、われ未だその比を見ず」と人に語っている。

この春、下田の米艦での密航に失敗した吉田松陰は十二月二十四日、萩の野山獄、同僚の金子重輔（＝重之輔。一八三一〜五五）は岩倉獄に収監された。江戸牢で死刑を免れた松陰は、阿部老中に感謝した。

臣秋良敦之助との再会

ペリー艦隊来航の年の嘉永六年、毛利藩は藩兵三百人で大森海岸を警備したが、幕府は十一月から相州警備（三浦・鎌倉両郡）を命じた。この年の暮れ十二月五日、萩藩庁は藩内に「相州並びに藩地の海防」をめぐって意見を徴した。「相州海防」というのは、安政五年六月、毛利藩兵が摂津海岸（神戸）へ移転するまで毛利藩が負っていた江戸湾防備地区のこと。西浦賀から鎌倉腰越村まで十里の海岸防備のため、兵力、弾薬の装備に責任をもたされていた。大森海岸では江戸家老浦靱負《うらゆきえ》（一七九五～一八七〇）が指揮したが、相州防備は浦に代わって益田弾正《だんじょう》（右衛門介、親施《ちかのぶ》。長州藩家老）が相模国を防衛することに反対した。ところが、「そうではないぞ」と、月性に次のように意見する者がいた。

この動きに対して月性は、三方を海に囲まれた防長二国（周防・長門）の防備を捨てて、遠方の相警備担当の惣奉行を務めた。

「相州ハ天下ノ要害ナリ、国家（毛利藩）兵ヲ出シテ此ニ備フレバ所謂《いわゆる》天与ナリ、不幸ニシテ関東若シ変ヲ生ゼバ、拠テ以テ大義ヲ為スベシ」といい、毛利藩は、この大役を果たすのだから、ほかの幕府への行事献金、その他の出費を辞退し、諸藩との交際費など無駄を回避し、藩内に対しても勤倹精励の強調ができるではないか、と説得するのである。

「なるほど、国の内外、非常の改革を行うのに千載一遇《せんざいいちぐう》の好機会だ」と月性も納得し、「性（月性）甚ダソノ論ノ高キニ服ス」と反省し、草稿「内海杞憂封事」の中で主張していた相州撤兵論を撤回した。

西欧列強のアジア侵略を防ぐための「内海杞憂論」を纏めるさい、藩行政の内部の機微に通じる卓見を月性に耳打ちした者、その人こそ藩老臣で阿月の領主浦靱負の家宰・秋良敦之助《あきらあつのすけ》だった。

秋良の阿月と月性が住む周防遠崎（現柳井市遠崎）は、同じ毛利本藩に属しており、陸路を岩国領・柳井津を抜けて、熊毛半島東側を左に迂回して行っても数キロの距離だ。海上を遠崎港から真っすぐ行けばもっと近い。

秋良は文化十一（一八一四）年、この阿月で生まれた。名は貞温《さだあつ》、敦之助は通称、坐山と号した。学問を藩校・明倫館で修め、藩家老浦氏の家宰となり、江戸、京摂の碩儒《せきじゅ》名士を訪ね、浦家の財政を整えて名声があった。

秋良は月性より三歳年長であるが、新庄（現柳井市）の国学者岩政信比古《いわまさのぶひこ》の塾で本居宣長由来の国学を学んだ。月性も九州に遊学するまえ、岩政塾「桜処」を訪ねており、二人はここで顔を合わせていた。

「ああ、あの時は、世話になった」と、二人の出会いの縁は、今一気に蘇り、長州幕末の維新回天にかけがえのない存在となるのである。

清狂草堂・時習館の教育

鎖国制度の狙いは、言ってみれば徳川家の存続と耶蘇・キリスト教禁圧だったが、海からの危機、軍艦に対する沿岸防備を予定していなかった。鎖国下の幕末日本は明治維新までの約二十年間、西欧キリスト教文明の武力と合理主義、国際法の挑戦に煽《あお》られ安危に揺れ動いた。産業革命後の文明発達にともなう力の時代にどう対処するか。

月性（三十二歳）は、国家を担う人材の養成、危機に対する庶民の覚醒《かくせい》が最も大事とみた。そのため、京畿から遠崎へ帰国早々の嘉永元（一八四八）年四月、清狂草堂に時習館を開塾したことは先にふれた。どんな私塾か、覗くと塾名は、当時の危機から「時習館」が相応しかった。論語の「学而時習・まなびて時にこれを習う……」からとったが、学問をし、そして実践を通して学問を身につけていく。これこそ無上の喜びだというわけである。

この考え方は徳川官学の朱子学派ではなく、「知行合一」を説く陽明学派の実践論だった。私塾開設には、門前に居を構える庄屋「鍵屋」の竹馬の友秋元晩香《あきもとばんこう》（佐多郎）ら多数の要請があった。開塾早々、田布施の円立寺真道、地元の西藤馬らが入塾した。

開塾の直後四月のある日、月性のところへ赤穂の河原士栗が坂井虎山の文十編を持参してきた。月性は大いに喜び歓談し、柳井大師山で桜を観た。これを手はじめに備中の阪谷希八郎、山鳴弘蔵、上毛の田中謙三郎、仙台の針生大八郎らが五日間逗留して二十八日に去った。また五月には備中の守脇基太郎、播州姫路の生田如圭、六月から七月にかけて京都の中川出羽、丹後の牛窪茂太郎らが来訪した。開塾早々から千客万来で月性の交遊範囲が全国に及んでいたことがわかる。

この中で注目されるのは備中の阪谷希八郎《さかたにきはちろう》（＝素《しろし》。一八二二〜八一）である。彼は造り酒屋の出で大塩平八郎、古賀精里《せいり》の息子古賀侗庵《こがどうあん》に学び、のちに私塾・桜渓《おうけい》塾をつくるが、月性の友人久坂玄機の紹介で遠崎に現れたようだ。

阪谷はのちに朗盧《ろうろ》と号して名声高く、桜渓塾は嘉永六年郷校・興譲館に発展し監学となる。元治、慶応のころ、興譲館は水戸の弘道館、萩の明倫館と並んで有名になり、諸藩より入塾の生徒であふれた。のち日清、日露戦争の国家財政を大蔵省当局で一手に采配した子爵阪谷芳郎は、朗盧の四男である。

辺鄙な遠崎の妙円寺に、時ならぬ全国から文人が出入りするようになり、月性の人望は周防の近在、近郷に聞こえた。

郷党の英俊を教育

さて、この年九月に周防大島の僧大洲鉄然《おおずてつねん》（維新後、西本願寺執行長に就任、近代化に尽くす）が、十二月に岩国柱島の医家松崎三宅の子赤根武人《あかねたけと》（のち赤禰《あかね》家養子）らが入塾、さらに世良修蔵（一八三五～六八）らも入門して盛況に向かう。

そのころ日々の塾生との生活ぶりを月性は漢詩「春月偶成」で次のように詠じている。

郷党　春深くして　俊髦《しゅんぼう》育つ
門に満つ桃李　方袍に映ず
禅を学び　生涯の淡を悟ると雖も
武を好び　意気の豪なるに存す
院を繞る禽聲　人未だ起きず
簾《れん》に上る花影　日初めて高し
仏堂　例して　三経を誦して罷《や》み

又　生徒に対して　六韜《りくとう》を講ず

この詩には、早朝のお寺の勤行と、塾主宰者としての面目躍如が感じられる。春深き処、郷党の俊英を教育する、門の桃李の花が法衣に映るが、俊秀の前に満ちて頼もしいかぎりだ。われ禅を学んで現世の生涯の淡くして頼み難きを悟ったが、猶《なお》、武を好んで意気の豪壮なるを存している。僧院の回りに鳥声を聞くが、人は未だ起きない。花影が簾（すだれ）に上り、日初めて高くなって起きる。先ずいつもどおり三部経を誦し終わって、また生徒に対して六韜を講ず。

朝起きて、まず本堂で浄土三部経（無量寿経、観無量寿経、阿弥陀経）のどれか、ゆっくり誦読し、そのお経が終わると時習館の生徒たちに「太公望」（周建国の功・呂尚）の秘伝と言われる中国の兵法書・六韜を講義する、という。

「韜」とは秘訣（極意）のこと。文韜、武韜、竜韜等の六編からなるが、例えば、武韜編の「文伐の法」では、武力によらず敵を征服するには様々な方法があるし、竜韜編では勝利するのに三通りのタイプがあるぞ、と月性は、その実践の方法を指導した。

学業は声を出して文を読む素読や、漢文を仮名まじりに直す訳文、また漢詩づくりや尊王攘夷と海防・討幕論を講義した。時事問題を交え生きた教育である。

時習館の活動は嘉永四、五年が最盛期だった。幕末に高杉晋作（一八三九〜六七）の後を継ぐ奇兵隊総督で活躍する赤根武人（一八三六〜六六）や大洲《おおず》鉄然《てつねん》（一八三四〜一九〇二）、大楽源太郎《だいらくげんたろう》（一八三二〜七一）、世良修蔵（第二奇兵隊の軍監、奥羽鎮撫総督府参謀。一八三六〜六六）のほか、土屋恭平、秋良雄太郎、芥川義天、天地哲雄ら二十二人が学んだが、その半数は僧侶だった。

家老が支援　海防を説く

やがて月性は、藩の命令で防長二州の中で、自由に尊王攘夷を説き、海防の急を論じて各地を巡講した。毛利藩内で、自分の志を思うままに述べられたことには理由があった。藩主敬親まで五代の藩主に仕え、天保改革の財政再建で手腕を発揮した参政村田清風に知られ、藩老益田弾正の後援を受けるようになったからである。そのころ、月性は次のような漢詩を残した。

多年法を説いて精神を竭《つく》し
草莽の間に憂国の民を興さしむ
今日　藩台　内命を伝へ
公然　二州の人に諭すを許す

のちに吉田松陰が危機に対応して一般庶民の自覚を促す「草莽崛起《そうもうくっき》」の論を唱えるが、その精神は、すでにこの月性の漢詩の中に見られる。海防の大義は、農民、庶民の自覚がなければ進まないから、二州の人々に事の理非をよく分かるように教えることを許された、というのである。

安政改元の直後、朝廷から太政官符「諸国寺院の梵鐘類を大砲に改鋳する令」が発布された。幕府は天保のはじめ、水戸藩主斉昭が、領内の寺院梵鐘を鉄砲に鋳ることを強行して僧侶の反感をうけ、幕譴《ばくけん》をこうむる失敗があり、躊躇していた。

その斉昭が「重き使命を停頓せしむべからず」と改鋳を督促し、幕府は翌年三月になって、先のような海防令を発したのである。ところが幕府海防令で諸国の僧侶等は動揺し、比叡山天台座主、日光倫王寺宮に訴えて不満、愁訴の声は全国の寺院に広がった。

梵鐘の収用実施は幕領では全て幕府に収め、一万石以上の領邑では、領主にまかせたが、十月二日の江戸大地震で幕府はその対策に追われ、毀鐘改鋳砲の実施を顧みる暇はなかった。

毛利藩は、すでにペリー来航の半年前、海防の部署や軍役を定めており、月性の膝元、周防大島郡では海岸防備のため、代官所より諸村に対し鉄砲献納の沙汰があった。翌安政元（一八五四）年一月には・江戸葛飾砂村の毛利別邸で巨砲を鋳造した。

そのころ月性は佐世太夫（寄組佐世主殿）の内嘱で黄波戸の海岸寺で説法するなど、萩藩政府の公認のもとに法座のあと、農民や町人にたいし、迫ってくる外圧危機の時勢と海防の大事なことを説いたのである。

この間、月性は嘉永五（一八五二）年春、三十六歳で義父周邦の後を継いで妙円寺第十世住職となった。それまで清狂草堂・時習館を訪ね宿泊して東西に旅する人も多く、その宿泊の世話は母尾上の手にかかった。義父周邦は娘梅野とともに上京、西本願寺の学僧超然上人へ月性の書状を託すなど、妙円寺との関係を密にした。月性はやがて、梅野と結婚し、妙円寺の経営に加え、塾時習館の運営に当たった。

海防憂国に寧日ない月性は五、六月と萩城下に遊び、そのさい阿月の家宰秋良敦之助に伴われ前参政村田清風（一七八三〜一八五五）に初めて紹介された。依頼で月性が清風の郷里について『三隈山荘十二勝』の詩を作ったのもその時だった。喜んだ清風から月性は「鉄扇」を受けている。住職となり結婚して、あの月性の身なりや風貌は少しは整ったであろうか。のちの村田清風との対談で「いが栗頭が目障り」と指摘されたとおり、月性の風采は相変わらず気にかけることがなく、頭髪はハリネズミのようでゴマ白だった。

しかしこのころ、月性は、すでに防長内でも知られた傑僧《けっそう》となり、人々から「上人さま」と拝まれる地位に立つようになっていた。

この時期の月性は、二十七歳で誓った「立志・出関」の希望と夢を実現し、生涯のなかで最も得意の時代といえる。一方で月性自ら、国事に奔走するようになって塾時習館の運営が、次第に難しくなった。それを助けたのは、阿月の秋良敦之助との再会、交遊であった。

時習館の赤根武人や世良修蔵らは、阿月の郷校「克己堂」に出かけて教えたりした。のちに見るように赤根ら二人は萩藩士の身分として幕末維新の場で活躍する。ここで阿月の領主浦靱負《うらゆきえ》一族の出自と略歴を押さえておきたい。

周南の勤王運動　秋良と月性

月性は京摂の修学から遠崎に帰ってきた当座、周囲に時事を論じ、共に海防思想を語り、推進出来る人はいなかったが、同じ萩藩の重臣浦靱負（一七九五〜一八七〇）の家宰秋良《あきら》敦之助に再会できたことは、先に触れた。

秋良の主家浦氏は、小早川氏の一族で、安芸・忠海二万三千石の大名だった。慶長七年小早川秀秋の死によって禄を失った後、毛利輝元に仕え「船大将」として重用された。関ケ原戦ののち、毛利氏が長州（周防・長門二国）に転封後、しばらく船手組組頭として上関・長島に居を構えていた。

寛永二（一六二五）年の知行替えのころか、浦氏は上関の長島福浦に墓所を残して、対岸の熊毛（室津）半島東側にある阿月（現柳井市）に移り、毛利藩寄組の士として二千七百石を領した。家系中の浦氏は毛利宗家の要職についている。目前の大畠海峡と背後に置いてきた上関海峡二つの地政学要衝を同時に抑える狙いがあったに違いない。

当主の浦靱負（名は元襄）は、藩重臣国司信濃《くにじしなの》の次男で、浦家の養子となった。江戸家老に抜擢され、ペリー来航の時、藩兵三百人を率いて大森海岸の警備に当たったことは、先に述べた。

靱負は弘化四年から嘉永、安政年間を経て万延元年に至る十三有余年、幕末動乱期の史上、一番難しい時代の毛利藩政の主宰として、当役（江戸家老）、当職（国家老）に在任し、維新の西国雄藩として毛利の方途を誤らしめなかった。

その浦靱負の家宰秋良敦之助は、当然ながら萩藩の表裏に通じる立場にあった。勤王僧としての月性の海防思想は、この秋良敦之助を通じて藩中枢に直接、反映することになるのである。月性の影響を受けた秋良は海防を研究し、大和の豪農村島長兵衛から出資をうけ、轆轤《ろくろ》機を使う人車船二隻を発明、建造して海軍練習に供したりした。

立場上、浦靱負は表立って勤王運動を推進したわけではないが、勤王の芽は靱負の手によって育まれた。日頃は朝六時には必ず起き、沐浴《もくよく》して束帯をつけ、潮を清めて祖霊を拝し、時を待って出仕し、王事に奉じる思想は深かった。阿月における秋良と月性の交流を尊重し、常に吉田松陰をはじめ藩内の勤王家の庇護に気をくばった。

「月性にとって阿月は、その地、人すべてが自分の志をのべる足場として理想的な処だった……秋良としても、長藩を勤王の英雄藩たらしめるべく心を砕いている主人浦靭負を補佐して、その経綸をいよいよ光輝あらしむるに、この知謀・胆略を兼ね備えた協力者月性を得たことは、時にとってこの上ない幸いであった」（『維新の先覚　月性の研究』三坂圭治監修・村上磐太郎ほか執筆論文）と評価している。

勤王の芽育てた領主浦国老

欧米の植民地化を避けて、神州陸沈を防ぐ沿岸防備の実践には、まず人材の養成が必要だった。月性は秋良と謀って浦家中の人材を養成し、ここに俊才の士を集めることに努力した。

領主浦靭負《うらゆきえ》は天保十三（一八四二）年に、すでに郷校・克己堂《こっきどう》を創設していた。論語の教えのなかに「仁とはなにか」と顔淵に尋ねられて孔子が答えた、というのがある。「おのれに克《か》ちて礼に復《かえ》るを仁となす……」と、つまり塾名を克己堂と称して文武両道の道場とした。

月性は自分が主宰する時習館の俊才を阿月に送り込んで縁組させた。大島郡柱島の医家出身の松武人を赤禰忠右衛門の養子にした。そして周防大島・椋野の庄屋出自の中司修蔵を木谷良蔵の養子にした。そして後に主君浦靭負の命によって、家中で廃絶していた世良家を再興し、世良修蔵（一八三五～六八）と名乗った。後にふれるが戊辰戦争で奥羽鎮撫総督府参謀として出陣、一旦帰順した仙台藩を使って会津藩を討とうとして逆に福島で仙台藩士に襲われ、斬られた人物である。

月性の願いは、修蔵や武人に士籍を与えて将来あらしめたい、という希望があったようで、以前から二人を克己堂に助教として派遣した。阿月の人材の層を厚くするためであり、月性自身も阿月の同じ浄土真宗円勝寺や円覚寺などの法座に出向き、時局を踏まえた話をして家中の士気を鼓舞したのである。

このようにして領主浦国老と嗣子滋之助親教を中心に家宰秋良敦之助、浦家老職赤禰忠右衛門はじめ、萩の玉木文之助の塾以来の吉田松陰の学友松村文祥（医家・儒者）、秋良の嗣子雄太郎、その弟政一郎、秋良岩輔らの一統、また克己堂の教授として萩から招かれた白井小介（一八二六〜一九〇二）、それに赤根（禰）武人、世良修蔵、斎藤弥九郎門下の逸材松村宰輔等、有名無名の志士が、この小さな村阿月にひしめくように輩出した。あの「般若姫物語」に由来する地名の「阿月」からである。

月性の死後の安政六（一八五九）年九月十一日付けで、吉田松陰が同囚の水戸藩志士堀江克之助に送った手紙に、「去年以来、在塾（松下村塾）の中のもの、江戸や京へ往来し、また国元で激論を発し、俗史のために小生とも十二、三人罰せられた。それは江戸家老の手に出たが、浦靱負の手によって終始助けられ……、但し江戸家老益田弾正（親施）と申して、年少ながら家老中にては人物にて小生の門下故、そうまで敵讐《てきしゅう》の訳でもなく……」と述べ、さらに「益田（弾正）の領処は須佐と申すところで、浦（靱負）領分は周防国・伊保庄の阿月と申すところにて、是れに秋良敦之助などあり、この両所とも志士の潜伏の働きをしている……」として、長門の須佐と周防の阿月を長州の勤王運動の拠点だと、紹介している。

月性は勤王と海防思想を国の内外に展開するため、他の萩藩士大夫の理解を得ることが必要だった。そのため藩の内情に通じた浦氏の家宰秋良敦之助と表裏一体となってかかわっていく。そこに領主浦靫負の目に見えない大きな支援があった。

久坂玄瑞　松下村塾入門

月性は、まだこの時期に、吉田松陰と直接会う機会はなかった。松陰は安政の大獄で処刑されるまで萩野山獄と実家で五年間にわたる幽閉生活を送った。この間、月性は兄梅太郎とは早くから、親密な交遊関係にあったので、月性の挙動は兄を通じて松陰に伝わっていた。やがて久坂玄瑞は、月性の教え通り松陰の松下村塾へ入門するが、その人となりについて『久坂玄瑞全集』の編者福本義亮は、次のように言う。

「幼名は秀三郎、名は誠、または通武、のち義助と改める。字は玄瑞。秋湖と号し江月斎の別号もある。人柄は公明誠実、堂々と体が大きくしかも温容、音吐鐘のようで大衆には事の本末を詳説し、胸襟を開いてその方略を議す。人皆赤心に感じ肝胆を砕いて可否を論じ、衆推《お》して盟主となしたりという」と。幕末維新の人材の典型を彷彿させている。

玄瑞は安政三（一八五六）年十七歳の春、初めて九州の久留米、柳川、大村、長崎、熊本、中津、耶馬渓等を周遊し、和田逸平、宮部鼎蔵《みやべていぞう》（一八二〇〜六四）、恒遠醒窓《つねとおせいそう》、村上仏山《ふつざん》（一八一〇〜七九）等を訪ねて時事を論じた。いずれも月性の紹介状があったのである。

この時の玄瑞の「行西遊詩稿」をみた吉田松陰は、「久坂生の文を評す」を作り、次のように将来

久坂玄瑞（1840 ~ 64）**肖像**
（山口県立山口博物館蔵）

への士気を鼓舞している。

「聖賢の尊ぶところは議論ではなく、事業にある。多言を費やすことなく誠を積み蓄《たくわ》えることにある」と。

これに対し玄瑞は松陰に次のように応えた。

「……自分は皇国の民であるが、国の風紀、武士精神は日ごとに衰え、外国勢が跋扈《ばっこ》して貿易を要求し、わが国土を略取することが窺えるが、その欲望はますます伸びるだろう……」と。時代を憂慮する玄瑞の憂国の心がほとばしる。

これに応えて松陰は再び玄瑞に書を送って、言う。

「心を天地に立て、命を生民に立つ、往きて聖を継ぎ、万世を開く、足下は誠に能《よ》く力此れに用いる」

と述べて、志のゆくところを示し、重ねて玄瑞を励ました。

玄瑞は、この年五月に意を決して吉田松陰に入門した。春の九州西遊の途中、熊本の宮部鼎蔵（池田屋事件で死す）と会見、談義したさい、月性から教えられたとおり松陰の存在に強く心を動かされた。かって宮部は江戸山鹿流宗家の塾で松陰と相知り、東北旅行に同行したが、同じ山鹿流の武人として吉田松陰の人格が高貴なのを知り、そのことを玄瑞に語ったのである。

ところで松陰は前年の安政二（一八五五）年十二月十五日に野山獄から出牢し、生家で蟄居の身となった。それまでの一年余り、獄中で受刑者らとともに猛勉強した。そして出獄後は、叔父玉木文之

松下村塾（萩市）

松下村塾の内部
（山口県教育会）

進（一八一〇～七六）が創立し、外叔久保五郎左衛門が継いでいた学塾「松下村塾」を継いで二年半ほどの間、青年たちの指導にあたっていく。

第八章
倒幕、王政復古へ義兵を

水戸学を巡る月性と松陰

月性の勧めにより久坂玄瑞は、松下村塾で松陰の指導をうけることになった。吉田松陰はかって「余、深く水府（水戸）の学に服す。謂《いえ》らく神州の道、斯《ここ》に在り」と言い、「敬神崇儒」を理由付けする水戸学に心酔した。水戸学の学風は、『大日本史』において儒教の大義名分と日本の尊王思想を結合して、一君万民の国体をはっきりさせ、皇道を宣揚したことにある。「大義を明らかにして民心を正す」が根本にある。

しかし倒幕思想をもつ月性は、水戸学と相容れないところがあった。水戸学の勤王思想は理解できる。しかし御三家の一つである水戸藩の学問、例えば文政八（一八二五）年に脱稿した儒学者会沢正志斎の『新論』は、「幕藩体制への忠誠がそのまま朝廷への忠誠（尊皇）である」という。公武合体の論理からぬけられず、月性の倒幕・尊王攘夷の思想と相容れないのである。水戸学に馴染む松陰の思想は、月性との間に越え難い溝がある。

東北旅行に旅立つ松陰（二十二歳）は、ペルー来航前の嘉永四（一八五一）年十二月十九日から約一カ月間、連れの肥後藩士宮部鼎蔵（一八二〇～六四）とともに水戸へ遊学した。「正気の歌」で知られる藤田東湖（一八〇六～五五）に教えを受けようとしたが、藩主徳川斉昭《なりあき》（一八〇〇～六〇）が幕命で隠居謹慎し、側用人東湖も自宅謹慎中で会えなかった。

そこで松陰は『新論』の著者で、東湖の父藤田幽谷《ゆうこく》（一七七四～一八二六）の門下会沢正志斎（＝安《やすし》。一七八一～一八六三）を訪ねた。松陰は「身、皇国に生まれて皇国の皇国たる所以《ゆえん》を知らずんば、何をもって天地に立たん」と会沢から日本学の根本を教えられ、水戸学に心眼を開かれた。

このころすでに倒幕思想をもつ月性は、会沢の『新論』を萩藩内に持ち帰り、藩校明倫館で講義して波紋を巻き起こした。

『新論』は指摘する。「仏法が日本に伝わったが、国家祀典《してん》がある、蕃神《ばんしん》を拝するのは宜しくない……」と。にもかかわらず「逆臣馬子が、これを奉ず。皇子厩戸《うまやど》（聖徳太子）等を党比（組みし親しむ）し伽藍を興造し、僧徒ひろく、その悪説を説く」と、述べて仏教渡来の受容と歴史文化を激しく誹謗《ひぼう》した。

さらに正志斎は、他の著書で、僧兵の不都合や仏寺の民財消耗を非難し、キリスト教対策からはじまった宗門改め、寺請制度が、僧侶の横暴を招いたことを怒り、さらに仏教が渡来して、堂塔を造り田園を寄付させて国家経済を乱し、一向専念の教えが乱を起こし為政者を悩ました、と憎み、排仏を主張した。

会沢の主張には、歴史上かって「百姓がもちたる国（加賀）」の例に見られるように一定の事実がある。だからこそ月性は、堕落した宗門の改革を誓うのであり、その点では会沢論とも一致する。

「議論、剴切《がいせつ》（ぴったりあてはまる）、一々近世ノ我ガ仏徒ノ弊ヲ挙ゲテ的ニアタル」とし、我が意を得たり、と称したほどである。この月性の説に対し俗僧たちは怒った。しかし月性は会沢説の全体を肯定したわけではない。現在の仏教界のあり方、また仏教徒の堕落した行状を排撃する趣旨に賛意を表したにすぎない。というのも月性は、正志斎の仏教論難が、一向宗（浄土真宗）の宗旨を深く研鑽したうえでの論難ではない、と理解しており、やがて舞台を京都西本願寺に移して「護法意見封事」に纏めることで、水戸学へ反撃に転じるのである。

秋良が添削　藩政改革

月性は年号改まって安政元（一八五四）年十二月に「内海杞憂論」に続いて「藩政改革意見封事」（以下「封事」）を起稿、執筆して翌年早々、秋良敦之助《あきらあつのすけ》の添削《てんさく》を受けて上書した。「封事」の由来を月性は元旦試筆の漢詩で明らかにしている。

「我が藩侯（毛利公）の国と民を愛する心が深いのは天性より来ている、去年の地震、外寇を機に広く直言を草莽《そうもう》に徴したのは、かつて無いことであり、皆危機を天災にかこつけている。自分も国（萩藩）を思うこと久しいので、野芹《やきん》（せり）を献じようとして微忠を万言して上書の文を作った」と。

この「封事」草稿の概要は、こうである。

「本年正月、墨夷（ペリー艦隊）再び来て、幕府ついに和し、豆州七里を貸す。近年、天災地異（ロシア艦隊の大坂湾侵入、安政の大地震、大坂城崖崩れ等）が続出するのは、幕府が皇尊の心を失い、征夷将軍の職を奉じながら夷狄を攘《はら》う能力がなく、天地の神祇《しんぎ》祖宗の鬼神がともに瞋怒《しんど》（目をみはって怒る）

して天災を下し、罰し給うのだ」として、攘夷が無いのを天罰、と直言した。そして天地の異変は、幕府の執政だけでない、天下の諸侯も似たりよったりだと述べ、「我の恐れるのは、近日、賊船、予州（愛媛）豊前の両国海峡の間より入り、長防沿海へ突入することだ。お上（毛利藩主）、どうして恐れ、用心せずにおられようか」と、藩政に矛を向ける。

さらに言う。少し長文になるが引用してみる。

「二百余年太平ノ久シキ、幕府及ビ列国ノ侯伯、宴安キニ狎《な》レ、驕奢《きょうしゃ》ニ長ジ数十万石ノ禄ナホ以テ弁ズルニ足ラズ、農民ノ膏血《こうけつ》シボリテ宮室、衣食ノ美ヲ極メ、商賈ノ金銀ヲ借テ妻妾婦女ノ歓ヲ尽クシ武備ヲ捨テテ問ワザルニ置キ、外寇、虜患ノ何事タルヲ知ラザルモノ天下滔々トシテ皆此レナリ」と論じ、これはよそ事ではない。閣下（お上）の毛利藩もその数にもれるものではない、と激しく論及している。

「草間の豪傑、英雄争い出ん」

さらに幕府が攘夷策として、まず通商を許し、三、四年のち武備を調え、国民の士気振う後に決戦するという、すでに見た薩摩藩島津斉彬らの意見は怯策《きょうさく》拙謀である。神州はついに、夷狄の手に帰し、堂々たる天朝神孫の聖天子をして、膝を屈して虎狼犬羊の輩を拝せしむるに至るであろう、と断言し、さらに「閣下、何ゾ一日モ早ク志ヲ此ニ決セザル」と、毛利藩主に迫る。そして志を決するには大目標が必要だ。倒幕、王政復古を主張し、尊王の義兵を起こせ、という。

「向後、夷船モシ沿岸ニ来ルコトアラバ、閣下マサニ幕府ノ命ヲ待タズ、一意決戦シテ之ヲ粉砕スベシ、幕府モシ違言アルトキハ、天子ノ勅ヲ奉ジ、敵愾《てきがい》ノ侯伯ヲ合従《がっしょう》シ、勤王ノ義兵ヲ大挙シテ（幕府の）失職ヲ問ヒ、夷狄ヲ攘《はら》ヒ、神州ヲシテ再ビ政ヲ天子ヨリ出ル古ニ復セシムベシ。ヨク斯クノ如クナラバ、豪傑草間ノ英雄争イ出デ、挙竜附鳳以テ幾百万輩出シ、オ上ヲ羽翼《うよく》スルモノ又何ゾ限ラン。月性ヒソカニ天下人事ノ勢ヲ察スルニ、今コレノ時マサシク、ソノ機会ニ当レリ」と。月性は天下の時流を洞察《どうさつ》し、倒幕、王政復古を藩政の大目標にせよ、と迫っている。この封事を遠崎の自坊で執筆にかかる前の九月、ロシアのプチャーチン艦隊が大坂湾に侵入、湾内を測量し、年末（一八五四［安政一］年、十二月）に下田で日露和親条約を締結する。この時、阿月の秋良が、三十人余の一団を月性の妙円寺に派遣、気勢を上げたことは、先に述べた。

その盛夏のころ、月性は萩に隠棲中の村田清風より鉄扇を贈られた。喜んだ月性は漢詩「鉄扇歌」を呈して清風に謝意を示した。内憂外患の憂いは深まるが、月性は大いに勇気づけられたのである。

月性！　斬首刑でもやるか

この外圧の中、もし幕府に攘夷の断行が出来ないのであれば、諸侯と合従して幕府を倒し、鎌倉以前の朝廷政治を復古し国家統一を計れという。この月性の言辞は稀にみる過激の攘夷倒幕論であり、王政復古論である。海防論の先駆けは、先にみた林子平がおり、倒幕思想では山県大弐《だいに》（一七二五～六七）がいる。甲斐出身の儒学者であり、著名な『柳子新論』で民衆の窮乏と官僚の腐敗を糾弾し、幕府の作り直しを主張する。

「名の乱れの最大は徳川氏だ。名は征夷大将軍兼太政大臣であるが、その実なく、実は天子の位を僭窃《せんせつ》している」という大義名分論が歴史に名高い。しかし月性の倒幕と王政復古の主張は、より具体的で表裏一貫して、これほどハッキリ藩主に実行を迫った例はなかろう。山県大弐は、のちに幕府が逮捕、刑死している。それでも実行するのか。

萩の野山獄で越年した吉田松陰は、だれの手から回されたのか、この封事の草稿を読んで快哉を叫んだ。松陰は、まだ月性と面識はない。実兄杉梅太郎の朋友だけに黙視する気になれない。松陰は安政二（一八五五）年三月九日、月性宛て「浮屠《ふと》清狂に与ふ書」という信書を草した。

「僕、上人ヲウラヤムコト十年、而シテ遂ニ相見ル因縁ナシ。サキニ辱《かたじけな》クモ上書（封事草書）稿本ヲ垂示《すいじ》セラル。一読シテ快ト称シ、覚エズ案ヲ拍ッテ曰ク、方外（僧）ニイズクンゾコノ事務《じむ》ヲ知リ、国事ヲ憂フルノ奇男子アランヤト。已（未明四時）シテ反復シテコレヲ思ヒ、私心甚ダ悦《よろこ》バズ、ヒソカニコレヲ駁議《ばくぎ》（よしあしを論じる）スルオラント欲シテ、未ダイトマアラザリキ。

聞ク、上人（月性）今日ヲ以テ中村兄弟（道太郎、赤川淡水）、土屋蕭海《しょうかい》（土屋矢之助）諸氏ト家兄伯教（兄梅太郎）ノ家ニ会スルト。僕繋《つな》ガレテ岸獄ニ在リ、諸氏ノ後ニ従フヲ得ズ、乃チ一書ヲ座下ニ走ラス。幸イニ諸氏トコレヲ議セラレヨ」

この文章を読むと、松陰は十五、六歳のころから月性の名声を羨ましいほどに思っていた。しかし上書を反復、読了し危険なものを感じ反駁しようと考えていたとき、月性が、自分の実家杉家に泊まり二、三人の友人と会合するとの報を聞いた。自分は獄に在り参加出来ない。一書を届ける。議論の参考にしてほしい、といって本論をつづけている。本論の結論は、一口にいって「倒幕はだめだ、未だその機にあらず」ということと、「月性が斬首刑になることを恐れる」といって要旨次のように戒めている。

松陰、倒幕に反対　規諫すべし

「天子ニ請ウテ幕府を打ツコトニ至リテハ殆ド不可ナリ。古ヨリ真言ノ起コル、一朝憤激ノヨク致ス処ニアラズ、諫《いさ》ムベケレバ則チ之ヲ諫メ、規スベケレバ則チ之ヲ規ス、我ガ藩、近年来大義ヲ挙ゲテ以テ幕府ヲ規諫《きかん》スルモノ至ラズ、ト。然レドモ成湯文王ニ比スレバ能《よ》ク少シク愧《は》ヅルコトナカランヤ。今征夷戦ヲ曠《むなし》クスト雖《いえど》モ、其ノ人材、治績、固《もと》ヨリ諸藩ノ能ク及ブトコロニ非ザルナリ」と。

幕府が征夷大将軍として職責を全うせぬといっても、その業績は、まだ諸藩の力よりは有力である。かりに放伐しても、後をうける者に所期の力がなければ意味がない。これを諫《いさ》めて実行させることが先決問題で、その点わが藩の規諫は、まだ不足である、と論じた。

「上人ハ乃チ遽《にわ》カニ放伐ヲモッテ言ヲナス、ソモ何ノ説ゾヤ」と反論して詰め寄っている。松陰は、月性の倒幕推進論を批判、反対して、むしろ幕府政治を諫める「規諫論」を主張している。

この松陰の「幕府規諫論」は、数年後の通商条約勅許違反を機に、討幕思想に変わったという歴史家や歴史小説家の見方がある。それはのちに「僧黙霖と松陰との討幕論争」で分かるように、吉田松陰の「幕府規諫論」は終生変わっていない。その意味では、吉田松陰は規諫による「公武一和」「佐幕派」の思想であり、討幕の大義は認めるが、名分については、松陰自身はあくまで毛利藩主の忠臣であって脱藩することはあり得ず、藩主による幕府への規諫によって物事に対処する、との主義であった。

松陰は月性死後の安政六（一八五九）年七月、「死すべき所如何《いかん》」という高杉晋作の質問に応えて言う。「上策は彦根（大老井伊直弼）、間部（老中間部詮勝《まかべあきかつ》）等は、誠実に忠告するに如かず、中策は隠然《いんぜん》、自国（毛利藩）を富強にして、いつでも幕府の倚頼《いらい》（たよる）なる如く心懸くべし」と述べている。これをみても、儒者松陰の幕府に対する規諫主義の精神は終生一貫していた、とみられる。

藩主「狂人の言捨て置け」

ところで「藩政改革意見封事」（以下、「封事《ほうじ》」＝意見書）が、果してうまく藩主毛利敬親の手元に届くかが、注目される。月性はかねて、坪井九右衛門の一派を「藩上司の俗吏」とみていた。「しばしば首脳を更迭することを止めよ」と、月性は「封事」の中で言うが、はっきり言えば坪井一派を避けて、浦靫負《うらゆきえ》、益田親施（＝右衛門介《うえもんのすけ》＝弾正《だんじょう》。一八三三～六四）を首班として村田清風の一党を登用せよということであり、坪井顔山の怒りを買うのは当然だった。

四月十九日付け月性の秋良宛ての手紙に「顔山翁（坪井九右衛門）は鄙説《ひせつ》を喜ばず、議論紛々の由、同志中大いに心配致し居り候」と書いたのは、そのことだった。

そのころ突然、獄中の吉田松陰から遠崎の月性宛てに届いた手紙に「上人、虎口《ここう》を免れたりと世上の大評判、顔山翁英雄の脚色を学ぶの積もりゆえ、迚《とて》も上人を罰せずと僕は頓《にぶ》により安心致し居り候へ共、過慮の輩多く、捧腹《ほうふく》（腹をかかえて、おおいにわらう）に堪えず……」と。そして月性の建白書が藩主の目にふれる前に途中で罰せられて、監獄入りとなれば、自分の好い仲間ができるが、そうならなかったのは残念だ、と逆説的に上人の「封事」が反対派の虎口を免れ、藩主の手元に届いたことを喜んでいる。

では「封事」を手にした藩主毛利敬親は、側近にどのような態度を見せたろうか。「たかが一介の坊主だ、狂人の言捨てて置け」といったと伝えられている。この言葉が事実であれば、「封事」のなかの露骨な幕藩体制批判に対する遠慮からであろう。人材登用、参勤交代の駕籠廃止、江戸藩邸の乱脈費用の追及など藩財政を巡る改革の建白については、捨て置くどころか、次々に「封事」の内容にふれた諭告を発した。

獄中の吉田松陰は、この「封事」を上書した月性の死生を越えた不敵な士性骨にたいし無条件に敬服している。三月の「浮屠《ふと》清狂に与ふる書」（僧清狂。浮屠《ふと》は梵語 buddha の音訳）で月性の倒幕論を批判したが「嗚呼、世能《よ》く上人を誅《ちゅう》する者あらば、固《もと》より合唱して天堂にのぼるべし。吾も亦将《またまさ》に国家の為にこれを賀せん。而して此の人有る無くんば、則ち僕の哀しみ如何ぞや」とため息をついた。

この「封事」の文言は、月性自身が自ら「萩の断頭台に頽頭《たいとう》を載せられるに値する不敵な雑言《ぞうげん》である」と、自覚しており、誅罰を受ける覚悟をしていた。だが時勢の波はすでに維新回天へ向けて、大きくうねっていた。そこに時代を見通す一詩人としての月性の鋭い政治感覚が窺える。

松陰の下田失敗のあとさき

さきの「封事」について月性は「大丈夫なら藩庁に提出してくれ」と、秋良敦之助に託している。藩政を主宰する家老浦靫負《うらゆきえ》の側近として、政情の表裏に明るく、しかも万事石橋を叩く用心深い秋良が、主人靫負にそれとなく諒解を得ていたろうし、好んで月性を断頭台に送るような冒険を敢えてするわけがない。靱負の一党、ひいては藩主敬親も財政をはじめ藩政百般の現状を何とか改革しなくてはと焦っていた時である。「このような直言（月性の封事）の現れることを皆一様に待ち望んでいた」と、村上磐太郎は著書『赤根武人の冤罪』の「月性と秋良敦之助」の項で述べている。

ところで松陰から倒幕反対の「浮屠清狂に与ふるの書」を受け取った月性は、別に松陰に反発して、どうこうといった気配はなかった。むしろ若い松陰の心情に同情し哀れみすらもったようだ。というのも月性は、すでに獄中の松陰の心境を土屋蕭海《しょうかい》（矢之助）や浦家重臣・白井小介（＝白井小助。一八二六～一九〇二）らから聞いており、安政二年二月下旬、萩・大津地方を巡錫、法話したさい、岩国産の半紙一束と薬品類十品を松陰の兄梅太郎を通して差し入れている。

松陰が下田踏海に失敗して江戸伝馬町の獄中にいたとき、見舞ったのは友人土屋蕭海であり、白井小介と連れの宮部鼎蔵であった。とくに四歳年長の白井小介は、松陰と同じ萩出身である。松陰から直接、下田踏海の計画を聞いた時の会合には梅田雲浜《うんぴん》もおり、宮部ら五人だった。

小介は自分の江戸遊学のさい、父から選別にもらった家宝の備前祐定作の名刀を十両で売り払い、宮部と相談して獄中の松陰に紋付き袷などの衣類や布団、半紙などを差し入れた。間もなく萩の獄に戻された松陰は翌安政元（一八五四）年四月一日付けで「白井小助（小介）に与ふ」の書を白井に送った。

「墨水（隅田川）の遊、豪にして楽しく、勢楼（アメリカへ脱出を告げた料亭での会）の別れは悲にして壮なり……回顧すればはや一年、行くには必ず檻車、居るには必ず岸獄……」とのべ、「宇宙に機去り、機来るの窮極はなく……健啖豪語すること、なお去年の如し」と、自分の変化した姿と今の心境を告げている。

そして別紙で、「読書三余説」を贈った。君父の余恩、日月の余光、人生の余命が自分の読書に役立つ、有難い三余である、として獄中での猛勉強の開始を予告している。

事実、野山獄では、冤罪で入獄中の藩士富永有隣《とみながゆうりん》、寺子屋師匠吉村善作《よしむらぜんさく》らの協力を得て獄囚に向けて「孟子」の講義をはじめた。月性はこうした松陰の心情に応えて半紙などを届けたのである。

この年、月性は二月、四月、八月と三度、萩城下にはいり大津・須佐地方を布教している。最初の二月のとき、小林三四郎（のちに熊谷五一）宅に泊まったが、夜中に北条、土屋、中村、杉等も加わって来談し、護国寺社の梵鐘その他の無用の銅を大砲、小銃に鋳るため、宣下勅をだす件などを話し合った。沿岸の防備のための相談である。小林という人物だが、月性は、遊学中に大坂藩邸で会ったことは、すでに述べた。月性の海防策は安政二（一八五五）年の段階で、すでに実践の段階に移っている、といえる。

雲浜・星巌・三樹三郎らの出会い

ところが月性を支援した正義派の前参政村田清風（七十三歳）は「封事」提出の直後五月二十六日、萩・平安古の役宅で死去した。部下の周布政之助《すふまさのすけ》（一八二三〜六四）は八月十一日に政務役を免ぜられ、俗論派の椋梨藤太《むくなしとうた》（一八〇五〜六五）がこれに代わった。その十七日には坪井九右衛門《くえもん》（一八〇〇〜六三）が罪を許され、御用係の座についた。幕末の毛利藩政は、幕府恭順派の坪井・椋梨派いわゆる俗論党と正義派の周布一派（嚶鳴社《おうめいしゃ》）並びに松下村塾グループと対立して混迷した。

明治はじめに来日したロシア地理学者メーチニコフが言うように「明治の革命はインテリゲンチャの下級武士の手で実行された」と。維新回天への動乱は、徳川御家人や直参旗本ではなく、医者、僧侶・神官、文人と下級武士らの勤王志士によって収束された。

異国船の海にもっとも近い越前福井の梅田雲浜（一八一五～五九）、京都で名高い勤王詩人の梁川星巌《やながわせいがん》（一七八九～一八五八）、頼山陽の子三樹三郎《みきさぶろう》（一八二五～五九）、朝廷に通じ、やがて勤王志士を全国にまとめて疾駆した久坂玄瑞らは、いずれも下級武士であり、神官・僧侶、文人、医師らの高い教養があった。

梅田雲浜（1815～59）**肖像**
（小浜市教育委員会提供）

頼三樹三郎は、山陽の第三子、京都で生まれ、号は鴨《ガイ》、古狂生とも称した。雲浜の前に現れた時二十五歳の熱血児である。京摂津で後藤松陰、篠崎小竹に学び、江戸へ出て昌平黌に入学したが、徳川幕府に対し憤慨の念止みがたく、上野の寛永寺にある、徳川家の石燈籠を押し倒したので退学を命ぜられた。二十二歳のとき蝦夷地（北海道）の探検に行き、足掛け四年で京都に帰り、雲浜の名声を知り訪ねた。

雲浜は「彼の言々、悉く熱と力、国を思うの至誠に充《み》ち溢れており、頼もしきわが同志を得た」と、喜んだ。

弘化三（一八四六）年十二月、梁川星巌が、雲

浜の住まいにほど近い所へ、美濃から移ってきた。ある日、雲浜は彼を訪問した。星巌時に五十八歳、雲浜より二十六歳上である。星巌は号で名は新十郎孟緯。十五歳の時、江戸で古賀精里、山本北山に学び特に詩に優れた。妻紅蘭《こうらん》（一八〇四～七九）と共に諸国を遊歴して詩想を練ること二十年、名声は一時に高まった。

門弟のなかには大名もあり、日本の李白とも呼ばれ、京で『文は山陽、詩は星巌』と称された。

雲浜は、星巌が単なる詩人や歌人と異なる、と知った。雲浜が日頃説いて止まない尊王憂国の論と一致していたのだ。識見の高邁さ、風格のすぐれて高いことに雲浜は心から敬服した。星巌も同様に雲浜を見て二人は、生涯固く、手をにぎり合った。京都での勤王運動の力を作りだしたのは、実に星巌と雲浜二人の力と見られている。

毛利藩で最初に梅田雲浜に面識を得たのは、家老浦靱負の家宰秋良敦之助だった。「自分はだれに会っても恐れる人はいないが、梅田雲浜だけには……」と、敬意を表している。その梅田を次の舞台で清狂・月性に紹介したのは、秋良敦之助だった。

獄中の松陰から手紙

月性は日頃、沿岸海防の大事を庶民に説くばかりでなく、一方で儒学者と仏教界との相互理解の促進に気を配ったことはすでにふれた。超然《ちょうねん》から贈られた『護法小品』を版木に彫《ほ》って知己に分け与え、獄中の吉田松陰にも読ませた。また坂井虎山、斎藤拙堂ら儒者の文章を纏めた『今世名家文鈔』八巻を超然上人へ贈呈したのも、儒仏一体を説く月性の願いからである。日本の伝統文化は、神・儒・仏習合によって成り立っているという深い認識からだった。儒者で山鹿流兵学家でもある吉田松陰は安政二（一八五五）年暮れ、野山獄を出て実家杉百合之助方に蟄居の身となった。まだ獄中にあった六月ごろ、松陰は月性宛ての手紙で、次のように語る。

「想うに上人は大声壮語して、勢、山獄を傾け、気、湖海を呑み、草木漁亀をして其の間に遊泳生殖せしめ……林隠士（林道一）猶《なお》、貴地（周防遠崎）に留まり、秋敦介（秋良敦之助）も、また邑（阿月）に在り……」と述べ、周防の月性等は互いに往来して益々気勢を張り、その語声を壮にしているだろう」に、「僕の如きは気も勢いも益々くじけ、その語声の細弱なる、蚯蚓《みみず》の如く、蟋蟀《こおろぎ》の如し」と、獄中のわが身と比べ、自由の身の月性を羨ましがり、一種の焦りの気分を伝えている。

その反面、「然れども平生の志、確然不抜、いよいよ益々同囚と切磋《せっさ》す」と書き付け、「数十年後には獄中から一、二の傑物を産する」と自負と希望を記し、一転して、「上人から松陰をみれば昼間のかがり火、小流の大海に比するがように映るかも知れぬ」と弱音を吐いた上、二転して「しかし幸いに、この松陰を蔑視するなかれ……」と釘をさし、「この書を（秋良）敦之助にも転示して、僕の今日を知らしめられよ……」と、強気をみせている。

明けて安政三（一八五六）年春、松陰が想像していたように月性は、気概十分、阿月の敦之助の斡旋で、領主浦靱負より、槍を贈られる。よろこんだ月性は、この槍をもって近くの真宗円覚寺に立ち寄り、舞っている勢いで襖を突き、大穴をあけたりした。

月性への手紙で松陰は、「林隠士」の消息を気にしているが、林道一は、筑前博多の拳法の達人。安政二（一八五五）年六月末、遠崎の時習館に再訪して長く滞在し、塾生らに剣舞を指導した。道一は詩画の才にも長けており、お別れに塾「時習館」北窓のもと墨筆を揮って『月性剣舞の図』をつくり、月性の気概を活写した。これが今日、月性が剣を奮って舞う姿ありのままの肖像画として残された（第二章三三頁参照）。

安政三（一八五六）年二月七日、京都西本願寺の本山御用僧より、四月六日から一週間、月性に法談せよ、と命があった。次に六月十三日には、大坂長光寺の叔父龍護が、京都に超然上人を訪ね、「御用僧と月性の一件」について用談している。月性の再度の上京の件が話し合われたようである。

月性はつい一カ月ほど前の五月十二日、萩の法座からの帰途、宍戸九郎兵衛（左馬介）と中村道太郎（九郎）、波多野藤兵衛ら嚶鳴社《おうめいしゃ》に所属の三人とつれだって阿月の秋良を克己堂に訪ねた。秋良は不在だったが、月性は自身の上京を目前に控え、周防勤王の所在地を紹介しておきたかったようだ。因みに宍戸と中村とその実弟佐久間左兵衛、それに竹内正兵衛の四人は、禁門の変（一八六四［元治二］年）で敗れて帰国後、俗論党のために野山獄で斬られた。

宍戸は、京都藩邸の留守居役に祗役《しえき》する（主君に従って勤番する）が、月性と勤王の志士らとの集いにしばしば顔をみせ、梅田雲浜の信頼を得るのである。

こうして月性は安政三（一八五六）年七月七日、ついに本願寺御用僧より御用の儀について来状をうけた。八月十日に海路、上京することが決まった。

月性は今、次の課題に挑戦しようとしている。師匠・篠崎小竹がいつサインしたか分からないが、「清狂　小竹」と月性の雅号を墨痕あざやかに大書した愛用の網代笠《あじろ》を小脇に抱えて京都に急ぐのである。豪胆で不敵の月性は、果してどんな人々に出会うだろうか。

本願寺の徴命を讃える

月性を招いた本願寺第二十代宗主広如《こうにょ》上人（一七九八〜一八七一）は、二十八歳で継職し明治四（一八七一）年に死去するまで四十五年間、幕末の幾多の困難を越え、真宗教団の近代化へ努力を強いられた。内憂外患のなか幕府や諸藩の経済的な窮乏が進み、国学振興とともに民族主義思想が生まれ、仏教無用を唱える廃仏論が盛んになった。排仏の動向は、幕末に近くなるほど深刻になった。

この時世のなか、本願寺の財政は六十万両の借財がさらに悪化の一途を辿っていた。尊王攘夷派と幕府を擁護する佐幕派の騒乱が激化したが、双方とも尊王の意向があり、広如上人は巨額の献金をして戦乱から天皇を護る行動に励んだ。同時に排仏の動向が強まるなかで仏教の存在価値を示そうとしたのである。

こうした時、広如上人は、今や毛利藩の上下が名僧として仰いでいる周防妙円寺の月性を見逃すわけがなかった。上人側近の学僧超然《ちょうねん》師から月性の近況を聞いたこともあった。月性は真宗八代目の中興の祖・蓮如上人の掟文に基づく「王法本領の徹頭徹尾」の守徹主義だから本願寺法主としても、「是非とも月性を」と中央招致に徴命したのであろう。

この本願寺の措置を知った吉田松陰と周布政之助《すふまさのすけ》は、さっそく月性に喜びの「送序」を送った。

松陰は、月性の上京の経緯を「浄土真宗の清狂師は、慷慨にして義を好み、天下を仏法を以て村里信従し、その徒（道をふんで行く仲間）内本朝を崇び、外夷狄を憤り、家にいりては孝に、出でては郷に義にして禍福を怖れず、死をかえりみず……これらの事が藩庁に達し、ために議して師をして遍く（仏）法を封内（藩内）に説かしむ。封内漸く化（徳化）せり」と、月性の功績を述べ、「八月、本願寺が師を召した」と。

そして融通の効かない儒者たちが、僧侶（月性）の説法は違法だ、と批判するが、禅、律の諸宗なら令（大宝令の中の僧尼令）違反かもしれないが、在家仏教だから清狂師の浄土真宗は問題ない、と月性を歴史の視点からも支援している。

月性の村内、封内（周防・長門二州）で成功した真宗の功徳《くどく》を天下に施すことを喜び、在京の詩人梁川星巌に次のように紹介している。

「……右藩僧、慷慨義を好み、天下を以て己が憂いとなす者、僕相与《くみ》すること甚だ深し、この僧、事に因りて京に上り、遂に将に門にいたらんとす。面晤《めんご》賜らんこと僕の願いなり」と。松陰は、月性が死去したさいにも、いち早く、星巌に訃報をとばしているが、今回も月性を紹介した。

メリケン踊りの吊灯切る

月性は安政三（一八五六）年八月十日朝、妙円寺近くの遠崎港を海路、上京した。その夜は宮島で一泊し、十一日広島で儒者木原愼斎《しんさい》を訪ねた。ついで鞆津を経て福山に着き、江木鰐水《えぎがくすい》と城西草戸村里正の家に招かれた。江木は頼山陽、篠崎小竹門下の儒学者で、藩主阿部正弘に抜擢され、藩主が幕閣老中に進むと参謀として幕末維新の難局に際し活躍した。

月性は上京の途中、帰郷中の知己を訪ね、互いに時務を語り、情報を集めながら旅程の三倍かけて二十九日に大坂に着いた。

たまたま伊勢の斎藤拙堂も大坂に来ており、後藤松陰は篠崎長平を誘い、船を雇って無尻川に遊び、三十一日には広瀬旭荘（一八〇七～六三）、秋里ら諸儒者も加わって免角楼に舞妓阿清らも来て月性の上京を歓迎した。

月性は京都萩藩邸で旅装を解いた。九月十日、留守居役の宍戸九郎兵衛と連れ立って超然上人を訪ねたが上京しておらず、翌十一日再訪して木綿縮み一反を贈っている。改めて十三日、十七日に超然上人を六条の旅寓に訪ねた。この日は月性が『近世名家文鈔』の中に纏めた四人のうちの一人・野田笛浦《てきほ》（一七九九～一八五九）も一緒だった。

月性は超然上人によって今回の本願寺法主徴命の趣旨を伝えられたであろう。ちょうどアメリカ総領事ハリスが下田に上陸、幕府がその下田駐在を許可した時期だった。日々外圧の迫る諸情勢のなかで「本願寺と全門徒の存在は、こんご如何にあるべきか」について、月性は自分の思想、情念を具体的に文章に纏めることを迫られていた。

それから三日後の九月二十日に月性が勇名をはせる事件が京都三本木の酒楼「月波楼」の宴席で起きた。たまたま城崎で湯治し、伊勢に帰る斎藤拙堂を送る会が開かれた。席には梁川星巌、儒家で画家の貫名海屋《ぬきなかいおく》（一七七八～一八六三）をはじめ、山陽の三男頼三樹三郎、池内大学（＝陶所《とうしょ》。一八一四～六三）、家里松濤《いえざとしょうとう》（一八二七～六三）ら月性を含め、錚々たる幕末の志士が顔を揃えた。

会の呼びかけは星巌門下で尾張一の宮の医師森春濤《もりしゅんとう》（一八一九～八九）である。酒が入り宴たけなわのころ、海防論をめぐって月性と斎藤拙堂の大激論がはじまった。このため、座が白けたため、中村水竹というものが立ち上がって、当時流行っていた大津絵節「アメリカが来て云々……」というメリケン舞を即興でやりだした。

その様子がうまく外国人の姿をまねて、真に迫っており、一堂ヤンヤと興に入った矢先、これを見ていた月性が「馬鹿者！」、「水竹は日本人にして夷狄《いてき》の行をなすものなり」と、怒声を飛ばし、国風を乱すとして、誰の真剣か傍らにあるのを抜いて水竹を切ろうとした。水竹はとっさのことに驚き、みすみす斬られてたまるか、と逃げた。が月性の余憤は収まらず、勢いまかせに吊灯《ちょうとう》を切断した。満堂は色を失って粛然とした。

その瞬間、末座にいた森春濤が「詩が出来た！」と叫んだ。すると星巌が「何、詩ができたとな、これは妙である。だれかあるか、早く燭《しょく》を持て」と。このとき、女どもがやっとひと心地つき、手燭を捧げてきたので、森春濤は筆をとって白紙に七言絶句一首をさらっと書いた。

　風雨　楼頭　燭涙をうながす
　此の筵　今夜　是れ離盃
　君　酔によりて抜く　玉郎の剣
　驚殺す　愁うなかれ　歌哀しむなかれ

座の者皆、この敏捷な風雅の振る舞いに驚き、さすがに怒った月性も、たちまち顔面を和らげ、かって秋良のために作った詩「鉄槍歌」を朗々と吟じて豪快に剣舞を行った。満座の面々も見入り、果ては笑い興じてそれぞれ歓を尽くして別れた、という。

月性はその後、この時作った自分の七言絶句と、さきの森春濤の一首を添えて、「此の二首にて当夕の情況後推察可被成候」と、萩藩庁から許されて松下村塾の再興に乗り出したばかりの吉田松陰に知らせている。因みに森春濤は森槐南の父であり、のち明治漢詩界の指導者となる。

なぜ斎藤拙堂と激論か

この当夜の一件について松陰は義弟の小田村伊之助に「刀は即ち秋良（敦之助）の帯ぶる所、右秋良老生京都別筵の時の事と承る……」と、知らせているが、月性が当夜使用した刀は傍らにいた秋良の刀だったのである。月性が、同封した詩は次のようだ。

心血　空に満ち忠赤凝る
杞憂　此の如し　あに狂僧たらんや
酒間　嫌覬《けんき》　侏儒《しゅじゅ》の舞い
起こって　短刀を把り　吊灯《ちょうとう》を斫《しゃく》す

ではなぜ、月性は海防思想の恩人とも言える斎藤拙堂と激論になり、忠誠心の血が凝って、侏儒《しゅじゅ》（小人のような役者）の舞をみるのに忍びなかった、というのか。毛利藩主にさきに建白した海防五策などで月性は、拙堂の海防論に大きなヒントを得ている。しかしペリー来航と和親条約の締結後に拙堂が公にした『制虜事宜』を月性は批判の対象としたようである。

この著書で拙堂は、要旨「五年を限って開国して仲良く通商し、宣教師を禁止すれば邪教の侵入は防ぐことができる、和親を拒む理由はない……」と、開国論を骨子にしている。踊る中村水竹は近衛家の諸大夫だけに、酔いの勢いもあり、月性にはアメリカへの阿諛追従《あゆついしょう》（おべっかをつかうこと）に見えて、提灯を切ったのであろう。拙堂を送る莚席でもあり、こらえ性のない月性の行動だが、「忠誠心が凝る」の心情を抑えられなかった。攘夷即ち討幕思想の月性には、拙堂の幕府擁護の開国論に妥協できなかったのであろう。この出来事は、たちまち松陰の松下村塾に伝わり、士気を鼓舞する「月性の月波楼における一大快事」として話題になった。

宗主へ「護法意見封事」上書

月波楼の一件から三日後の九月二十三日、一大不幸が起きた。大坂長光寺の叔父住職龍護が急死した。享年六十四。たった十日ばかり前の九月十四日に、月性は霊山において、叔父とともに世話になった京都藩邸の宍戸九郎兵衛らを饗応したばかりだった。葬儀を済ませ急いで上京したのは、宍戸留守居から「斎藤拙堂上京の節、面会したし」との書状が転送されていたからである。月波楼の一件以来、日も経っておらず拙堂翁面会とは、本願寺の方で別に拙堂翁に用件があったようだった。

月性年譜によると、「十月朔日、南禅会にて高談、一座を圧倒す。拙堂、頼三樹三郎、宗長弥太郎、広瀬《ひろせ》元恭《げんきょう》ら参集」とある。（広瀬元恭は甲斐生まれの蘭学者。詩文を野田笛浦《てきほ》に学び、のち時習堂を設けて佐野常民や陸奥宗光に蘭学を授け、維新後京都で官軍病院長を務めた）

この日の南禅会について月性は、松下村塾の吉田松陰に当てた手紙で、「……広氏以下と出でて東山梅林亭に飲む。南禅寺山中の石橋上にて放吟暗誦して、雅興きわまりなし……十一日また（本願寺御用僧の）教宗寺にまみえ、機密事項を論じる。午後嵒《がん》翁（梁川星巌）を訪ね時務を論じ、且つ聞くに諸公卿《くぎょう》の人品をもってす」

この文書は、まことに意味深長である。この東山の南禅会で、斎藤拙堂ら儒者、蘭学者、志士らの前で月性が「一座を圧倒す」るどんな高論がなされたのか、その内容は明らかでない。しかし西欧列強のアジア侵出で危殆《きたい》に瀕した日本は、今こそ立てと尊王攘夷の持論を力説したに違いない。そして十一日の梁川星巌との会談は、討幕実践について朝廷内部の公家たちの意向を探る政治的な動きを秘めているようにみえる。

というのも月性は、この間、南禅会二日後の安政三（一八五四）年十月三日、超然上人を訪ねているが、その日に本願寺広如宗主に、懸案の『護法意見封事』（以下、『封事』と略す）を上呈し、嘉納された。そして翌十月四日、月性は本願寺本殿に呼び出され、「藤陰亭」を住居にするよう命じられた。

そして翌日の五日、本願寺は斎藤拙堂を別館の「翠紅館」に招いて饗応し、「滴水園の記」を委嘱している。儒学者と本願寺との出会いは、月性と超然関係からみて、さもありなん、と理解できる。

七日午後、超然上人を訪ねたところ、月性が本願寺から俸金の給付と昇階にあずかることを知らされた。この時、月性は秋良敦之助を超然上人に紹介している。翌八日に月性は梁川星巌、斎藤拙堂、秋良らと栂尾《とがのお》に遊んだ。内外閉塞の国事について意見交換のあったことは間違いない。

西欧文明と対峙『仏法護国論』

こうした集会の後の九日、月性は京都・東山八坂《やさか》の本願寺別館「翠紅館」に賓客の資格で移り住むことになった。月性は先に『封事』を奉呈したばかりだが、その後の月性に対する本願寺の接遇は並のことではない。月性は心から感謝した。

「意《おも》ハザリキ、校書（ここでは封事）ノ命ヲ受ケ年俸ノ賜ヲ辱《かたじけな》クシ、以テ東山ノ別館ニ寓セシメ、又次ノ選ヲ以テ学階一級登リ特遇優待望外ニ出《いで》ントハ、海岳ノ大恩之ニ報ユル所以《ゆえん》ヲ知ラザル也。コノ頃更ニ命アリ意見ヲ書シテ以テ之ヲ献ゼシム」（利井興隆『国体明徴と仏教』）と。

宗主広如上人は、僧月性を叔父龍護の道友・超然上人の推挙で周防・妙円寺から招請した。月性は広如上人に謁見すると、滔々と勤王の大義を説き、沿岸海防の持論を唱えたので上人大いに、その所説に感心した。そして今回、上呈した『封事』が高く評価されたのである。

月性は『封事』（護法意見封事のこと）を上呈した後の十月末ごろ、その概略を纏めて知友に配った。月性の没後、本願寺が『封事』を再編集して配付した『仏法護国論』の特徴は「窃《ひそか》ニ惟《おもんみ》レハ方今天下ノ憂、」ではじまり、世界史を俯瞰するとキリスト教文明のアジア侵出により日本が植民地化の危機にある。日本国家と仏法を護るには尊王攘夷による中央統一国家形成の実践、海防策の推進以外にないと主張している。長い歴史と伝統文化を顧みつつ、何が必要かを論じている。六千字に及ぶ「護国論」の要旨は次のようだ。

一、ペルリ来航やロシア艦隊が長崎、摂津に来るのは、キリスト教布教の覬覦《きゆ》（望んではならない植民地化）の心をもっており、法（キリスト教）が国民に浸透すれば、国家は「神州陸沈」して仏法も必ず衰退する。

一、永正十一（一五一四）年の昔、ポルトガル、印度沿岸の地を奪い耶蘇教を教え、固有の仏法竟《つい》に湮滅《いんめつ》した。承応三（一六五四）年、イギリスが土人を教化して国と仏法を併せ夷狄（未開の地）とした。国が滅びて、法のみ存在することはない。

一、神武天皇以来、連綿と続く神州国家の歴史があったからこそ、天台、真言、禅、律、浄土等八宗も国とともに発展した。

一、彼ら夷人が国を取るのに二術がある。教（宗教）と戦（武力）だ。厚利と妖教《ようきょう》（キリスト教）で住民の心を奪い、次に兵艦を派遣して属国とするのが手立て。

一、彼（キリスト教国）が二術で国を取るなら、彼らを防ぐには、亦《また》教（宗教）と戦（武力）が必要だ。戦で防ぐのは征夷大将軍であり、列国諸侯である。今の勢い沿岸の愚民、夷狄と相親しみ、かの厚利を啗《くら》い、邪教に蠱《ちゅう》し、変じて犬羊の奴になろうとしている。今日海防の急務は、教を以て教を防ぐのが一番である。

海防の急務　八宗の僧侶よ立て

「法ヲ以テ国ヲ護ルハ、教ヲヨクスルハ他ナシ、民心ヲ維持シ士気ヲ振興スルニアリ。民心維持スレハ、以テ国ヲ護ルヘシ。士気ヲ振興スレハ、以テ夷ヲ攘《はら》フヘシ。何ガ教ヲヨクスル」か。

月性の真宗門徒の教えは、すべて中興法主（蓮如）が作った掟文を根拠にし、他力《たりき》の信心は宗祖（親鸞）の勧化《かんげ》（説き勧めて仏教に帰依させる）が本で、阿弥陀仏の大願業力による。この仏願所成の信心は、衆生往生の正因であり、誰でも後生は浄土に生を得るので、現世において一心堅固、守護・地頭方に向かって粗略の義無く、公事を勤め国家の洪恩《こうおん》を報ずべきは勿論である。

このことが真宗の「王法為本《おうぼういほん》」、「真（浄土）俗（現世の公事）二諦《にたい》」の考えであると力説する。「諦《たい》」は真理、明らかにすることの意。

一、今日ノ公事ノ最大ニシテ、粗略ナクスヘキハ海防ヨリ急ナルハナシ。夷狄は神国ノ寇《こう》（外敵）ニシテ天皇ノ愾《がい》（ためいき）スル所ナリ。

朝な夕な民やすかれと祈る身の心にかかる異国の船、とペリー来航の夏、天皇御製詠の嘆き、ため息に応えて敵する心がなければ、皇国の人民ではなく、墨、魯、英、仏の奴隷である、と月性は考える。

一、今海防ノ急務ハ、教ヲ以テ教ヲ防クニシクハナキナリ。ソノ責ニ任スルモノハ八宗ノ僧侶ナリ」と強調し、人の骨に深く入った邪教の毒の根本を抜くには仏教によって惑《まど》いを解く以外にないと説く。

一、官議シテ仏教正大、八宗ノ僧侶ニ命ジテ所属スル天下ノ民ヲ以テシ、コレニ加エテ宗判ノ権ヲ以テシ邪教ニ迷執スルモノヲ教化解導シテ神州ノ民ニ復ラセルコトヲ職《つかさど》ラセル。ソノ上デ列国諸大名ヨリ四国（日本）ノ辺民に至ルマデ天下ノ宗旨ミナ定マッテ夷狄邪教ノ害、終ニ滅尽《めつじん》スル」と、述べる。

月性は、宗祖親鸞が現世と来世を分けて説いた「真俗二諦《しんぞくにたい》」の教えと、現世では国、社会の規則、法令を守ることが基本という「王法為本《おうぼういほん》」の教説を、幕末の民衆に分かりやすく説明した。「公事の海防が大事」と教える仏教を以て、邪教（キリスト教）を防圧し敵愾《てきがい》の意気を振るい立たせて皇国を維持せよ、という切論は本願寺でも前代未聞であり、月性が唱導した画期的な意見だった。

この『仏法護国論』の版木を刻して知友に頒けた前後のころ、月性は京都東山の「翠紅館」に居て、盛んに勤王志士たちと交流、時代転換へ向け行動した。

第九章

内憂外患制して国家新生へ

雲浜が勤王、海防を月性が分担

日本沿岸の黒船を排除し、海防の大義を実行するのは誰か。今こそ、断固として王城を守護し国家主権を守るべし、と二人の奇傑が動きだした。安政三（一八五六）年十一月十三日、本願寺超然《ちょうねん》上人が、京都東山八坂の翠紅館に清狂《せいきょう》月性を訪ねた。その席に梅田雲浜《うめだうんぴん》（一八一五〜五九）がおり、酒を供して時事問題を劇談した。ちょうどアメリカ総領事ハリスが下田に駐在し、日露和親条約本書を交換した直後だったので、海防と尊王攘夷の実行をめぐって激論したのである。この日、月性と梅田雲浜の面談は初めてではなかった。

その前年秋のある日、月性は秋良敦之助《あきらあつのすけ》（＝貞温《さだあつ》。一八一一〜九〇。長州藩士。重臣浦靱負《うらゆきえ》の家臣）の紹介で、初めて梅田宅を訪ねていた。そのさい梅田が先ず聞く。

「貴僧、酒を飲《や》られるか」

「般若湯《はんにゃとう》（僧家で、酒の隠語）は生来大好物ですぢゃ、ハッハッ」

酒が出て二人は遠慮なく飲み、且つ論じる。烈火のような二人の熱弁の勢いはすごい。月性は言った。

「拙僧は京都に来て大分になります。貴殿は有名で尊名はすぐ承知したが、実は世間の学者たちは、貴殿を凶人だと噂しているので、お訪ねするのがこう遅れました。」雲浜は笑いながら、「世間の学者がみな凶人ならば、天下のことは少しも憂うるに足らないが、世間には善人が多くありすぎて心配なのです。貴僧もその善人の類でござるか、ハッハッハ」月性は頭をかかえ、首をすくめて、「ヤァ、これは参りましたナ、ハッハ」と笑って応じた。

互いに国事を論じ合って大いに共鳴し、知己を得たと、二人は喜びあった。

こうして、この日、翠紅館で二度目の雲浜と月性の密談となった。その結果、雲浜が萩毛利藩を朝廷守護のための勤王運動に動員し、月性が海防策の実行を求めて紀州藩を巡錫《じゅんしゃく》することになった。紀州藩は徳川御三家（尾張・紀伊・水戸）の一つだけに、勤王志士で知られる梅田では、刺激が強すぎる。「はい、拙僧が引受けましょう」と、一決した。

月性が五十三万石の紀州藩和歌山へ、海防強化を遊説し、梅田雲浜が長州毛利藩を勤王運動に引き込むことを決めた。毛利藩が正面から勤王運動とは、めずらしいこと。

梅田雲浜は文化十二（一八一五）年生まれの若狭小浜藩士。本姓は矢部、通称源次郎と呼ばれ、月性より二歳年長。当時雲浜は脱藩しており、京都では、詩人梁川星巌《やながわせいがん》と並んで勤王志士の首領として聞こえていた。

十五歳で京都の「望楠軒」へ、のち江戸で小浜藩儒官の山口貞一郎に学んだ。苦節十二年で青年学者となった。二十七歳のとき、父岩十郎が藩から熊本へ使者を命じられたさい、随行して関西、九州諸国を遊歴し各藩の地理、人情、政治、風俗、物産などを詳しく視察し、実学を経験した。漢学ばかりでなく、国学、兵学、漢詩、和歌も学んだが、主流は「望楠軒」で学んだ山崎闇斎《あんさい》学派の崎門《きもん》学だった。のち滋賀大津の山崎学派上原立斎に学び、三十歳のとき、その娘信子（十八歳）を妻とし湖南塾を開く。一八五二（嘉永五）年、藩政批判の海防策建白等により士籍を剥脱された。その後江戸、長州と走り、尊王攘夷を主張する。

朝廷上達の道ひらく

そのころ雲浜は宮家、公家の有力な家臣に知己を得ていた。有栖川宮家の豊島太宰少弐《としまだざいしょうに》、飯田左馬《いいださま》、鷹司家の小林民部権大輔《こばやしみんぶごんのたいふ》、三国大学《みくにだいがく》、三条家の森寺因幡守《もりでらいなばのかみ》、丹羽豊前守《にわぶぜんのかみ》、中山家の田中河内介《たなかかわちのすけ》らと気脈を通じており、宮殿下や公卿を動かして朝廷へ意見を上達することに努めた。

当時、朝廷において一番影響力の強い人は、青蓮院宮尊融法親王《しょうれんいんのみやそんゆうほっしんのう》だった。その家臣の伊丹蔵人重賢《いたみくらんどしげかた》、山田勘解由時章《やまだかげゆときふみ》の二人が、勤王家雲浜の盛名を知って入門を乞い、師弟関係を結んだ。伊丹の妻は山田の姉であり、二人とも至誠の勤王家だ。ここに雲浜の意見を朝廷へ上達する道が開けた。

武門と朝廷が近づくのを警戒した幕府は、「武家諸法度」で規制したことは、すでにふれた。武家からの願いを伝達する役の伝奏《てんそう》、議奏などの職に大納言や参議を当て、学才と弁舌でチェックするのである。さらに京都所司代が朝廷に関する全てのことを仕切り、武門と公卿の動きを厳しく監視した。

このような徳川の諸制度も、勤王の念の熾烈《しれつ》な梅田雲浜の手で風穴があき、朝廷に尊王攘夷の至誠を直接、上達する道を開いたのである。

青蓮院宮は伏見宮邦家親王《ふしみのみやくにいえ》の第四子として文政七（一八二四）年誕生され、光格天皇のご養子になられた。豪邁闊達《ごうまいかったつ》で文武両道を学ばれ、青蓮院宮を相続され、天台座主となられた。のち還俗《げんぞく》されて中川宮朝彦《ともよし》と称され、さらに賀陽宮《かやのみや》、久邇宮《くにのみや》と改称され、明治十九年大勲位に叙せられ、同二十四年六十八歳で薨去《こうきょ》された。そして当時、内大臣近衛忠熙《このえただひろ》、大納言三条実万《さねつむ》らと宮中の内議に参与された。この間、八・一八クーデターを主導し、尊攘派の恨みを買って浅野家預かりとなったことも。魔王と恐れられた。

梅田雲浜は「翠紅館」での月性らとの会談後、さっそく長州に旅立つのである。安政三（一八五六）年十一月二十四日、京都留守居役の宍戸九郎兵衛より「梅田雲浜の発足は二十六日に延引、明日朝飯後離盃を催すにつき来会されたし」と、月性に書状が届いた。

この宍戸の書中に「周布（政之助）への書状は、この使に渡されたし」とあった。月性が藩参政周布へ、雲浜の萩藩入りを紹介したのであろう。

雲浜と月性の狙いは、高田大和と長州の間で物産交易を行い、これを足がかりにして大藩の長州を、朝廷守護のための勤王軍に動員するという魂胆である。外圧の切迫とともに二人の構想は動きだしたが、最初の構想は、弘化、嘉永のころから昵懇の間柄だった雲浜と秋良敦之助の間で企てられていた。

雲浜が長州に向かった同じ十一月二十六日付けで、萩の久坂玄瑞から月性宛ての書簡が届いた。岳父の杉百合之助宅で芳翰を拝誦して虞渕老師（超然《ちょうねん》上人）との奇遇を喜び、同師の著書『護法小品』を読了、下田の米艦一隻八百人乗り来泊の様は、蓋然《がいぜん》（国家の現状、将来を憂え興奮をおさえきれない様子）の極み、江戸表に西洋学館の建立（蕃書調所か）は天下の人心が羊となった、と訴えた。西欧文明が人心を一匹、一匹の羊に替える、と感想を送ってきた。

毛利藩を勤王運動に動員

勤王運動の展開は、幕末動乱の時代の要請だった。江戸徳川の護衛には、直属の旗本八万騎がある。が京都の朝廷を守護する御親兵は全くない。表の体裁は幕府が任命した所司代や町奉行、禁裏付武家があるが、実態は朝廷を監視して抑える目的で置いたもの。もし朝廷が武を練り兵を蓄えることがあれば、反幕行為として直ちに厳罰だった。

浦靱負（1795～1870）**肖像**
（柳井市教育委員会蔵）

しかし西欧列強のアジア進出は急速である。万一、外国と戦端を開いた場合、皇居が危ない。梅田雲浜は、皇居を守護するため、南北朝以来の勤王の地・大和国吉野郡の十津川《とつがわ》郷士に目をつけた。安政元年から十津川四十九カ村の郷士を集め、大義に奮起するよう熱心に説いて農兵を指導訓練した。

ロシア軍艦が大坂湾に闖入《ちんにゅう》した時に、雲浜は十津川の一隊二千人の強兵を指揮した。たまたま露艦は退去し紀州加太浦を経て、下田へ出帆したので事無く終ることができた。

このとき門出のさいの雲浜の漢詩が有名である。当時、

赤根（禰）武人（1838～66）**肖像画**
（おおすみグループ 蔵）

雲浜の生活は貧苦に喘《あえ》いでいた。十津川隊を率いて出陣するさい、病床の妻信子に残した一詩（「訣別《けつべつ》」）である。

妻は病床に臥し　児は飢えに叫ぶ
身を挺し　直ちに戎夷《じゅうい》*に当たらんと欲す
＊（ここでは幕府をさす）
今朝　死別と生別と
唯　皇天后土《こうてんこうど》*の知る有り　＊（天の神と地の神の意）

雲浜は、皇居守護について青蓮院宮が、かねて朝廷の微力を嘆かれていたことを知っていた。もし外敵が京都に近い若州（若狭）や、大坂等に来るときに備え、比叡山の衆徒を率いて皇居を守護する計画を立て、武芸を奨励し、自ら甲冑、大剣を用意されていた。

このさい、雲浜は皇居を護るには、どうしても大藩の毛利藩の力が必要だ、と考え、月性や京都留守居宍戸九郎兵衛らの手づるで萩藩に乗り込むことにしたのである。

雲浜は瀬戸内を下って周防国に入ると、まず阿月の秋良敦之助邸を訪ねた。秋良は主人浦靫負《うらゆきえ》に従って萩城下に出て留守だった。屋根続きの郷校「克己堂」の道場では、多くの若者が盛んに稽古中で竹刀の音がしていた。

道場では、嫡子の雄太郎や月性の「時習館」から移ってきた赤根武人《たけと》、世良修蔵らが稽古していた。剣道に夢中だった雄太郎は、突然訪れた容貌の凜とした雲浜に対応した。

「父は生憎《あいにく》留守で何時ごろ帰るか分かりかねますが、折角お出でですから、どうぞ」と丁寧に一室に通した。雄太郎は話のうちに父と余程の親友であることが分かり、粗略無く茶菓子など出してもてなした。そして稽古着の背中に雲浜から揮毫をもらい、雲浜は長押《なげし》にあった見事な瓢箪《ひょうたん》を携えて出た。田布施を経て都濃郡戸田の勤王志士で国学者山田靱臣《ゆきおみ》方に一泊、山口から萩城下に入った。

雲浜は先ず藩校「明倫館」を訪れ、学頭小倉尚蔵に会った。正月中旬まで滞在して藩校の教導に協力することにした。藩校に、来訪の学者、武芸者を引き留める慣例があった。

物産交流で坪井を説き伏せる

雲浜は萩で秋良敦之助に会い、自分の計画を詳しく説明した。すると秋良も大賛成であり、坪井《つぼい》九右衛門《くえもん》（萩藩大組士。一八〇〇～六三）に会って見よ、と助言された。

「坪井は家老浦靭負の相談役で、手元役を兼ね、要路の役はこの人が握っているから、この人さえウンと言えば、長州藩全体を動かすこともできる。ただし中々難《むつか》しい人物で、何でも自分の功名にしたがる風がある。ことに彼に指図《さしず》がましい事をいうと、すぐ事が破れるから余程ご注意なさい」と、教えられた。

雲浜は、この難しい相手を説き伏せて、なんとしても毛利藩を勤王運動に動かす決意である。

さっそく坪井との会見の席で雲浜は、先ず内外の時局を説き、挙国一致、聖旨（天皇のおぼしめし）を奉戴《ほうたい》して国難に当たるべきだ、と述べた。そして、

「申すも畏《かしこ》き極みなれども、朝廷は御微力であらせられる。是非強藩が立って朝廷を奉じなければ

なりませんが列藩を見るに、貴藩よりほかに、この大任に当たるものはない。是非、決起して他藩の模範となって尊王攘夷の旗を揚げて頂きたい」

といぅと、坪井は、

「如何にもごもっともだが、かかる国家の大事をなすには、藩に余程の実力と人物がなくては出来ません。到底わが藩は、その任ではない。水戸藩が勤王攘夷の主唱者で一番適当と思われるが如何であろうか。水戸には斉昭《なりあき》公がおられ、藤田東湖は死しても、養成した人材が大分揃っているであろうと思われます」

「いや、実は真っ先に水戸に行って説いたのですが、気合は見えず、がっかりでした」

「では肥前になされてはどうです。鍋島閑叟《かんそう》公は有名な名君ですし、臣下に豪傑が多いと聞きますが」

「鍋島公は人物としては立派ですが、到底天下の事に立つ見込みはありません。どうしても長州藩を措いては他に断じてありません」と述べ、次の理由を揚げて説得した。

「長州藩は御先祖より、勤王の御家柄である。御系統は皇室から出て、朝廷とは浅からぬご因縁がある。藩祖元就《もとなり》公は、陶晴賢《すえはるかた》を討つの詔《みことのり》を請われ、大義名分を明らかにされた人物。また正親町《おおぎまち》天皇のご即位の時は、朝廷が御微力でご即位の大礼を挙げられないので、その費用をご献上された。かかる忠勤の家柄だから、今、国家の非常時に当たり、率先勤王につくされるのは、先祖の意志を継ぐことになる。関ケ原の一戦で不利となり、やむを得ず二百年来、耻《はじ》（恥）を忍んで徳川に膝を屈しておられるが、今こそ会稽《かいけい》の耻（会稽之恥＝敗戦の恥辱）を雪《そそ》ぐ絶好の機会であると考えないか」と、言ってじっと坪井の顔をみると、坪井は、

「お説はご尤もだが、ただしそんな大事は、わが藩では到底覚束《おぼつか》ないと思われる」と、一向に張り合いがない。雲浜は一段と力強く言った。

「勤王の志だけでも、長州藩にはないのですか」と言うと、坪井は、少々むっとした顔付きで、

「それは申すまでもないこと、勤王の志は、長州全藩有しておることは勿論である」

「いや、その御志だけあれば結構です。実は今直ぐ勤王の旗を翻すということは、ご無理かも知れません。まず勤王の端緒を開くのがよいか、と存じる」と述べて、次のような物産交流の案を出した。

長州と京坂地方の物産交流

勤王の端緒を開くには、京坂地方と長州との連絡をつける物産の交流を開始するのが良い。長州は紙、蠟、食塩などがある。これを大坂で販売し、五畿内の物産、たとえば織物、茶、小間物、薬種、材木などの産物を買い入れて長州藩内で販売する。ことに材木などは大船や軍艦の建造には、是非とも大量に必要である。用務で公然と往来ができ利益が得られるばかりか、有志の士を入れて常に天下の形勢を視察できる。一朝機会が到来すれば、直ちに決起できる。それに各藩の勤王の軍や兵糧その他の物資も供給することもできる。まず当面は、交易の道をひらいたらどうか、というわけである。

この提案に、坪井も身を乗り出してきた。

「それは面白い。しかし物産を上方へ販売する道を開くに、一切世話してくれる人がいるだろうか」

「それは拙者の親戚で大和高田の豪商村島長兵衛という者がいる。大和には材木が多いが、この者の手で搬出は容易である」と、雲浜が応じると、坪井は大満足で、

「宜しい。委細承知しました。さっそく重役と談合し、藩主の裁可を得ることにしましょう。梅田殿、この上とも何分ご尽力をお願いいたします」

ここで雲浜と長州との物産交易の相談は纏《まと》まった。毛利藩主敬親《たかちか》公も喜んで賛成し、直ちに着手せよ、と命じた。

雲浜は萩城下に逗留中、松下村塾で子弟を教える吉田松陰を訪ねて、一詩を与えた。この時、雲浜と面会したことが、のちに松陰が死刑宣告文を受けた罪の一つにあげられている。

松陰は安政四（一八五七）年正月十六日付けで親戚の久保清太郎に送った書簡で次のように述べた。「去臘《ろう》（十二月）、京師（みやこ）の梅田源次郎来遊、正月中頃まで逗留致し候。満城（萩全体が）心服の様子に相聞こえ候。松下村塾の額面も頼み候て、出来申し候」と。

その標札を雲浜が書く所にいた品川弥二郎（のち内務大臣子爵。一八四三〜一九〇〇）は、その時十四歳だった。松陰は雲浜が来たのを喜び、標札を書いて貰いたいと頼み、品川は墨を摩れと命じられた。雲浜が達筆を揮《ふる》うのを目の前で見た、と品川は後に人に語っている。長州が錦旗を作り、「宮さん、宮さん、お馬の前にひらひらするのは何じゃいな……」の日本初の軍歌（行進曲）まで整えた、あの品川弥二郎である。

雲浜は、萩出府中の阿月領主で家老浦靱負《うらゆきえ》にも会って大いに語った。浦は尊王攘夷で皇権回復のために藩政の中でも努力しており、雲浜とも意気投合した。

正月十四日、雲浜は多くの人に見送られ萩城下を去り、関門海峡を越えて博多に行き、そこで北条右門、平野二郎（国臣）ら熱血の奇士と語り合った。帰途、かねて入門を希望していた周防阿月の月性門下赤根武人《あかねたけと》を伴い備中浅口郡連島の素封家三宅定太郎《みやけさだたろう》を訪ねた。三宅は南北朝時代の忠臣児島高徳の後裔《こうえい》で雲浜と義兄弟の契りを結んでおり、今回の長州行きの旅費は彼が支出した。ここに二、三日逗留して二月上旬、京都の家に帰った。

雲浜の家事を手伝う姪登美子の話では、帰りを待ちかねていた月性、梁川星巌、宍戸九郎兵衛や大楽源太郎（月性門下）、神代太郎（萩藩目付役）等が、相次いで訪ねて来たという。

やがて五月、長州藩は雲浜提案の物産取引に着手するため、京都留守居役宍戸九郎兵衛を物産取組内用掛に、さらに坪井九右衛門に物産御用掛を命じた。坪井はまもなく、京都にやってきて雲浜と打ち合わせの上、取引は盛んに開始された。

尊王運動の根城「翠紅館」

梅田雲浜から萩での「物産取引」の次第を聞いた月性は、大いに喜んだ。

次は月性の紀州遊説の番だが、安政四（一八五七）年二月下旬、本願寺の用件で伊勢に向かった。用件の内容は、はっきりしない。途中迂回して月ケ瀬の梅をみて三月一日津城下に着いた。十七日まで斎藤拙堂の家に留まり書を乞うている。この間、月性は日々、土井聱、河村貞蔵、拙堂らと時務を論じた。土井は松陰文稿を総評し、五言絶句を評したりした。そのうち京都の宍戸九郎兵衛から松陰の書状が転送された。松陰の『回顧録』二冊は、写しを津藩校に置くことにした。

伊勢へ出発前の二月はじめ、月性は超然上人に手紙を添えて、拙堂の著書『俗語考序』を送っている。帰京後の三月二十五日、超然上人が「翠紅館」に月性を訪ねたが、月性は不在で居合わせた赤根武人に斎藤拙堂の贈品『天烟研余課』一冊と扇子四面等を託している。こうした月性の行動は、儒学者と仏教者との相互理解を促すための意図された交流の一環であろう。

さらに同じ日、月性は、京都留守居役の宍戸九郎兵衛から「急に議することあり、万春楼に来たれ」との来状をうけた。その同じ日に梁川星巌が妻紅蘭と東山に花を賞し、そのあと月性を「翠紅館」に訪ね、ともに詩を賦した。多事多端の一日である。

実は、月性が伊勢出発前の二月三日、のちに「安政大獄《あんせいのたいごく》」に連座して江戸を追放された土浦藩の儒学者藤森天山（＝弘庵。一七九九〜一八六二）が入京すると、月性はさっそく書を乞うている。そして梁川星巌、頼三樹三郎とともに酒店に遊んだ。藤森はペリー来航にさいし『海防備論』を著し、さらに『芻言《すうげん》』を徳川斉昭に呈している。海防僧月性にとって大事な知友だ。

さらに「月性年譜」を見ると、

「藤森天山が三月二十七日、上京してきて突然、翠紅館へ月性を訪ねた。山田勘解由《かげゆ》（青蓮院宮家臣）、松田縫殿《まつだほうでん》、家里《いえさと》（斎藤拙堂門下の家里新太郎）らも期せずして来会、鴨東の名妓来葉も偶然来る。宍戸九郎兵衛、神代太郎（萩藩目付）もつづいて来て、盛会なり」とある。

月性が賓客として逗留している本願寺別院・翠紅館は、あたかも勤王運動と海防問題をめぐる秘密本部のようである。

さらに四月三日に本願寺は翠紅館で藤森天山、梅田雲浜両人に酒を供した。両人に『大谷記』の作成を命ぜられたによる、という。『大谷記』の内容はともかく、その陪接は月性のほか、教宗寺（御用僧）、超然《ちょうねん》、恩成房《おんせいぼう》等だった。藤森、梅田二人の勤王の志士を主賓にしての「翠紅館」会談は、月性の仲立ちで初めて成り立つものであり、本願寺学林と尊王攘夷運動との関係が大いに深まったとみてよい。

海防推進で紀州へ決行

梅田雲浜は、この日の「翠紅館」会談の席に姪登美子を連れていた。「今日からわしを父と思え」といって、十四歳の秋、郷里の小浜から引き取って安政四年には十六歳になった。家には諸藩の人々が頻繁に出入りするので登美子は取次接待に忙しかった。ときに雲浜は、古今東西の賢夫人の話を聞かせた。中でも、「明智光秀の娘で細川忠興の妻（後の細川ガラシャ）となった婦人は、後の亀鑑《きかん》（模範。てほん）である、武家の女は誰もあのようにありたい」と、教えた。

長州屋敷の稲荷祭りに招かれた時も、雲浜は登美子をつれて行ったが、この日も「翠紅館」に登美子を連れて藤森天山とともに月性を訪ねた。そして西本願寺の門跡に会い、大きな菓子を貰った。門跡に会うのは容易ではないが、藤森も梅田も天下に聞こえた人だから、月性の取りなしがあったのである。

登美子は、松阪屋清太郎が調達の裃を付けた梅田が、青蓮院宮尊融法親王《しょうれんいんのみやそんゆうほっしんのう》に謁する前の姿を墨絵として残した。時を経て登美子は、ご縁の家臣山田堪解由《かげゆ》時章《ときふみ》と結ばれた。

月性の伊勢御用旅行を含めて、儒学者たちと西本願寺側との交流盛行、勤王運動と沿海防衛をめぐる情報交換は、「翠紅館」を舞台に終始していた。そして月性はいよいよ徳川親藩の御三家紀州へ海防策強化を勧めることになる。

この月性の紀州での海防論遊説《ゆうぜい》は、先に述べたように雲浜が長州に下る前にすでに決まっていた。月性は四月五日、十二日と超然上人を訪ね、次いで十五日に「南紀一件」を議している。紀州遊説についで本願寺側の意向を打診した。

本願寺から許しがあった。が「この件は、法主の命に非ず」と。いわゆる使僧の資格ではないので、少しの旅費と旅先の便宜をうけて単身乗り込むのである。斎藤拙堂門下の家里新太郎が「紀州藩に書を読み、慷慨の志をもち、時務を論じる小浦某がいる」と言うので、渡りに船と紹介を家里に依頼していた。

ところが小浦某は四月末に江戸へ転勤という知らせがあり、急いで旅装を整え、安政四（一八五七）年四月十八日未ノ刻（午後二時）ごろ、京都を出発した。約一カ月間に及ぶ紀州遊説である。

途中、綿密に情報収集

使僧でないので旅装は地味に、束帯用の上着には六字尊号一幅と、萩藩先君邦徳公（毛利斉元）手書並びに袈裟《けさ》直衲《ちょくのう》（ころも。僧衣）一領と、別に筆硯、それに友ケ嶋の地図を持った。雲浜が恵んでくれた単衣《ひとえぎ》、これは松陰が梅田に贈ったものだが、これを衣《き》て、さらに浪速の名妓阿清がくれた破れた袍（上着）を表にかぶる、といった格好だ。

月性は自ら『南紀行日記』に、途中、まず大坂城代に会い、畿内の海防情報を取材した時のことを「堂々大番（大坂城代）に赴き、国家の大事を議して以て王畿を守り固めんと欲す、狂《きょう》（月性）亦甚《また》だしき哉」と書き付け、自らの姿を狂体《きょうたい》と書きとめた。

月性が伏見から淀川下りの舟便に乗ったのは十八日の真夜中で、大坂の浜八軒家に着いたのは明け方の五時ごろ。

十九日、陸に上がり城代（大坂城代）邸に行き、公用人大久保要を訪ねた。大久保は土浦藩士で尊王攘夷派の水戸藩士と往来し、会沢正志斎、藤田東湖らと交わりが深かった。藩主が大坂城代赴任のさい随行し、大坂湾沿岸の防禦策に力を尽くしていたのを藤森天山から教えられていた。翌二十日、藤森天山ら諸儒と会談後、信濃楼で送別の酒宴を開いた。宴たけなわのころ、大坂まで同行した萩藩士三人が突然、槍で演舞して月性の門出を飾った。

翌二十一日、午後出発、途中の積小館で藤森天山と小橋多助を待つと、たまたま松坂の人世古恪太郎《せこかくたろう》、土佐藩士福岡孝弟《たかちか》らと来会。世古は儒学を斎藤拙堂、国学を足代弘訓《あじろひろのり》に学び、尊王派の豪商として三条実美《さねとみ》の知遇をえていた。翌安政五年の水戸藩への降勅事件へ関連して「安政大獄」に連座するが、月性はこの日、世古から禁中の情実、その他機密事項を聞いた。のち小橋らと大坂南郊の免角亭で食を喫し、藤森翁と住吉までともに歩き、三文字亭で別れの酒杯をあげた。このように紀州藩入りを控え月性は、用意万端、最後のぎりぎりまで勤王運動の実情と海防に関する現地の情報収拾に余念がない。『上人年譜』の記録でみると、二十二日、雨の中、早朝に高石駅を出発して夕刻和歌山城下に到り、真宗本願寺派鷺森別院に入る。輪番円光寺等と会い、客館に宿る。

友ケ嶋地図で防禦説く

二十三日（安政四［一八五七］年）。頼三樹三郎の書を持って藤堂英弥太《とうどうひでやた》を訪ねる。藤堂は山鹿素水《やまがそすい》に兵学を学び、機械を製造し紀州に来て大砲を鋳造して知られた。月性が後に会う菊池溪琴《けいきん》に招かれ、農兵場の師として来た延岡藩士鈴木孫八郎が同席しており、国家の時務を論じた。

帰路、倉田亀之助を訪ねて家里新太郎の書を届け、明日同行して小浦惣内氏を訪ねることを約す。小浦はかって斎藤拙堂の門に学んだことがある。

二十四日。午後、小浦氏を訪ねる。伊勢松坂代官、のち勘定吟味役となり、近日、禄を増加して江戸幕府に赴くところだ。月性が来ると聞いて旅装中の多忙を排して面会する。容貌雄偉、軽々しく笑語せず、胆識《たんしき》あっぱれで人を抜く、とみた。

たまたま友嶋奉行松平九郎左衛門が来会。月性は雲浜から贈られて持参した友ケ嶋地図を開いて、「海防の素論」を述べ防備の術を策す。月性は言う。

「鳴門海峡の守りを厳重にしなければ、夷狄軍艦の大坂湾侵入は易々たるもので、若し一度大坂が脅かされるなら、京都の皇居は、忽ち危険にさらされる。これを防ぐには一に紀州藩の責任であるが、貴藩が天朝につくし奉る唯一つ無二の奉公は、この防備においてない」と、日頃の蘊蓄《うんちく》をかたむけた。

議論は反復したが、友嶋奉行は月性の説に服した。月性は友ケ嶋地図を破り、「この図で再び論じることはしない」と、述べた。友嶋奉行の立場を尊重したのであろう。小浦惣内は、「海防の素論を書き物にして示すように」と望み、月性も了承して辞した。

二日二晩がかりで「素論」を脱稿する。小浦から「素論を回付されたし。政府の者を広く集めて上人の議論を聞く席を設けたい」と言って来た。月性は、詩人として有名な有田・栖原の菊池溪琴に会い、深く海防を論じた上で政府諸要人と議論したいので宜しく、と倉田を通して答えた。

二十七日。「海防素論」を倉田に手渡した。その日、「政府執政当役白井忠次郎が月性に会見したい」との意向を上田吉兵衛が知らせる。

二十九日。朝、雨中を小浦惣内が江戸に出発した。小浦が月性の「素論」を一読して感服し、政府に呈するため、和尚（月性）を煩わし、もう一通を写して江戸に送って欲しい、と輪番円光寺から伝えられた。

藩老「法で法を防ぐ」論に感服

五月一日。午後二時ごろ、上田吉兵衛家へ行き、家人に法話する。吉兵衛、月性を誘って白井家に赴く。同僚の茂田市十郎が来会。二人とも藩の良吏だ。月性が加田海門の防備を論じ意見を詳しく述べる。二人は国益になるとして感心し、夜になって酒を供す。議論激するなか、白井が月性に居留を聞く。月性は、「今回の紀州旅行の初志は、小浦氏に見参して加太嶋守備を論じ、拙策《せっさく》を献じてそれで已《す》む。その説を用いるや否やは、君等諸人にあって、自分の知るところではない。初志を遂げたので明日、京都に帰る」と、言った。すると主人が言う。

「二、三日当地に留まって頂きたい」と。つまり諸方へ音信し、その上で月性の論策を決めたい、と。

そして三日。「午後四時、勘定奉行水野《みずの》藤兵衛《とうべえ》殿屋敷へ、月性師同伴で参られ候」との書状が、上田吉兵衛から輪番円光寺に寄せられた。夕刻、吉兵衛をさそって水野氏へ至る。水野氏は温厚老練、月性も肺腑を披《ひら》いて、国事を論じる。

水野邸を訪ねた翌日の五月四日は、和歌浦に遊び、翌五日は風邪気味なため、宿坊に引きこもり、輪番と歌論をたたかわした。その時、上田吉兵衛から、「明六日、執政久野丹波守純固《くのたんばのかみすみかた》が、月性を引見する」という、便りが届いた。願ってもない嬉しい話だ。京都での席で梅田雲浜が、「紀州の家老久野丹波守は中々話せる人物だそうだ、この人を訪ねて行ったらよかろうと思う」と助言があった。その久野丹波守に面談したときの模様を月性は、六日付けの日誌に次のように記している。

「今、友ケ嶋、熊野海岸防備、緩急利害あるを論じ、慷慨劇談、膝前（自然に膝が進むこと）を覚えず、太夫の膝又前尺ばかり、深く余の志に感じて曰く。方外（僧侶）の人、憂慮やかくの如し、我輩肉食（高官）は素餐（草莽）に恥ずべきかと。封事（先に本願寺へ上書した護法意見封事）を示したところ、亦再三復読し、感服の余り、これを同列の志ある者に示す。而して、教えを以て教えを防ぐ論、今時の情実に最切、われ甚だその識の高遠なることに服す。同志とともに相謀りたきもの、或いは上人を煩わすことあらんか、しかれば幸いに国家のためその労に任ぜられんことを」と、久野藩老が言えば、月性は応えて言う。

「あえて請わざるのみ、固く願う所也」。

「且つ太夫は、菊池孫助（渓琴）を訪い、辺備策略を議論せんことを勧める」と。

藩老久野丹波守は、月性に対し、菊池に会って付近の海防世策を検討してみて欲しい、と勧めている。月性にとって願ったりかなったりの良い機会だった。しかし紀州藩に招かれることは、謝絶している。

月性はこの夜、久野邸（現在の和歌山県庁跡）を出たあと、吉兵衛の家に誘われ、家人が揃えた肴に冷酒を温め、四方山話で夜中となる。吉兵衛宅に泊す。

五月七日。帰坊。吉兵衛が書を寄せ、水野、白井の感謝の伝言を告げ、久野太夫は人を使いとして昨夜の参館の労を感謝し、小絹の便面（扇の一種）を寄せて詩を書くよう依頼される。

八日、朝。権現山の天満宮に詣で、ついでに一段と高所にある徳川家康と紀伊頼宣を祀る紀州東照宮に参詣した。輪番と吉兵衛と藤堂に挨拶し、和歌浦で舟を雇って海上三里先の塩津に行く。栖原浦に出て菊池渓琴《きくちけいきん》を訪ねる予定である。

菊池の海防実践に驚く

菊池渓琴については、勘定奉行水野藤兵衛を訪ねたさい、詳しく聞いていた。当年五十九歳。有田郡栖原生まれ、号を海荘、渓琴、漢詩人として有名。農商を兼ねて甚だ富裕、江戸の店舗に往来し、書に巧みで隷書《れいしょ》に長じた。広瀬旭荘、梁川星巌、藤田東湖、佐久間象山、斎藤拙堂、野田笛浦《のだてきほ》ら錚々たる儒学者と交流をもっていること。自ら武技を好んで慷慨の大志を抱き、早くから海防の必要を説いた。天保七（一八三六）年、米価の高騰で天下に餓死者が続出のとき、菊池は京坂地方を奔走していた。大塩平八郎らと謀り、献策が入れられなかったので。直ちに私財を投じて土木工事を起こし、坂道の切り下げ、港湾の改修工事などを手掛けて窮民に職を与えて社会救済の模範を示した。

紀州藩侯は、この菊池の美挙に対して感服し、俸若干包を下賜した。執政の久野純固《すみかた》（一八一五～七三）も菊池と親睦を重ね、重要な内外の諸政策については、施行のまえに菊池に諮ったという。最近は外国船が近海に出没し、世上ようやく騒然としてきたので、紀州藩は菊池を有田日高両郡の文武総裁役に任じた。菊池はこの二郡の青年を集めて農兵を組織し、また邸内に道場を設け、剣法、兵式、槍術、砲術の師を招聘して、これを訓練している、と。

月性は、勘定奉行の水野から話を聞くうちに、さっそく菊池を訪ねたいという気分になり、胸を締めつけられる思いがした。

五月は、まさに柑橘《かんきつ》の花の季節、香気天に薫《かお》り、本州橘子の名、天下に高し、と。月性は柑橘の特産風景に目をみはっている。溪琴は、当地きっての豪族だから屋敷はすぐわかった。面積五百八十余坪、土塀に囲まれ屋敷の一画は全部が柑橘と菜園だが、中に鹿島祠を祀っている。溪琴は迎えて言う。

「数日前、久野太夫から尊台が城内に見えたので、僕の出府を命じてきた。たまたま所用に妨げられ、太夫の好意に従うことができなかった。畢生の遺憾事だと思っていたところ、尊台のほうより錫杖《しゃくじょう》をはこばれ、感銘これ何をか加えん」と。

丁寧に座敷に招じ、時務論の聞き手に村の称名寺の住職も呼んで宴席を設けた。開港か攘夷かで世間がやかましくなった時、溪琴は「海防攘夷」を唱えて紀伊藩老久野純固《くのすみかた》に、海岸の防備を献策し、京都の諸公卿の邸に出入りして紀淡海峡の防備について陳情した。そして私邸に稽古場を設け、千疋谷に射撃場を築造して銃砲砲術の訓練もしている、という。嘉永六（一八五三）年には湯浅組の大庄屋数見清七と相談して大砲の鋳造に奔走し、広浦天王に配備した、と。

月性は溪琴の海防理論と、その先進的な実践力に感心した。すでに嘉永三（一八五〇）年二月、藩主に『海防建議』を上書している。つづいて同六年『海備余言』を藩老丹波守その他に贈呈し、安政二年『海曲虫語』を上梓した。月性は同夜、溪琴から『海曲虫語』を借りて読んだ。溪琴邸に泊まる。

九日。曇り空だった。湯浅湾の海浜を歩いて形勢を巡覧。帰路、真宗極楽寺に詣《げい》す。寺主石田冷雲は、詩を溪琴に学び才名があった。先の勅宣を聞き、藩府に梵鐘を大砲の銅料に供しようと請うて許された。この日たまたま冷雲は上京して不在。溪琴甚だ遺憾となす。別れに溪琴、金を封ずるも月性は受けなかった。

月性の紀州への旅は、これで終わった。五月十日、和歌山に帰り、さきに久野太夫依頼の絹の便面《べんめん》（扇の一種）に漢詩を揮毫した。帰途、堺で宿を求めたが、風格が悪いので拒絶された。でも月性は、今回の南紀行で「やれるだけの事はなした」との達成感に満ちていた。

格別世話になった本願寺鷺森別院出入りの商人上田吉兵衛に告別。続いて道々に白井、水野、久野太夫、小浦らの諸家を巡り名刺を投じて告別の挨拶をした。

五月十四日、大坂の今は亡き師篠崎小竹の家、後藤松陰、広瀬旭荘の諸儒家を弔問して夜遅く、八軒家浜で舟に乗り、翌十五日早朝、伏見を経て無事京都に戻った。約一カ月の紀州旅行だった。

南紀遊説の始末と心配ごと

この月性の「南紀行」は、梅田雲浜に「是非に」と激励され、超然上人の手配で南紀加田浦で輪番円光寺の世話になり、行く先々で斎藤拙堂の門弟たちの紹介があり、用意周到の上での成功といえる。これに先立つ三月の本山御用の伊勢紀行も、実は南紀行成功のための布石だったともいえる。

とくに藩老久野丹波守から「法を以て法を防ぐ」海防攘夷の基幹思想を高く評価され、月性は海防僧としての面目を施したといえる。海防強化と同時に、一般大衆の法、仏法の信仰強化こそが大事という月性の『仏法護国論』が理解されたからである。

京都に戻った月性はまず、円光寺に御用僧教宗寺を訪い、与えられた命令を果たしたことを復命、輪番太夫への復命書を提出した。続いて訪ねた梅田雲浜は大喜びして、厚くその労をねぎらった。次いで家里新太郎（斎藤拙堂門下）、邸監宍戸九郎兵衛を訪ね挨拶した。

月性が紀州藩の遊説で成果を収めたことは、京洛の志士で誰一人知らぬものはなく、宴会の席では、酒盃がふるほどのもてようだった、という。

しかし一方で和歌山への旅行中、いつも気になったことは郷里のこと。四月十八日朝、出発の日に国元の母尾上に赤根武人の代筆で手紙を送ったままである。清狂草堂・時習館も事実上閉鎖となり、塾生世良修蔵や赤根武人らも別々の活動をするようになっていた。吉田松陰にも三月、伊勢津に転送されてきた手紙（正月二十六日発）を見て以来、音信していない。月性は二十三日、京都に戻って先ず松陰へ手紙を送った。三月の津城飛錫《ひしゃく》、続いて今回の南紀一件についてである。三月伊勢では、松陰の『回顧録』を伊勢の津藩校「有造館」に写しを置くことにしたこと、金子重輔（＝重之輔。一八三一～五五）を哭《こく》する詞が集まったことなどを知らせたのである。

月性の南紀行中、西本願寺では、蝦夷地箱館平野の一部開拓計画案に使僧四人の中の一人に月性を予定した。月性は帰国申請が受理され、閏五月十五日に本願寺から御免書がおりた。直後に北海道開拓使僧の問題が起きた。

月性は本山門主の召命で上京してすでに十カ月が経った。遠崎の叔父周邦から、帰国を催促する書状が再三あり、「惣門徒の手前相済まぬこと、呼び戻しの人を上京させる」と切羽つまった厳しい文言である。

月性を蝦夷地に派遣する構想は本山内部の保守派の陰謀であったようで、この構想は潰れた。超然《ちょうねん》上人の配慮があったのである。そして宗門改革は、のちに月性の門弟僧大洲《おおず》鉄然《てつねん》や私淑する周防の僧徒・島地《しまじ》黙雷《もくらい》、赤松《あかまつ》連城《れんじょう》たちによって燃え上がり、廃仏毀釈に抗して明治となり近代化へと進んだ。

第十章

皇国の大変革に備えよ

一年ぶり遠崎に帰る

京都東山八坂の本願寺別院「翠紅館」に、賓客として住む月性の耳には、「本山の僧として何故、海防などの兵事にたずさわる必要があるのか」と、本山保守派から快《こころよ》しとしない怨嗟《えんさ》、非難の声が聞こえていた。月性はかまわず、口々の謗《そし》りを新蟬の鳴き声と聞き流した。紀州行きの議論は、すでに竭《つ》きている、として単身、決行の決意を示していた。その決意の背後には、今、祖国は、外圧の戦火が及ぼうとしている。防災の努力は、一介の僧だから、といって避けるべきではない。何故かと言えば、

「仏法無上トイエドモ、法独リ存スルコト能ハズ。国存スルニヨッテ法モ亦建立スルナリ……未ダソノ国滅ビテ、法独リ存スルモノハアラザルナリ」という月性の根本思想からみて、

「国難を見捨てて、どうして、そこに護法の成果があり得ようか。護法即護国論は、具体的には外国から侵略を守る海防策の実践を前提に論ぜられるものであり、その議論は梅田雲浜との間で竭《つ》きている」と言っている。この考えは本願寺門主の側近超然《ちょうねん》上人によく理解されており、月性は蝦夷地

派遣を免れたのである。

安政四（一八五七）年、月性は閏五月二十九日、九条尚忠関白殿下太夫白井某より招かれ、本山家老の同伴で参上し、夜は予定通り、頼三樹三郎《らいみきさぶろう》の頼家が、月波楼で主催した梅田雲浜、巽、池内、その他の儒学者たちから別れの飲餞を受けた。

池内大学（＝陶所《とうしょ》。一八四一～六三）は、京都の商家に生まれた儒学者で朝彦《あさひこ》親王（青蓮院宮）や公卿に講じた。安政五（一八五八）年の条約勅許、将軍継嗣問題が起きると、梅田雲浜等と協力して、水戸藩のために奔走した。また巽こと春日潜庵《せんあん》（儒学者。一八一一～七八）も京都の人で勤王家。代々久我家《こがけ》（村上源氏の一流）の諸大夫を務める。陽明学を学び、大塩平八郎、佐藤一斎、梁川星巌、横井小楠《しょうなん》（一八〇九～六九）らと交遊があり、安政の五カ国条約に反対して安政の大獄に捕らえられた。のち釈放され、慶応四年、大和鎮撫久我通久《こがみちつね》（一八四一～一九二五）総督の参謀を務めた。こうした人々からお別れの盃を受けたことにも、僧月性の勤王家ぶりが窺える。

梅田雲浜は六月六日、「月性防州に帰るを送る序」を作った。月性も帰国を控えて、池内大学に西帰を送る文を乞うたり、また南画の名手小田海僊《おだかいせん》、桂花外史謙、頼山陽と親交のあった勤王家で鳩居《きゅうきょ》堂《どう》（筆墨香具商）七代目の熊谷直孝《くまがいなおたか》（一八一七～七五）ら数人の知友を訪ね、書画を乞うた。また京都町奉行の浅野長祚《あさのながよし》（書画に通じたが一橋派とみられ、翌安政五年小普請奉行に左遷）が超然上人の書を求めてきたが、月性はこれを教宗寺（御用僧）に託した。勤王家との交友だけでなく、京ならではの文芸諸家との交際の広さを見せている。

こうして月性は七月早々、京都を発って淀川を大坂まで下り、船に乗って瀬戸内を下り七月九日、遠崎の妙円寺に帰った。一年近くに及ぶ上方での活躍だった。

「住職帰る」で遠崎の妙円寺では、やっと檀家との仏事修行も常態にもどり、明るい灯がついたように家族との生活も平常にもどった。

八月には星巌の妻梁川紅蘭《こうらん》が、月性の帰国を巡って一詩を寄せてきた。また萩の吉田松陰からも、野山獄の囚人免獄、救済運動が成功し、同囚だった富永有隣《ゆうりん》（一八二一～一九〇〇）を村塾の教師に迎えた。実家の杉家の幽室を開放され、松本村の村塾で青年たちの教育を起こすことにはりきっている、と近況を伝えてきた。

母尾上の死、松陰の弔詞

また十月二日、叔父周邦は上京して旅館金孫に超然上人を訪ね、月性の書を寄せている。周邦は、月性が方々の楼に残してきた飲食費の支払いもあったようで、超然上人の月性宛て書状を携えて同十二日帰途についた。広島藩医の木原愼斎から「土屋（蕭海《しょうかい》）の文章が長足の進歩を遂げた」などと、月性は旧交を温める書に接したりして、平穏な秋の日々だった。

ところが十二月一日、妙円寺に急変が起きた。母尾上（六十七歳）の発病である。手当てを尽くしたが、その甲斐もなく四日後に死去した。月性にとって掛け替えのない母。「老母をのこして、敢えて出郷して儒学の勉強、塾開設、国事に奔走」といった、この十五年間が無念に思えた。親不幸を重ねたことが、今になって月性の胸の底からこみ上げるのである。

十二月二十四日、月性は、母の死去にたいする吉田松陰の弔文に謝し、あわせて妹文が、久坂玄瑞との婚儀がなったことを賀《が》している。二人の結婚は、月性が実質的な仲人役でもあった。木戸小五郎（のち孝允。一八三三〜七七）も考えたが、玄瑞で良かった、といっている。

年を越えて安政五（一八五八）年正月十日、松陰は手紙を月性に送り、母の喪に服するのを見舞い、同時にアメリカの侵出を警戒し、憂慮している。

「幕府はいよいよ墨夷（アメリカ）に降参、属国に甘んぜられ候につき、各々毛利の称号に墨に汚れぬ工夫のみ夜ひる塾中にて工夫仕り候。六十四カ国（全国）墨なり候とも、二国（周防・長門）盛り返し候よう仕らずでは、日頃の慷慨も水の泡と存じ候」と告げ、よそからの贈り物だが、海苔《のり》少々おすそわけする、と別記している。

このあと松陰は、長門船木に住む門下佐世八十郎（後の前原一誠。一八三〇〜七六）に告げて次のように言う。

「幕府もすでに墨夷のコンシュル（総領事ハリス）に天下を任せられ、属国に甘んぜられるよし。世間はともあれ、わが二国の君子は万々不同意は申すまでもこれなきこと、それに付きこの節、志士仁《じん》人《じん》の苦心大方ならず候。何卒宜しき御工夫は在らせられず候や。安心して居り候へば墨臣《ぼくしん》になるなり」

このまま安心していては、日本はアメリカの手下になるばかりだから、と松陰の時局、政情への慷《こう》慨《がい》は、日増しに高まっていくのである。

松陰から奮起を求められた門下の佐世八十郎は、まもなく藩命で学習院に務め鷹司邸護衛、朝議一変して七卿御用係、そして四境の役参謀、海軍頭取、明治戊辰《ぼしん》の役仁和寺宮《にんなじのみや》の参謀、奥羽各地に転戦、新政府の参議兵部大輔のあと下野し、萩の乱を主導して斬死した。

遠崎にいる月性は、松陰が送って来る論文や文章を見て、何か藩内でもめごとを引き起こさなければよいが、と考えるようになっていた。それほど時代の潮流の変化ははげしかった。

朝廷・幕府間二つの紛争

その時の松陰の時局認識とは、どうだったのか。異国船の圧迫のもと、国内情勢は日米通商条約の締結をめぐる勅許問題と将軍継承問題の二つで揺れ動いた。円満主義で巧みに政治を執った老中阿部《あべ》正弘《まさひろ》が安政四（一八五七）年六月七日、三十九歳で死去すると、後任の老中堀田正睦《ほったまさよし》備中守は、外国事務取扱となり、漸次開国の方針に傾いた。

下田にいた米国総領事ハリスは「将軍に直接会わなければ、大統領の国書は断じて渡さない」と、将軍との会見に固執《こしゅう》し続けていた。

幕府は、ハリスの機嫌を取るのに汲々として、唐人お吉の艶話もそのころ起きた。そして要求の一部をいれて五月二十一日、長崎の開港、下田と箱館における米人の居住権、副領事の箱館駐箚《ちゅうさつ》等を内容とした下田条約を結んだ。

幕府は、ついに将軍との会見を認め、ハリスは十月七日朝、風に星条旗をなびかせて「シタエ、シタエ」と大名並の警護で下田を出発、十四日九段下の蕃所調所仮館に到着。二十一日、初めて江戸城に入り、将軍家定に謁し大統領の国書を提出した。西欧の使臣が将軍に謁することは二百年来絶えてなかった。

ハリス総領事は十月二十六日、堀田老中首座を訪ねた。米国領事の江戸駐箚《ちゅうさつ》と貿易開始を許容するように要求し、やがて英、仏艦隊が来ることを報じた。十二月二日堀田は、ハリスの要求を大筋で応じると告げた。

この日米交渉の過程を朝廷に報告するため、幕府は林大学頭《だいがくのかみ》（＝林復斎《ふくさい》。一八〇〇〜五九）と目付津田半三郎に上洛を命じ、ご諒解を奏請《そうせい》させた。そして年末二十九日と大晦日に、諸侯の登城を命じ、通商条約を結ぶことの止むを得ない事情を説いて意見をのべさせた。反対意見も相当あったが、開港派も多くなった。しかし「このような重大な事は、先ず勅裁を仰ぐべきである」との意見が多数だった。

このころの朝廷は、形勢が一変しており、林大学頭や津田等では相手にされず、翌安政五（一八五八）年正月早々、手間どっては事が面倒になるとして堀田老中首座は、自ら上京を決意した。「閣老の首班が参朝することなど、今まで全く絶後《ぜつご》のこと、自分さえ上京すればわけもない」と、たかを括《くく》り、越前藩主松平慶永《よしなが》に向かって、「十日程で使命を果して帰る」と語り、川路聖謨《かわじとしあきら》や岩瀬忠震《ただなり》等を随員にして正月二十一日、江戸を発った。このころ幕府では将軍家定の後継問題も浮上していた。

こうして京都で起きた対米交渉に伴う幕府と朝廷の条約勅許問題が、萩に伝わり松下村塾の吉田松陰の心をゆさぶり悩ませていた。

藩内調停　月性に泣きつく

月性の予感は当たっていた。まだ正月十九日というのに、松陰は「ここに大いに困迫《こんぱく》仕り候事出来申し候」と、言って次のような書簡を寄せてきた。

「先便で申したように、六十四カ国（全国）が皆アメリカになったとしても、二国（周防・長門）は、確固として特立し、天下恢復、万国撻伐《たつばつ》（攻めうつ）の基本となるように、同志と相談していたところ、時勢、時勢という論がおこり、道太（中村道太郎）、松如（土屋蕭海）ら大いに不同意。しかも松如、来ていうには……僕等を徒党を組んだように触れ廻し、又僕を心にゆとりなく、種々の悪口が家兄（杉梅太郎）に集まっている……自分は近頃、慷慨は打ち止め、時務も論ぜず、上人の不興を蒙るほどだが、このところの夷情では見過ごせず死生の毀誉《きよ》（いろいろ評判すること）も関係なく、一向に皇国君家へ一身差し上げたい、と思う。

ところが、道太、松如不同心では、僕は孤立、犬死に相違なく、それを恨むものではないが、吾れ死せば本藩は悉く淪胥《りんじょ》（相い率いて共に滅びる）すると思う……上人《しょうにん》（月性を指す）何卒金革《きんかく》（兵器武具、転じて戦争）の事は、去喪《きょも》の義もあることであるが、早速御出府（萩へ）出来ないでしょうか。天下の大計、一夕の話で決めたく思います。若し上人に御憐愍《れんびん》（あわれみ）無ければ、僕誠に恥じるべく徒然（することがなく、つれづれ）の死を遂げ、天下の士に憫笑《びんしょう》せられます。悲しいかな、慷慨極まり語に綸次（順序）なく、ご推察頼み奉り候」

松陰は「まず海外の実情を知ること」と下田踏海を試みただけに、単純な攘夷論者ではない。幕府がアメリカの要求に屈し、近く通商条約締結に踏みきろうとしている弱腰の外交をみて、とても黙視できない。ところがそれを受けて立つ藩庁参政周布政之助《すふまさのすけ》（一八二三～六四）らの要路は軽々に対応の姿勢を示さず、友人の土屋蕭海や中村道太郎、中谷正亮、来原良蔵らまでそっぽを向いている。これでは萩藩は共に滅びることになる、といって月性の仲裁を依頼してきた。月性の萩出府を要請して、さらに次のように追記している。

「二十一回猛士（松陰別号）は大体、膝を屈せぬ男、事に沮喪《そそう》（気力がくじける）せぬ男子なるが、この度道太・良蔵らの論をきき志気大いに沮喪、上人の前に膝を屈するを覚えず候。併し是れも一腔の忠の字かと御憫笑《びんしょう》下さるべく候」と、膝を屈して上人に萩での調停を願うが、これも腹のなかにある忠（義）の字かと憫《あわれ》んでお笑い下さいと、母尾上の忌中を気にしながら訴えている。

玄瑞も大議論を要請

ところが、続けて久坂玄瑞が松陰と同じ十九日付けの書簡を月性に寄せてきた。久坂は月性が京都東山の翠紅館に滞在中にも一書を寄せたが、今回は「この議論を十三日に益田大夫（藩家老）に上書しました」と前置きして、要旨次のように述べている。

「今日の勢いは如何。アメリカ総領事（ハリス）がいろいろ難題をいう中に、交易自由を許容させられ、江戸に領事館を置いて外国のこと一切を任せ下されば幕府に格別、善き分別もなく、日本刀を脱却、腥《なまぐさ》き犬羊の前におじぎするは必然のことと思われる。皇統綿々の天下を何とするか、有志の士空しく切歯扼腕《せっしやくわん》、防長の人は防長より起こるべし、我輩十人余り政府（萩藩）を鼓動し我公（毛利敬親藩主）を振起し、幕府を論諫《ろんかん》し、幕府若し聞かざる時、大義を以て天下に唱え、王を尊び、夷を攘《はら》ひ神州の正気を一発せんと一大議論をおこした。

しかるところ老先生、平生は大言劇論者だが、却って姑息模稜《こそくもりょう》（事を曖昧にして可否をきめない、どっち付かずにしておくこと）にて、未だ時いたらずという。何か別に良策があるかと思えば、花に吟柳に添い、詩酒風流のみにて貴様等この無事の時に、何を慷慨（世のなかの不義、不正を見聞きして絶対許せないと怒ること）とやら豪傑とやら云って人気を騒動する哉《や》と、或いは我輩を狂人、病凝とし、議論に乗ってこない。俗吏等は金が欲しく加増を盗みたくして役目を奪われてはならんと、日夜思案致し、神州の安危《あんき》などは夢にも想わず、悪《にく》むべき国蠧《こくちゅう》です。上人早々に出府（萩に来る）大議論なくては、捌《さば》くことが出来ません。僕等はつくれぬものとは申しながら、神州国家のためには、畏ろしき命も憚《はばか》らず此の議論は何迄《いつまで》も不達では捨ておくことは出来ません。大丈夫（月性）、国の為に力を致すときではないでしょうか」と、具体的に松下村塾の玄瑞等と藩要職にいる嚶鳴社《おうめいしゃ》の人々との意見対立を述べて、「早々に出府なされ、神州の安危は今日にあります」と、追伸している。

月性は松陰と玄瑞から萩へ出府要請の手紙に接し、彼らの心事の切迫を憂慮した。

松下村塾の総力を激励

さっそく月性は萩地方を巡錫《じゅんしゃく》することにした。遠崎を出て二月十六日夜、萩城下に着いた。十八日から玉江の光山寺で説法したほか数カ寺で、法座を開き西欧諸国のアジア侵略を語り、天下のために国家を守ることは公事であり、義戦だから、もし沿岸に事が起これば一同奮発して身命を惜しまず、生きて勤王の忠臣となろう、と海防論を説いた。

松下村塾の松陰は、さっそく十九日付けの手紙を寄せた。

「上人大いに講筵《こうえん》（講義する席）を開かれ候由に付き、松下の童子二、三十人拝聴に罷《まか》り出で候也。

日久（久坂玄瑞）への御伝言承知、先々降心仕り候。随分御周旋（周布《すふ》政之助ら政府要人への調停の件）希《ねが》ひ奉り候。郭林宗（後漢の人）反って方外（世の外。世の雑事にわずらわされない所。仏道）に属す。また時勢の変か。呵々」

当時ハリスとの通商条約交渉等めぐって、周布が中心の嚶鳴社（江南派とも明倫館派とも）側は松下村塾社中の行動を「狂妄《きょうもう》軽鋭事を解せず」と。つまり狂って道理に外れており、鋭いところはあるが、物事を良く理解していないと批判している。

これに対し、松陰らは藩政府の要職にある嚶鳴社の人々は「宴安姑息《えんあんこそく》で皇国を恤《うれ》えず」と。つまり「気楽にすごして一時のがれで事を済ませ、日本国家の現状を憂慮していない」と、主張し対立があった。時局多端のおり、藩内の対立を憂えた松陰と玄瑞が、両方に親しい関係にあった月性に仲裁を依頼した。その月性の調停の労は実り、村塾と嚶鳴社は正義派として一つにまとまった。

松陰は二月下旬の月性宛ての書簡で、「松下生は悉く周布を盟主として会集し、書生の妄論をつくす……（月性の遠崎へ）帰郷前に中谷（正亮）、高杉、久保、富永有麟を一夕、周布に会うべく紹介してほしい。そうすれば今回の調停の本当の効き目があらわれ大変うまくゆくことになります」と、月性による仲裁の労につき、もう一押しを願っている。

月性は二月二十日、訪ねてきた久坂玄瑞を大坂にいる海防論者藤森天山（＝弘庵《こうあん》。一七九九〜一八六二）に紹介した。そして二十五日、松本村の松下村塾を訪ね、松陰に面接し、その後改めて藩参政周布政之助とも談じて両者を尊王攘夷に向けて藩論を一つに和解させたのである。

松下村塾を訪ねた際、月性は塾生を前に、「今こそ大事な時はない」と、次のように語った。「諸氏は善き師を得て幸せである。この上とも、習練に励まれ、やがて来る我が皇国の大変革には総力を挙げて事にあたり、これが達成を期待する」と、激励した。この大変革こそ勤王倒幕、王政復古を語ったのである。多くの塾生たちは、月性の謦咳《けいがい》に接して薫陶を受け、山県有朋（一八三八～一九二二）、品川弥二郎（一八四三～一九〇〇）らは、月性の没後、その顕彰に努めた。

通商条約の勅許ならず

この間、京都の政治状況は膠着していた。朝廷は安政五（一八五八）年二月一日、堀田正睦《ほったまさよし》老中首座の上洛が知れたので林大学頭《はやしだいがくのかみ》等に随意江戸へ帰ってよい、と暇を賜った。街角に、誰が書きつけたか、さっそく落首が貼り付けられた。

「大学もさて中庸となりにけり、孟子わけなく論語同断」。もう一つは、「東から林たてられ登りつゝ、公卿に蹴られて恥を大がく」。

この落首にみる通り、林大学頭等の力ではとても、通商条約締結について朝廷の理解を得られず、大恥をかく事態になった。では堀田首座の上洛で、説明がつくであろうか。この当時、孝明天皇（一八三一～六六）は外交について痛く宸襟《しんきん》（天皇の心）を悩まされた。安政五年正月十七日、次のような宸翰《しんかん》（天皇の直筆の文書）を関白九条尚忠に賜うた。

「日本全国不服なるに、夷人の願い通りになりては天下の一大事の上、朕の代よりかやうの事になりては、後々迄の耻《はじ》（恥）ならずや。先代の御方々に対し不孝、朕の一身の置処《おきどころ》なきに至る」と、述べられた。さらに二十六日に重ねて宸翰を賜いて、

「幕府の奏請を斥《しりぞ》け、洽《あまね》く衆議を尽くして、人心を帰服せしめることを主として、決して幕府の要請に屈せず、言論を悉《つく》すよう」と、つよく諭された。

その十日後の二月五日、堀田老中首座が着京して本能寺に宿した。堀田は十一日に議奏、伝奏《てんそう》に通商条約案を退出し、勅許を賜わらんことを請うた。

ところが孝明天皇は、すでに宸翰に見るとおりであり、内大臣三条実万《さねつむ》、左大臣近衛忠熙《このえただひろ》も、すこぶる強硬意見であり、特に勅命により朝議に参加されている青蓮院宮《しょうれんいんのみや》（中川朝彦《あさひこ》親王）は、拒絶論を唱えられた。

二月二十三日、武家伝奏は本能寺に至り、堀田正睦に対し、

「国家の重大事なるを以て、三家以下諸大名の赤心（まごころ）を聞し食《め》されたく思召《おぼしめ》さる。今一度、各々所存を認めて叡覧《えいらん》にいれらるべし」

と、勅答を宣旨《せんじ》した。お許しが出ないので、再議せよとの御意である。堀田首座は大いに驚いたが、なおも見込みのある公卿に黄金を撒《まい》て、盛んに巻き返し運動を試みた。

毛利藩主の意向　青蓮院宮につなぐ

この間、梅田雲浜の提案ではじまった長州との物産取引は、順調に動きだした。萩藩の坪井九右衛門が京都に来たとき、雲浜は準備を整えていた。妻の実家本家で大和高田の豪族村島長兵衛、妻の父村島内蔵進、大和五条の乾十郎、下辻又七、十津川の主な郷士、京都の門人で庄屋山口薫次郎《しげじろう》、その他親戚の小泉仁左衛門、懇意な松阪屋清兵衛、肥後の松田重助、備中の三宅定太郎とも打ち合わせつ

つ大いに努力した。

長州の物産を大和にもってくるには大坂町奉行の許可がいる。すべて手続きは運んだ。雲浜の苦心は容易ではなかった。長州藩主毛利敬親は、その労を深く多として家老浦靫負《うらゆきえ》を使者として雲浜の宅へ遣わし、長州の物産その他の品々を贈った。

安政五年正月には大坂に販売所を作った村島長兵衛と、その子長次郎の二人が長州藩へ挨拶で萩にやって来たとき、藩主毛利公父子は、二人を謁見し親しく労を謝した。この事業への藩主の熱心さが伺える。

しかし、物品取引は、先に述べたように初めから手段であった。梅田雲浜の狙いは、長州藩を勤王運動に結び付けるため、まず京都留守居役宍戸九郎兵衛を青蓮院宮に引合わせして、長州藩主の意向を親王へ取り次いで朝廷に通じるようにした。

この間の経緯について、安政五年三月二十二日付けで雲浜は、門人赤根（禰）武人の養父赤禰忠右衛門へ出した手紙で次のように知らせている。

「毛利藩主の意向は内々粟田《あわた》親王（青蓮院宮）へ言上仕り候。御世話申上げ候産物の儀は、拙者甚だ深慮あることにて、他日貴藩が天朝を御守護成され候基《もとい》と相成るべくと存じ奉り候」と。

つまり物産取引で生じる利益と情報を勤王運動に役立て、天朝守護に通じるよう期待している。

京都の町は林大学頭らによる日米通商条約調印をめぐる御諒解の奏請が朝廷に受け入れられず、堀田首座が上洛して、時勢は俄に騒然として来た。全国各地から勤王の志士が、情報を求めて京都に集まって来るのである。

玄瑞ら情報探索に走る

長州藩でも京都情勢を偵察するため、安政五（一八五八）年正月、秋良《あきら》敦之助は浦靱負《うらゆきえ》家臣の白井小介を京都へ派遣して、雲浜と相談させた。白井は号を素行。佐久間象山に砲術、斎藤弥九郎に剣術、安積艮斎《あさかこんさい》に文学を学び、克己堂の教授だった。

秋良も後を追うように京都の雲浜を訪ね、梁川星巌、頼三樹三郎等と共に日夜対策を練っていた。吉田松陰も、この事態を憂えて久坂玄瑞（二十歳）を上京させた。玄瑞は「指示を仰ぐように」と松陰の教えで、途中、周防阿月に秋良敦之助を訪ねたが、すでに上京して不在だった。

雲浜を頼ってきた玄瑞に接して、雲浜は即座に玄瑞の人物を見抜いた。玄瑞は松陰門下の奇傑として、松陰が「久坂玄瑞は、防長少年第一流の人物なり、固《もと》よりまた天下の英才なり」と、評価していた人材だけに、妹文を嫁がせた。

雲浜は、子程の年若い玄瑞を伴って林間に行き、酒杯を交わしながら時勢を語り、且つ歌った。玄瑞は体軀堂々として美男子であり、詩吟の美声が有名だった。雲浜は、その時の模様を次のように記している。

「酒、酣《たけなわ》にして玄瑞、詩を唄う。其の声鏘然《しょうぜん》として金石の如く、樹木皆振るう」と。

松下村塾では、月一回吟会を開くが玄瑞が吟ずれば、同輩はみな血涙をそそぎ、京鴨川の町を歩みながら吟ずれば、弦歌《げんか》が止み歌姫は欄干にもたれて恍惚とした、といわれる。のちに玄瑞が京都をさる時、雲浜は彼を大いに慰めてこう言った。

「皇威は必ず古《いにしえ》に復する。終《つい》に地に墜《お》つることはない。決して失望してはならない」と。

長州藩は、嚶鳴派の中村道太郎（のち九郎。一八二八〜六四）を上京させて堀田閣老の動静を探り、梁川星巌、梅田雲浜等の志士と謀議した。以来中村は、藩政府に立ち周布政之助等と尊王攘夷の事を忙しく鞅掌《おうしょう》（仕事が多くて服装を整える暇もないこと）した。梅田雲浜は安政五年四月十五日付けでこんな手紙を中村に与えた。月性が急死する一カ月前のことである。

「尊藩の栄辱《えいじょく》貴兄の此の行に帰し申し候。決然御任じ成さるべく候。再三の瀆言《とくげん》（相手の耳をけがす）如何に候へ共、惓々《けんけん》（真心をつくす）に堪えず、再び陳《の》べ候」と。雲浜は、長州藩が断乎として、尊王攘夷に向けて皇居守護に任じることを中村に説得したのであろう。中村（三十七歳）は元治元（一八六四）年七月、家老福原越後に従い伏見に在って謀議に参加し、禁門の変に破れて帰国後、幕府恭順派の俗論党のために野山獄に投ぜられ、第一次長州征伐の後、実弟佐久間佐兵衛（三十二歳）ら三人と共に斬死した。

長州から続々有志上京

長州から中村道太郎に続いて、松下村塾の伊藤俊輔（博文）、山県小輔（有朋）杉山松助（久留米真木和泉等の解禁の事に与る、三条池田屋で新撰組に斬られる）、伊藤傳之助（大原三位の西下策に連座、投獄）らが上国の情況偵察のため、続々派遣された。

その年の秋、松陰の門人中谷正亮《なかたにしょうすけ》が上京して雲浜の家に泊まった。そして松陰に送った手紙で次のように書いた。

「梅田の家に止宿している。ご承知の通り梅田は青蓮院宮様へ時々お招きに預かり居る由、その外の者は到底相手にならぬが、（梅田）源次郎よりは言路もよく開け、朝《あした》のことは夕べに雲上に達し申す由」と。そのころ雲浜の居所は京都烏丸御池上ルにあった。当時近所に住んでいた詩人劉石舟によると、「雲浜の家には訪問客が絶えず、なかには槍、薙刀、大鳥毛を持った供人を従えた大身の客もあった。生活は派手なほうで余程の収入があるらしかったが、その費用は長州藩から送られるという噂であった」とされている。

これを裏付けるようなことが、安政四（一八五七）年閏五月二十五日付け「月性年譜」に次のような一節がある。「宍戸九郎兵衛（京都留守居役）より（月性へ）書状。梅田雲浜の転宅入用金は赤根武人に託せしことを告ぐ」と。

この年譜記載は、月性が間もなく、尊王運動の活動拠点とした本願寺別院「翠紅館」を出て帰郷するため、予め雲浜の新住所を連絡場所として確保する必要があり、そのために長州藩の費用負担で雲浜の転宅を支援したのではないか。当時、勤王志士の首領として奔走する梅田雲浜は、長州藩お抱え邸宅に住むと同時に、物産交流の件もあり、勤王運動に必要な資金の一部を長州藩が面倒をみたとしても不思議ではなかろう。

幕朝間の緊張

ところで京都の政情は、閣老堀田正睦《まさよし》（一八一〇～六四）に対する勅答の賛否で揺れていた。梅田雲浜は、この幕府・朝廷間の情勢を見届けないまま、「野村（靖）君の（江戸へ）御出立つは、遺憾千万である」と、周防阿月の領主浦靱負《うらゆきえ》家臣赤禰《あかね》忠右衛門へ手紙が届いた。一体、日米通商条約の勅許（一八五八年）をめぐって何がおきたのか。

それは幕府側に親しい関白九条尚忠の態度が一変し、「外国事件は、幕府へお委《まか》せある方が、宜しかろうと存じます」と、奏上するに至ったことである。井伊直弼《いいなおすけ》（一八一五〜六〇）が、家来の長野《ながの》主膳《しゅぜん》に運動させたことが成功した。

ところが雲浜の同志で鷹司家の諸大夫小林民部権大輔と、侍講三国大学（儒学者）は、それぞれ前関白鷹司正通《たかつかさまさみち》に天下の大勢を説いていた。

「畏《かしこ》くも陛下には、勅許の奏請を斥《しりぞ》け給う思召ですのに、これに反する御行動は恐れ多き次第です。是非とも陛下の股肱《ここう》として御尽くしあらせらるるやうに」と面前で苦諫《くかん》した。

関白太政大臣を務め、孝明天皇摂政の前歴を持つ鷹司正通は、ペリー来航の時は開港論を唱えたが、今回の修好通商条約の勅許問題では攘夷論に変わり、勅許拒絶論となった。この変化には梅田雲浜の力が強く働いたことになる。幕府は九条関白の地位と幕府の勢力とで反対派を極力抑えようとした。しかし公卿中山忠能《ただやす》以下堂上八十八人が列参し、非蔵人五十人余人も相継いで外交拒否を連署し、反対運動を展開した。侍従岩倉具視（一八二五〜八三）の画策である。そして三月二十日、孝明天皇は堀田正睦、所司代本多忠民を小御所に召され、席上で近衛忠熙《ただひろ》から「墨夷（米国）の事は神州の大患、国家の安危に係わり、誠に容易ならず。東宮（家康）已来の良法を変革の儀は、……永世の安全は量《はか》り難く、深く叡慮を悩まさる。……今度の条約は殊に国体に拘はり、御患測り難き由言上せり……再度衆議の上、言上あるべく仰せ出さる」と。

こうして堀田閣老は万策尽きて、失望落胆している所へ、さらに二十四日に、

「条約はとても御許可にならぬ。若し外夷により異変に及べば、これに応じて一戦を交えよ。なお永世安全に叡慮を安んずべき方策を議せよ」との朝命が下った。

このような条約勅許をめぐる朝幕間の緊張した情勢も知らずに一体野村（靖）君（のち七卿用係、子爵）は、江戸の毛利敬親藩主に何を報告しようというのか、と雲浜は調印拒否の勅答のあった二日後の二十二日付け手紙で周防阿月の赤禰へ不満を訴えたのである。その手紙のなかで、坪井君（九右衛門）が物産お世話を退きたし、と述べていることを伝え、物産交易について阿月の萩藩家老浦靫負《うらゆきえ》の支援を頼みとしている。しかし京都の政情急変で上方と長州の物産交易は、中断することを予感させている。

思いは萩、京都、遠崎を駆ける

京都の条約勅許をめぐる政情は、直ちに萩藩に知らされた。月性が領国須佐を遊説以来、親交のある毛利藩家老益田弾正親施（＝益田右衛門介《うえもんのすけ》。一八三三～六四）は三月半ば、中村道太郎を京都にやり、先にみたように梅田雲浜、頼三樹三郎らと提携させたのである。

ところで「条約の調印相ならぬ」の強硬な勅答に意気消沈した閣老堀田正睦は四月五日、京都を発って帰路についた。京都に来て二カ月を費やして奔走したが、何も得ることがなく、老中首座の権威も、幕府のかっての勢いも地に落ちて大失態を露呈した。

幕府は、堀田が江戸に着いたわずか三日後の安政五（一八五八）年四月二十三日、突如として彦根藩主（三十五万石）井伊直弼を大老に任命じた。

この間、一方の将軍の継嗣問題について、鷹司正通、近衛忠煕、三条実万《さねつむ》等の公卿は一様に、一橋慶喜《よしのぶ》こそ適任だとして、その勅諚を堀田に下されることになっていた。その文言に年長、英名、輿望の三つの資格が記入されるはずであったが、九条関白は勝手に、この文言を削ってしまい、後継問題は幕府が誰でも自由に決められることになった。一橋慶喜を厭う大奥の圧力があったのである。

こうして井伊掃部頭直弼《かもんのかみなおすけ》が大老の座につくと、幕府権力の回復を計り、日米修好通商条約に勅許を無視して調印し、安政の大獄（安政六年）を実行して天下を動乱に陥れ、自ら斃《たお》れる結果ともなった。

この時勢の激変の中、月性は吉田松陰らの要請で、二月中旬から萩で法話や藩論の統一に成功し、三月一日萩を発って山口に立ち寄った。松陰の要望で一夕、山口で講演したのである。山口へは富永有隣と佐世八十郎（のち前原一誠）が連れ添った。佐世については、先にふれたが、松陰から「直勇大智誠実の人」と呼ばれて信頼が厚く、長崎で英学を修め、のち七卿亡命のさい御用掛を務め、高杉晋作と行動をともにした。

ところが月性が山口に駐錫《ちゅうしゃく》の間に、佐世は「遠崎と柳井で漁民の紛争が起きた」と松陰にも知らせてきた。この紛争というのは、遠崎と柳井津領域の地境の六丁沖合にある裸島の漁場争いのことである。遠崎妙円寺の直ぐ目前に浮かぶ笠佐島と同じように裸島の呼び名も、遠く般若姫海難の歴史ロマンの中から生まれた小さな岩礁だが、春先にはボラの大群が寄せてくる好漁場。だから藩政中期の天明、寛政のころから争いが絶えず、文化十一（一八一四）年には海上だけでなく、陸上での衝突は流血の争いとなった。

その背景には遠崎浦が萩本藩に属し、柳井津が岩国領であったことにも原因があった。遠崎浦が漁業権の拡大を図ったためであり、月性はその利害調整のために、急いで山口を後にした。萩での連続説法と藩論調停、遠崎での漁民紛争の仲裁、と月性は世俗社会のことでも大忙しである。

そのころ、京都にいた久坂玄瑞は三月十八日付け（安政五年）で、萩の松陰に書簡を送って言う。「月性上人、未だに上京なく、一同待ち居る」と伝えている。京都の志士たちの間では、浄土真宗の一介の僧侶ながら、今や勤王の志士・海防僧としての月性の存在が大きく、その上京を待ち焦がれていたのである。

月性急死　法を以て法を防ぐ

京都本願寺から月性の再上京を促す報はまだ来ていない。萩城下は、月性の手腕により、尊王攘夷をめぐる急進派の松下村塾と明倫館派（嚶鳴派）との藩論仲裁は成功した。さらに松陰は三月二十八日、月性に対し明倫館派の参政周布政之助《すふまさのすけ》（のち麻田公輔）との相談ごとは、すべて月性に一任することを伝えていた。

周布は藩論統一にあたって松陰、久坂玄瑞、高杉晋作ら急進派に理解を示した。そこで松陰は、当面の村塾側と藩庁側との交渉ごとを嚶鳴社を組織した時以来、周布と親しい間柄の月性に一任したのである。

周布は号を観山と称し、藩主側近の政務役であり、村田清風の直系として安政元年から藩政改革に尽くした。のちに俗論派の坪井九右衛門《つぼいくえもん》、椋梨藤太《むくなしとうた》らと対立し、謹慎と藩政復帰を繰り返すが禁門の変、続く四国連合艦隊襲来で藩内が動揺し、国難打開の方策を調整するさ中、山口で自刃した。ちなみに伊藤博文ら志士五人を下関米商船攻撃直後にロンドンへ留学させ、長州藩を「攘夷から開国へ」向け時代転換を計った先覚の人だった。贈正四位。

こうした政情不安の芽をはらんだ萩城下を安定化する必要もあって、月性は安政五（一八五八）年四月五日、再び萩に出かけた。そして六日から十三日までの一週間、本願寺の別院・清光寺で連続法話した。「法座は連日、聴聞者があふれた」と土屋蕭海《しょうかい》は盛会を記している。この間、松陰は十二日、「堀田閣老の参内、日米通商条約の勅許奏請」の動きを知らせている。

四月二十日ごろ月性は、萩を去り帰路についたが、途中、田布施の円立寺で二十六日まで法話した。ついで翌二十七日は、平生の真覚寺で法座を務めた上、二十八日は遠崎自坊で月例の法座を修行した。激しい連日のお務めだった。

円立寺は叔母織江の嫁ぎ先であり、真覚寺は、往年の住持観道が祖父謙譲と共に摂津国住吉の霊松寺義端に儒学を学んだ学僧仲間である。のちに月性が儒学に志を立て道を開くことになった縁からみても寺相互に親しい間柄だった。

「一笑して去る　後継ぐべし」

そして休む間もなく月性は、同志の要望を受けて三度萩に出かけるため、翌四月二十九日朝、遠崎の自坊を出て上関に行った。港で三田尻行きの「上関通船」に乗船した所で発病した。室津の医師長尾方で療養したが容易ならぬとみて二日後、遠崎に引返して死の床に就いた。手当ての甲斐なく安政五（一八五八）年五月十日夜八時ごろ、不帰の客となった。義父周邦は十五日付けで江州覚成寺の超然上人に書状を送り、月性の死去一統泣涙、慟哭、病状の経過を知らせているが、病気は「腸捻転症」の症状であった、と伝えている。

吾れ狂愚を以て士大夫に従いて遊び
以て　生前未了の奉りを竟《お》へんとす
死　何ぞ恨むに足らん
但　恨むらくは　朝家の御為めに患を除き去らざる
是れ　吾が恨みなり

と、看護の者に語り、次のような辞世の短い古詩を遺して従容《しょうよう》として逝《い》った。享年四十二。

元気空洞始一元　　元気（万物の根本の勢い）、空洞（うつろに見える）なるも元（実体の根底）はただ一つ（に成立している）
恵眼若向此中窺　　若し慈しみの目で、この中を窺いみれば
天下事理誰不分　　天下事理（物事の道理、筋道）は、誰が分からないことがあろうか
我々此中一咲*去　　我々は一笑《いっしょう》し、世の中を去って行く　＊（咲は笑の本字）
追吾来者継後塵　　吾を追い来る者、後塵を継ぐべし

この古詩には、「僧月性辞世詩傍人書之　但死期迫声息微而聞」とあるが、月性の枕元に見舞っていた竹馬の友・庄屋鍵屋の秋元晩香《ばんこう》（佐多郎）か、義父周邦《しゅうほう》が聞きとったのであろう。天下の物事の道理を仁愛の眼差しで窺えば、だれでも理解できないことはない。我等はこの世の中を笑って去ってゆくが、吾を追って来る者よ、どうか後塵を継いで欲しい、と言い残した。

義父周邦は、妙円寺過去帳に「安政五年五月十日夜五ッ時絶息、当山第十世指教院得業月性上座」についての記事を次のように書いた。

「コノ君（母尾上）邦（周邦）等ガ大姉ニテ、邦ヲ子ノ如クシタマウ故ニ、邦モマタ月性ヲ子ノ如クシ、幼童ヨリ教育ニ心ヲツクシ、詩文ハ豊前ノ恒遠ニ学バセ、宗乗は肥前ノ不及師ニ入門徒遊サセ、東遊モ高野、長谷ノ内ニテ他部ヲ学ベトサセシニ、ソノ好ムトコロニ流レ、大坂に逗留シテ儒者ニ交リ、邦ガ望ミシトハ出来損ジテ、大儒《だいじゅ》武士等ニ交ルモノニナリタリ……」と。

叔父周邦が、月性に望んだのは後を継ぐ有徳の住職であったに違いない。しかし幼童のころより教育に慈《いつく》しみをもって配慮をつくしただけに、月性の教養の基礎は周邦に負うところが大きかったし、のちに江戸別院に布教師として活躍したり息つく間もなく国事に奔走したことを怒るより、支援した事が大きい。

過去帳に「出来損じ……というのは、寺の後住に鵜《う》の真似する鴉《からす》の出ることを恐れ、僧侶の常識に外れず、寺務を滞りなく処理してゆくことこそ、己（周邦）れはもとより檀徒の念願であることを強調し、言い残すことにあった」『維新の先覚 月性の研究』（三坂圭治監修、月性顕彰会所収、立泉昭雄、村上磐太郎《いわたろう》ほか執筆）と理解できるのである。

西欧列強のアジア侵略の中で、武力と法（耶蘇・キリスト教）の侵出に対抗するには倒幕、統一国家建設しかないとして疾駆《しっく》した勤王僧月性の思想と行動は、明治維新で実を結んだ。そこには近代西欧文明のアジア侵出という世界史の高波の中で、維新回天の決断と実行を迫られ、幾多の憂国の志士が命を捧げたことを忘れることはできない。

終章

明治維新　歴史が新しい歴史をつくる

源流は水戸の尊王攘夷思想

海防僧と称され、勤王僧として国事に奔走した周防国遠崎《すおうのくにとおざき》（現柳井市）の妙円寺住職釈月性（一八一七～五八）は、明治開国まで後十年を待たずに死去した。命知らずとも言える月性の激しい尊王思想と行動は、明治維新の扉を展《ひら》いた男ともいえるが、死後の十年間にどんな歴史があったのか。二千年来の日本の歴史は、神道に加え儒教、仏教が土と水の風土の中で混ざりあい、習合して人々の骨肉となっている。その歴史伝統文化と、欧米文明の衝突が幕末動乱の危機を招いた。

西欧列強のアジア侵略、植民地化の前に立ちはだかり、日本の国家主権を断固、護《まも》ろうとしたのは水戸藩校弘道館《こうどうかん》が生んだ尊王攘夷の思想だった。基《もと》は二代水戸藩主徳川光圀《みつくに》（一六二八～一七〇〇）が編んだ歴史書『大日本史』と、二世紀以上にわたる資料蒐集、編集と調査の史館「彰考館《しょうこうかん》」で学んだ人々の英知だった。徳川御三家の一つ水戸藩が掲げた尊王攘夷の旗こそ、幕末維新の原動力に違いない。そして月性は、水戸の尊王攘夷の思想と重なるが、頼山陽の『日本外史』の影響で尊王倒幕思想を説き、山県大弐《だいに》の『柳子新論《りゅうししんろん》』を継ぐ知友の僧黙霖《もくりん》を激励している。この十年間の幕末動乱は、朝詔尊重、皇威拡充、攘夷、公武合体、討幕、倒幕、開国とジグザグの道をたどった。その時流の中で歴史の条件が実り熟し、封建国家・鎖国の壁を抜けて近代国家へ開国した。この動乱、変革の期間に、どれほどの勤王志士が生命を失ったろうか。

当時の吉田松陰や橋本左内らは、国家の重大難局にさいし、天皇や将軍が英明であって欲しいと心から願望した。彼ら天才的な先覚者の純粋な悲願に対して、幕府は死罪をもって報いた。井伊直弼の安政の大獄後、幕府は失墜した権威回復を図り、孝明天皇の妹和宮親子《かずのみやちかこ》内親王が十四代将軍徳川家茂《いえもち》に嫁いで以来、王政復古の大号令まで朝廷と幕府は、志士運動の弾圧で完全に終始した。

この公（朝廷）武（幕府）合体の封建勢力に対抗して、全国に尊王倒幕の志士運動が興り、彼らは生命を賭《と》して反抗の動乱を起こした。朝廷が大事か、それとも幕府かの大義名分をかけての争いだった。背後では農民一揆も多発した。

天誅組、生野農兵の乱、筑波山天狗党の旗上げ、寺田屋・池田屋両事件の闘死、禁門の変と、事後処理としての京都守護職命による六角獄の虐殺、長州征伐による毛利藩指導部の大量処刑など、公武合体の弾圧による幕末志士の犠牲は大きかった。

一説に、幕末に志士という呼び名に値する下級武士、浪人、医師、僧侶、神官、文人、農、商人等は約一千人と推計されるが、その九割までが、朝廷と幕府による公武合体の権力体制下で、その生命を落としたことは厳然とした歴史事実である。

ところが一度、公武合体の絆が崩れた時、歴史の歯車は急速に近代文明国への道を用意した。歴史の必然ともいえる革新国家への新生である。ではなぜ十年間は、これほど動乱の道なのか。

親藩会津と水戸藩の違い

最後の将軍徳川慶喜《よしのぶ》は大政奉還（一八六七〔慶応三〕年）、王政復古の後、蟄居恭順して江戸から水戸弘道館へ退去したが、会津藩は戊辰戦争（一八六八〔慶応四〕年一月から六九〔明治二〕年五月まで）を戦った。三千人からの命を失った戊辰戦争の悲劇は、何故起きたのか。江戸開府の昔、徳川が歴史に仕組んだ原因と理由は無視できない。徳川親藩の会津と水戸藩の違いをよく糺《ただ》してみる必要がある。

会津初代の藩主保科《ほしな》正之《まさゆき》（一六一一～七二）とは、どんな人物だったろうか。寛永八（一六三一）年、養父の信濃高遠藩主保科正光を二十歳で襲封、五年後の同十三年山形藩主（二十万石）に転じ、さらに七年後、会津若松（二十三万石）藩主となった。

慶安四（一六五一）年、将軍家光の遺言により、四代将軍家綱の後見人として幕閣に加わり、幕政の安定に貢献。藩主としても、殖産興業、家臣団の組織等に手腕を発揮し会津藩政の基盤を確立した、と伝えられる。この異例の出世街道は、正之が第二代将軍秀忠の庶子であり、三代将軍家光の異母弟という血脈にあった。

正之は水戸光圀より十七歳年長の従兄弟にあたる。徳川一門の中で、重鎮的の保守派であり、寛文五（一六六五）年三月に儒学者・山崎闇斎《あんさい》を京都より招く。この年、江戸の山鹿素行を播州赤穂の浅野長直《ながなお》家に配流した。これは幕閣補佐・保科による江戸時代における大きな思想弾圧の行為だった。

山鹿《やまが》素行《そこう》（一六二二～八五）は会津に生まれ、六歳のとき父と江戸に出て、林羅山（一五八三～一六五七）の門下で朱子学を学んだ。甲州流軍学を学び、吉田松陰や宮部鼎蔵らの家学山鹿流軍学を編み出した。そして儒・老荘・禅・神道を窮《きわ》めた。のちに『聖教要録』を著し、古代聖賢の道を尊び、江戸の官学「程朱の学」を排斥した。これが（播磨赤穂に）配流の原因だった。

闇斎を招いた翌寛文六年、正之は二十年来建てた藩内の淫祠・仏堂をことごとく破却し、光圀と同年度に申し合わせたように見事に断行した。徹底的な排仏思想だった。さらに二年後の寛文八（一六六八）年四月、正之五十七歳の時、「大君（徳川将軍）の議、一心大切に忠勤を存ずべし」（家訓第一条）という『家訓十五条』を公布し、会津藩の憲法とした。死去する四年前のことである。これが会津の伝統精神となり、「ならぬものはならぬ」という幼少年教育の「什《じゅう》の誓い」とともに、藩の気風を決めた。会津の中枢精神は、即ち「大君とは天皇ではなく将軍だ、他藩の例に倣《なら》わず徳川幕府と特別関係があるので、全身全力で将軍家に忠勤を竭《つく》すべき」だ、ということを藩政の第一義とした。

史家・ジャーナリストの徳富蘇峰は「維新のさいにおける会津籠城は、この一条で実現したとみるほかない」『近代日本国民史』と結論している。

そして正之は家臣団の組織化に手腕を発揮したといわれるが、一説に会津藩士に地元福島採用の武士は一人もいない、という。白虎隊に象徴される会津武士のルーツは信州人であり、信濃・三河・近江・甲斐・出羽が会津武士の五大出身地（『会津の悲劇」に異議あり』八幡和郎）だ、としている。「朝寝、朝酒、朝湯が大好き……」という小原庄助も、気のいい福島県人気質とは似ても似つかぬ他国武士だった、ことになる。

だからこそ寄り合い武士団の絆を強く縛る必要もあり、正之の家訓十五条の徹底が大事だったとも考えられる。その第四条では「女の言い分は聞くな」と規定している。

この家訓第一条の徳川家第一主義が、幕末会津藩主・松平容保《かたもり》（一八三五〜九三）の行動を厳しく規制し、水戸藩出自の最後の将軍徳川慶喜《よしのぶ》（一八三七〜一九一三）の「天皇至上主義」と真逆の結末を招いた、と言えようか。

中納言光圀の尊王精神

最後の将軍・慶喜の尊王主義は、遠く水戸二代藩主徳川光圀《みつくに》（一六二八〜一七〇〇）が、明暦三（一六五七）年一月の大火後の二月、『大日本史』の編纂に江戸藩邸で着手、水戸学の起源となって以来、決まっていた。

徳川御三家の中納言光圀は、家康の末子十一男頼房の第三子。七歳より世子《せいし》（世嗣）として待遇され、性格は進歩的。常山《じょうざん》・梅里《ばいり》と号した。

承応三（一六五四）年四月、二十七歳の時、父頼房の希望もあり、後陽成天皇の孫で近衛前左大臣信尋《のぶひろ》（天皇第四子）の娘尋子（十七歳）と結婚。尋子は漢詩や詩をつくる才媛だったが、残念にも五年後に死別した。以来光圀は継室《けいしつ》（後妻）を持たず、『大日本史』に没頭した。皇室に縁の深かったことが、天皇至上主義の一つとも考えられる。

寛文元（一六六一）年、光圀（三十三歳）は水戸藩二十八万石を襲封し、五年後に明の遺臣朱舜水《しゅしゅんすい》を招き、自ら弟子の礼をとった。会津藩の保科正之の廃仏推進と同じように、寺社奉行を置いて、寺院を整理し、淫祠を除いて神道興隆を図った。しかし縁起の確かな寺社は修復し神職の者に官位、社料等をおせつけた。悪人正機説で知られる『歎異抄』の著者で親鸞に面授した僧「唯円《ゆいえん》」には、水戸の河和田に土地を与えた。真宗大谷派の報仏寺が立派に現存している。光圀は、会津の保科正之ほど徹底的な廃仏主義ではなかった。

また光圀は、朝廷との関係に意を注ぎ、『大日本史』編纂途上の延宝六（一六七八）年に和文集『扶桑拾葉集』（三十巻）を上梓し、後西《ごさい》上皇に献上し、民事面でも殖産・窮民・救恤に尽くした。その治績は講談『水戸黄門漫遊記』（黄門は中納言の唐名）によって伝えられている。ただし、物語自体は明治になって作られたもので史実として認められるものはすくない。

ちなみに講談の中の「格さん」のモデルは元禄六（一六九三）年、彰考館《しょうこうかん》総裁となる安積覚兵衛（澹泊）であり、もう一人の「助さん」は京都妙心寺の禅僧で三十四歳で還俗、光圀に仕えた佐々介三郎だといわれる。

今、水戸の常磐神社境内にある歴史博物館「義烈館」を訪ねると、水戸黄門光圀の遺訓を見ることができる。正面奥の陳列ガラスのなかに、『国を治るには必ず仁によれ、禍は閨閤（ねや、婦人の部屋）より始む、謹んで五倫を乱すなかれ、朋友には礼儀をつくせ』と政治の道徳論を述べている。そして、もう一つ別書きで「綱條《つなえだ》へ（桃源遺事）」とただし書きが付けてある。これこそ水戸精神を教え、伝える一筆だが、次のように記載する。

『我が主君は天子なり、今の将軍は我が宗家なり、悪しく了見（よくない考え）仕り、取り違え申すまじき」―と、述べている。

桃源遺事とは、光圀の言葉を集めた古記録だ。「綱條」とは、光圀の兄の讃岐高松初代藩主松平頼重の子綱條のこと。光圀は自分の後を継ぐ三代水戸藩主に高松城の兄の子をあてたが、その綱條に残した遺訓である。遺訓が歴史の道を拓いた。

日本は天皇の国　徳川は本家

この遺訓で光圀はハッキリ、「日本は天皇の国、将軍も含めて全て日本国民は天皇の臣民」だ、と言う。もし万一将軍と天皇の間に意見の衝突、確執が生じた時、その時は、本家の徳川ではなく、天皇が第一、といっている。時代が下って九代藩主徳川斉昭《なりあき》も、次のように言っている。

「徳川将軍は我が家の本家だ。本家は大事にしなければならない。しかし我々は朝廷の臣であり、将軍の臣ではない。万一の際は、一切を挙げて朝廷に奉ずべきだ。これが我が家の家法である」と、言い切っている。

このように光圀の遺訓は子々孫々に伝えられた。幕末の斉昭は父の七代藩主治紀《はるもと》から次のようにも教えられ、息子の慶喜らに言い伝えた。

「養子に行くときも、譜代（関ケ原以前から徳川に仕えている）大名はよろしくない。譜代は何か事が起きると、将軍家に従順でなくてはならないから、もし事が起きた時、天子に弓を引くことになるかもしれない。我等は将軍がどんなに、もっともであっても、天子に弓の場合には従えないと心得よ」とまで、教え込まれていた。

この光圀の遺訓が、幕末維新の戊辰戦争のさい、譜代の流れを引く会津藩・松平容保と水戸藩育ちの最後の将軍慶喜との対処に、決定的な違いが現れた。

水戸の家法が示す「天皇第一」の大義名分論こそ、戊辰戦争のさい水戸藩が「尊王攘夷」思想で一貫し、全国に先駆した最大の理由だった。

「父祖の遺訓に従ったのみ」と慶喜

大坂城を夜陰に紛れて江戸に脱出した最後の将軍徳川慶喜は、昨今の歴史小説家から「敵前逃亡した惰弱な男」、「残って戦えば、明治の元首に君臨できた、命が欲しかったのか」などと揶揄され、批判ばかりである。なぜ歴史の真実がこうも理解がされないのか。

明治になって、伊藤博文が、ある会合のあと二人になったとき、慶喜へ「公は、維新のはじめ尊王の大義を重んじられた。どんな動機だったか」と聞くと、慶喜は迷惑そうに答えた。

「改めてお尋ねながら、余は何の見聞きたる事はない、ただ庭訓（家庭で特に留意してする教育）を守ったのにすぎない」と、次のように語った。

「ご承知のように、水戸は義公（光圀の諡号《しごう》）以来、尊王の大義に心を留めたので、父（徳川斉昭）も同様の志であり、常々遺訓を忘れるなと。齢二十になったとき、今や時勢は変化常なし、この末どうなるか心もとなし、と父から改めて父祖の遺訓を忘るべからずといわれ、心に銘じたので、それに従ったのみだ」と『徳川慶喜公伝』に伝える。

慶喜は、従一位勲一等公爵、大正二年、七十七歳で薨去。勅使は「国家多端のさい、皇師を迎へて誠を表し……王政の復古に資す、その志恂に嘉すべし」と、痛悼《つうとう》した。国内外のメディア、大公使らは、「王政維新第一の功労者」、「政権返上は大国主命に優る」、「歴史上の偉人、名は朽ちず」とこぞって事績を讃えた。

さて徳川慶喜の大政奉還までには、もう少し時間が必要である。

久坂玄瑞が立てた維新の礎

月性の勤王倒幕、維新回天の思想を愚直に推進したのは、実に最初の月性の門下久坂玄瑞《げんずい》だった。のちに奥羽鎮撫総督参謀となる世良修蔵（仙台藩士に斬首）、そして高杉晋作に継いで奇兵隊総督を務めた赤根（禰）武人《たけと》らも門下だった。赤根は梅田雲浜が、安政大獄の最初に逮捕されるとき、書類を焼き証拠隠滅したが、のちに高杉晋作と対立、誤解され山口で斬首された。

月性の指導で吉田松陰の門下となった久坂玄瑞は、高杉晋作と双璧と称された。また池田屋事件で命を落とした吉田稔麿、禁門の変で鷹司邸において、戦死した入江九一（二十七歳、贈正四位）と合わせ四天王ともいわれた。

松陰門下で詩文を良くした寺島忠三郎と共に脱藩した久坂玄瑞は、久留米の水天宮祠官・真木和泉《まきいずみ》（一八一三〜六四）と大坂で会合し謀議して、勤王攘夷運動がはじまった。真木は水戸の会沢正志斎に会って影響を強く受け、尊攘激派の理論的指導者だった。

久坂玄瑞の朝廷へ接近の道には、すでに述べたが勤王志士の梅田雲浜《うんぴん》と月性を結ぶラインがあり、孝明天皇の信任厚い中川宮朝彦《ともよし》親王に通じていたことである。この朝廷上達の道が開けていたことが、二転、三転、歴史転換のモメントとなった。

松陰門下生で一番、長命だった渡邊蒿蔵《こうぞう》は、次のように証言している。

「私たちの先輩とも畏友とも仰ぐべき久坂は、明治大革命の創始者なり。いまだ伝記もなく、人にもてはやされること木戸孝允、高杉晋作に及ばないようなのは遺憾のいたりである。これはその事業の経過を異にしたためであろう……しかし維新の根源は京都の御周旋（諸藩士、浪士らが上京し活動したこと）にあり、（公卿たちを志士活動の側に引きつけた）公卿周旋の基は久坂、寺島が脱藩して、大坂で真木和泉と会合してからだ。それより『廻瀾條議《かいらんじょうぎ》』（久坂の時局建白書）となり、絶食嘆願となり、攘夷（五月十日の下関攘夷戦）に至っている。最初の総督（指導者）は久坂であった」と、述べている。

この証言の内容は渡邊蒿蔵が昭和六年、八十九歳の時、歴史家福本義亮に送った手紙である。福本は『久坂玄瑞全集』の冒頭に「題言・渡邊蒿蔵先生」として紹介している。

渡邊は昭和十四年、九十七歳まで生きた。慶応二年、木戸らの周旋で米国、英国に留学、造船技術を究め、長崎造船所長、工部省技師として船舶検査事務を執行した。

文中に「その事業の経過を異にしたため……」とあるのは、高杉が二十九歳まで生きて、長州藩論を統一して、第二次幕府征長軍を破ったことや、桂小五郎こと木戸孝允が明治まで生きて参議となり、西郷、大久保と並んで三傑といわれる功臣になったことに比し、久坂が二十五歳の若さで死したことを意味している。西郷隆盛も後に「久坂さんが生きていたら、われらは頭が上がらんだろう」と語っている。

奇兵隊創始者は高杉晋作か

長州の奇兵隊といえば、高杉晋作（一八三九～六七）、というのが歴史の常識だが、実体は久坂玄瑞の光明寺党が母体だった。文久三（一八六三）年五月二十日、下関海峡を通過する米国商船・ペンブロック号を攻撃した十日後、京都で国事参政・公家姉小路公知《あねがこうじきんとも》が暗殺された。享年二十四。

驚いた光明寺党の玄瑞は二十八日、下関を後に大急ぎで京都に向かった。藩主毛利敬親は、玄瑞の後を埋めるため、松本村に蟄居させていた高杉に命じて、下関の本陣・荷受問屋白石正一郎宅へ派遣した。そこには光明寺党の土屋蕭海《しょうかい》、入江九一らが詰めていた。新規の加入党員もおり、藩の正規兵ではない意味で奇兵隊と名を変えて下関の海防に当たらせた。この措置は、のちに「そうせい侯」で知られる長州藩主毛利敬親（一八一九〜七一）の判断だった。武器、弾薬も与えられ、幕府恭順の藩政を牛耳る俗論党を排撃することになる。

ところで暗殺された姉小路公知は、玄瑞が畏敬する三条実美（一八三七〜九一）、大原重徳《しげとみ》（一八〇一〜七九）と共に攘夷派公家の少壮リーダーであった。幕府が結んだ通商条約に対し、関白九条尚忠が勅許を与える方向に傾くと、反対派公家八十八人の先頭に立って、勅答文案を変更させた。

文久二（一八五二）年十月、姉小路公知は、第二次勅使三条実美に自ら随行し、攘夷督促、親兵設置を幕府に諭旨し、幕政改革を断行させた。また翌年、将軍徳川家茂《いえもち》の上京を実現させ、政局を破約攘夷の方向に指導した。

暗殺の当日は暗夜、朝議を終えて退出し御所の朔平門《さくへいもん》にさしかかったところ、襲われた。島田左近、宇郷重国などに天誅の剣を振るった薩摩の尊攘派田中新兵衛が犯人というのだが、取調べ中に自刃したので真相は不明だ。現場に残った刀の鞘が証拠とされるが、幕府は、長州と不仲の薩摩を、手薄の松平容保京都守護職側にひきつけるため、主義主張を持たない一介の剣客で、本間精一郎、池内大学らの暗殺に関係した土佐の岡田以蔵《いぞう》を買収して、暗殺させたという。祇園で遊んでいた田中新兵衛の刀を盗み出し、暗殺の現場に置いた、と。公武一体の強化を計る京都守護職による偽装殺人だ、というのである。

守護職の妙略　高杉が反発

いずれにしても、この姉小路公知暗殺を裏付けるように、三カ月後の八月、薩摩・会津藩勢力をバックに中川宮朝彦親王の主導するクーデター「八月一八日の政変」が発生した。この結果、三条実美以下、七卿の都落ちと共に長州尊攘派は京都政界から一掃された。寝耳に水の文久三（一八六三）年の政変は一体何だったか。「一会桑」（一橋慶喜、会津容保、桑名定敬）中心の守護職会津松平容保《かたもり》が放った幕府起死回生の妙略と受け止められた。長州藩は、「七卿都落ち」と毛利藩主父子の冤罪、哀訴と寛典（ゆるやかな法的処分）を要請するが、京都守護職と朝廷に認められず、「禁門の変」（蛤御門《はまぐりごもん》の変・元治甲子《かっし》の変とも）に発展、第一次長州征討となり朝敵の汚名を受けた。

久坂玄瑞の「禁門の変」は、「哀訴専一」であり、鷹司邸に入り、生きて天皇に直訴することだった。しかし越前・薩摩・会津・桑名等の藩兵は、同邸を包囲、砲撃して火をかけた。玄瑞は同志寺島忠三郎と刺し違えて生涯を閉じた。「先に寝る、戸締りを頼む」と、入江九一らに毛利世子《せいし》への状況報告を託したと伝わるが、入江も戦死している。

これより先、高杉晋作は文久二（一八六二）年五月、幕府が上海に派遣した貿易視察船に便乗して、イギリスの植民地化の実情を見た。年末には高杉をリーダー格に「御楯組」なる攘夷血盟組織を作り、品川御殿山《ごてんやま》に建設中のイギリス公使館を久坂や伊藤俊輔（博文）、品川弥二郎、赤根武人、白井小介ら十三人で焼き討ちした。

そして「禁門の変」（元治元［一八六四］年七月）の直前、高杉晋作は、急進派の来島又兵衛と大喧嘩して萩に潜《ひそ》んだ。俗論党の追及危険を逃れ、下関、筑前を経て福岡郊外の勤王歌人野村望東尼《もとに》（五十九歳）のもとに潜伏した。ここに十日ほど滞在する。しかし幕府に恭順謝罪する俗論党が、「正義派」の三家老・四参謀を次々に切腹、斬首という悲報に接し、帰国して決起することを決意した。

元治元（一八六四）年十二月十五日深夜、紺糸威《こんいとおどし》の腹巻を着け、烏帽子《えぼし》型兜を首にかけ、長府毛利の菩提寺・功山寺に居留の三条実美ら五卿の前で、出された大盃で冷酒を飲み干した。高杉晋作は、「もはや口舌の間にて成敗の論、無用なれば、これより長州男児の腕前お目にかけ申すべし」と決意を披瀝した。下関新地の萩会所を襲撃、伊藤俊輔（博文《ひろぶみ》）の力士隊、遊撃隊（河瀬真孝・子爵）を率いて三田尻の軍艦二隻を奪って俗論党政府を破り、藩論を勤王倒幕に統一してまとめ、維新の道を突き進んだ。

「錦の御旗」と維新回天

幕末・明治の公卿・政治家岩倉具視《ともみ》（一八二五〜八三）は、陰の討幕運動の指導者となり、王政復古を実現した。はじめは孝明天皇の侍従として安政五年の日米修好通商条約勅許阻止の八十八卿列参を画策、和宮降嫁問題を推進して公武合体運動に傾斜していた。そのため、尊攘派から「四奸」の一人と糾弾され、文久二年辞官、落飾して洛北の岩倉村に蟄居した。この間、再起の念やまず。ある時岩倉は、水戸藩主慶篤《よしあつ》に従って上京してきた香川敬三（別名鯉沼伊織《こいぬまいおり》、東山道鎮撫総督府大軍監、皇太后宮太夫《だいぶ》、枢密顧問官、伯爵）を紹介され、徹夜で談論風発して肝胆相照らす仲となった。香川との交友から岩倉を囲む志士グループが三十人近くに達した。そのうち、岩倉は大久保一蔵（利通）、小松帯刀《たてわき》らに、自分が作文した『叢裡鳴虫』を届けた。

「天下に先んじて尊攘運動をおこした薩・長両藩および志士の功を認めねばならないのに、いまや長州藩は幕府から征討軍を向けられている。……幕府が勝てば朝権回復はできなくなる……幕府、長州どちらが勝っても、好ましくない。なぜ薩摩藩は幕・長の間を調和し、戦いをやめるよう努力しないのか。自分は薩摩を尊敬し、三郎久光《ひさみつ》公が偉器であるからこそ、意見を呈した」と。

この時局論は、八・一八クーデター以来、中川宮朝彦親王と一橋慶喜の盟約で政権からはずされ、失意の薩摩藩にとって、共通の利害関係が生まれた。大久保は岩倉によって幕府、朝廷の上層奥深くに進行している政権争いの実相を知ることになった。

岩倉・大久保の結盟の政治力は、「薩賊・会奸」の恨みを持つ長州を妥協させ、薩長連合の力で政局を打開することだった。やがて、坂本龍馬と中岡慎太郎の斡旋で薩長同盟に発展する。

慶応三年秋、岩倉村の別邸に、大久保と長州の品川弥二郎（一八四三〜一九〇〇）、それに公卿国学者・玉松操《たままつみさお》（一八一〇〜七二）が招かれていた。岩倉は、南朝時代の官軍の旗、「錦の御旗をつくりたい」と提案し、玉松がデザインを検討。ここに尊王討幕の歴史が息吹いた。材料は大久保が京都で西陣織り帯地の反物を揃えた。縫製を京都では危ない。品川が反物を受け、周防山口の蚕糸局建屋で密かに制作させた。のちの鳥羽・伏見の戦い（戊辰戦争の発端となった京都南郊の戦い）で、初めて登場した「錦の御旗」は薩長など討幕派のシンボルとなった。

宮さん、宮さん、お馬の前をひらひらするのは、何じゃいなトコトンヤレトンヤレナ、あれは朝敵、征伐《せいばつ》せよとの錦の御旗じゃ知らないか、トコトンヤレトンヤレナ、と進軍しながら歌った。すでに述べたが品川弥二郎の即興の軍歌だった。

一般の庶民の多くは「錦の御旗」を『太平記』の講談話で知っており、討幕派の士気を高め、時勢を変える力となった。ここでも歴史の知恵が生きた。

神武創業へ王政復古

慶応三（一八六七）年十月十四日、将軍徳川慶喜の大政奉還と同時に、同じ日公卿正親町実愛《おおぎまちさねなる》は、自邸に薩摩大久保一蔵（利通）、長州広沢真臣《さねおみ》（第二次征長戦で軍政の中心を担当）を召して、討幕の詔勅を交付した。

十二月八日の摂政二条齊敬《にじょうなりゆき》主催の大会議は、大政奉還で朝廷一新のおり、先帝の御一周忌、来春の新帝即位を控え、「猶《なお》更に人心一和専要に思召《おぼしめ》される」により、大膳父子（毛利）、末家の入洛と官位復活、五卿の入洛復位、少壮派公卿の一斉赦免を決めた。朝権復活へ動いた。

この会議のあと居残った中山忠能、正親町実愛、徳川慶勝《とくがわよしかつ》、松平慶永《まつだいらよしなが》ら六人は、言わば新旧時代を繋ぐ連鎖であり、呼出し人だった。まず岩倉具視が呼び出された。

「この度、思召《おぼしめし》を以て蟄居を免ぜられ、直ちに復飾、参朝されるべし」

この宣旨を受けた岩倉は、王政復古の勅制その他の文案一函を手にして衣冠を正して参朝した。忠能らは御前に伺候して王政復古の大策断行のことを奏上した。

御前を退いて公卿連が小御所に入ると八・一八クーデターの故知にならって、朝廷の九門全て、薩兵を率いる西郷隆盛、つづいて越前、尾張、土佐、安芸の兵が参集して、守衛を固める。

会議は、主上《しゅじょう》（天皇）も小御所に出御になり、やがて勅諭を賜り、新職制の任命があった。次に王

政復古のことを宮、堂上、地下宮人に、諭告した。骨子は、
一、将軍の大政奉還により、皇政復古、挽回を基本に、自今、摂関・幕府など廃絶、即今、総裁、議定、参与の三職を置き、万機を神武創業の始めに基づき、公議を竭し、天下と休戚《きゅうせき》(喜びと悲しみ)を同じくされるよう叡慮された。
一、内覧、国事御用掛、議奏、武家伝奏、守護職、所司代等すべて廃絶。
一、総裁は有栖川宮、議定は仁和寺宮、山階宮《やましな》、中山前大納言、正親町三条前大納言等十人。参与は大原宰相、長谷三位、岩倉前中将、尾藩、越前、薩藩、土藩、芸藩いずれも三人。
また九日朝まで政務を執った公武派の朝彦親王は参朝停止、謹慎。会津・桑名の公卿門警衛禁止を命令。

将軍の辞官納地　家臣憤激

こうして維新の大号令は煥発され、新政府の組織はできた。だが、山内容堂は、朝議に内府(徳川慶喜)を招かず、「幼主を擁して権柄《けんぺい》を竊《ぬす》まうとするのか」と一座を睨むと、岩倉が叱っていう。「御前会議なり、宜しく謹粛なるべし。聖上は不世出の英明にましまし、今日の挙、悉く《ことごと》宸断《しんだん》(天皇の判断)に出づ。幼主を擁してとは、何等の妄言ぞ」と。容堂にわかに恐懼して、失言の罪を謝し奉る。
さらに岩倉は言う。「……嘉永癸丑(ペリー来航)以来、勅命を蔑如し、綱紀を敗壊し、外は専断で欧米諸国と通信・貿易の約を立て、内は憂国の親王・公卿・諸侯を廃錮(役人の資格をとりあげる)し、勤王の志士を殺害す。ついで無名の師を興して長防(長門・周防)を再征し、怨を百姓に結び、禍を

社稷《しゃしょく》（国家）に帰したり、その罪大なりといわざるべからず。内府自責の心あらば、官位を退き、土地、人民を還して、大政維新の鴻図《こうと》（大きなはかりごと）を翼賛（力添えし助けること）すべきに、政権の空名を奉還して、尚、土地、人民の実力を保有せり。心術の邪正、掌《たなごころ》を指さすが如し、いかでか之を召して朝議に参頂せしむべき。朝廷は先ず内府に暁諭《ぎょうゆ》（さとし教えること）し、官位を辞退し、土地・人民を還納せしめて、その反省自責の実効を徴すべし……」と言い、内府の参朝はそのあとのことだ、という。

するとき大久保一蔵（利通）が進み出て、「幕府、近年悖逆《はいぎゃく》（道理にもとり背く）の重罪多し、」と言い、「その官位を貶《おと》し、その所領を収め、罪を天下に示すべきなり……」と論じれば、後藤象二郎が反論して「王政復古の挙は、公明正大の処置を要す。必ず内府を朝議に参預されたし」と、議論紛々。

三親王と尾張大納言（徳川慶勝）は、なお黙然としており、中山前大納言が「尾侯の意見如何」と聞けば「容堂の説の如し」と答え、「薩摩は如何」と問えば、「一蔵のいう所の如し」と答える。

中山前大納言が起ちて、正親町三条・万里小路・長谷の三卿とひそひそ私語すれば、岩倉これを遮《さえぎ》り「私語とは何事ぞ、諸臣宜しく肺肝を吐露して論弁すべし」と。けれども薩摩の他は、越土と同論のようだ。休憩の後、容堂も象二郎の口舌で反対しても成算なしの意見をいれ、議事は前中将（岩倉）の提議のまま、「内府に辞官・納地を命ずべき」に一決した。

有栖川宮熾仁《たるひと》（帥宮《そつのみや》）親王が御前に進み、宸断を仰ぎ天皇はこれを裁可された。徳川家への交渉は翌日、尾越（尾張と越前）二侯が二条城に行き、将軍職辞退聴許を伝えさせた。旗本の将士をはじめ、会津・桑名・彦根・津・大垣・諸藩は、王政復古の発令を聞くや、大いに怒り、憤激、結束して二条城に集まり、暴発寸前の事態となった。

歴史が仕掛けた戊辰戦争

二条城に勅使として参向した尾張徳川慶勝、越前松平慶永に対して、会津藩兵たちは口々に罵声を浴びせた。そんな折り、長州の先鋒七百人が西ノ宮に陣して形勢を待っている所へ、毛利赦免、入京警衛の命が伝えられて、堂々と上洛する。前後して、勅使二人は、徳川慶喜へ「将軍職を辞するのこと聞こし召され候事」と宣旨を授け、前夜の内諭を伝えた。

城兵の怒りは、辞官・納地が洩れ伝わり混乱が増すばかり。慶喜は、会津三千、旗本五千、桑名千五百の大兵を二条城に追い込み門を閉じた。暴発を恐れた慶喜は、諸隊長を集め、決死の訓諭をしたが、狂乱の度は一段と増した。

尾張慶勝は十二日、慶喜に大坂城へ退去をすすめた。夜陰に乗じて城の後門から会津容保《かたもり》、桑名定《さだ》敬《あき》を従え退去した。事態は鳥羽・伏見の戦いに発展し、慶喜は容保・定敬兄弟を従え大坂城を脱出、海路を江戸城に帰った。

慶喜は江戸城で、ロッシュ・仏領事から再起を促されたが、これを断り、上野寛永寺大慈院に恭順蟄居、江戸開城(四月十一日)と同時に水戸弘道館に退去した。五月十五日、新政府は上野の彰義隊を攻撃、戦いは一日で終わった。

この間、二月八日慶喜から江戸城退去を命じられた松平容保は、武備恭順の方針のもと武器、弾薬を運び出し会津若松城に籠もった。兵を白虎、玄武等の年齢別四つに編成して藩境に備えた。

慶応四（明治元）年一月十七日、朝廷より、仙台藩主伊達慶邦《だてよしくに》に対し、独力で会津藩を追討せよ、との命令が下った。会津藩は鳥羽・伏見戦争の首謀者と見られたからである。

同二月三日、新政府の総裁・有栖川宮熾仁《ありすがわのみやたるひと》親王は戊辰戦争「親征の詔」により東征大総督に任命され、東海、東山、北陸三道の先鋒総督兼鎮撫使を統率した。同時に参謀、錦旗奉行が任命された。熾仁親王は、自ら大任にあたることを内願した。理由は、徳川慶喜の母文明夫人（杏子・斉昭室）が、親王の祖父幟仁《たかひと》親王の王女である関係から、慶喜の鳥羽伏見の暴挙を恐懼したためである。熾仁親王は二月十五日、京都を進発、四月二十一日江戸城に入った。

先鋒奥羽鎮撫総督九条道孝《くじょうみちたか》の鎮撫軍は三月十八日、仙台松島湾に到着した。参謀世良修蔵《せらしゅうぞう》は四月二十日、仙台藩による会津討伐の当初の命令実行が行き詰まり、上京して再検討を議すとの内容の薩摩藩士大山格之助参謀宛手紙を奪われ、福島の川原で、仙台藩士に虐殺された。「参謀を殺したら、えらいことだ」と奥羽側藩に緊張が走った。その直後の五月三日、二十五藩による新政府軍対抗の奥羽列藩同盟が成立した。のちに北越の長岡藩ほか六藩が新たにくわわり、三十二藩からなる奥羽越列藩同盟となった。世良参謀暗殺の報を得た江戸の大総督府は、東北諸藩にたいする対応の方針を鎮撫から討伐へと転換した。東北諸藩のなかで新政府にもっとも敵対的だったのは、松平容保の会津と、フランス将校の指導で江戸薩摩藩邸焼き討ちの主力を担った庄内藩の二藩だった。

なぜ「東武皇帝」「大政元年」か

一方、彰義隊戦争を避けて身をひそめていた上野輪王寺宮公現法親王《りんのうじのみやこうげんほっしんのう》（のち還俗して北白川宮能久《よしひさ》親王・台湾征討軍を指揮）が、旧幕府軍軍艦で江戸を脱出し、常陸平潟《ひらがた》を経て六月二日、会津若松に入った。列藩同盟は輪王寺宮を盟主に迎え、白石城中に軍議所を設け「公儀府」と名付けた。輪王寺宮を「東武皇帝」とし、盟主就任の日を「大政元年」とした。諸外国へ「同盟は薩長政府との交戦団体」とアピールした。いま将に日本全土を二分する構想であり、江戸城を経て信州・甲府まで軍事的に平定するという「奥羽同盟列藩軍議書」などを企画、評議した。桓武天皇の昔、王城の鬼門に比叡山の霊地があることに準《なずら》えて、幕府は江戸城の鬼門上野に東叡山寛永寺を建立、七大伽藍を経営して大御所秀忠の御座所を頂いて経営した。天海僧正が請願して始まったもので、国家の安全、武運繁栄を祈るため、だった。天海の真意は天台興隆だったかもしれないが、家康を祀る日光寺と寛永寺の門主に宮門跡の東下を組織化したことに意味があった。

後水尾上皇第四王子・尊敬、のち守澄法親王《しゅちょうほっしんのう》を第一代門跡に迎えて以来、日光門跡、輪王寺門跡は代々親王が相続され、幕末に第十一世の公現法親王に至った。

天海僧正の措置は、西国大名の謀叛に対する「関東の立場、幕府の立場を保障する一大保険であり、その効果は、参勤交代や大切な室家を江戸に在府させる制度にまさる計略となったことは争えない」と、史家・ジャーナリスト徳富蘇峰が著書『近世日本国民史』で指摘する。まさに輪王寺宮の「東武皇帝」就任は、歴史が仕掛けた結論だった、と言えよう。期待された幕府榎本武揚艦隊は、西方の薩長攻撃の決め手とならず、蝦夷地へ向かった。

こうして戊辰戦争は、明治元（一八六八）年九月二十二日、会津落城で大勢が決まった。藩主松平容保は、戦国大名のように潔く切腹することも無く、総督府参謀板垣退助《いたがきたいすけ》指揮の薩摩、長州、土佐、佐土原、大村・大垣等六藩中心の兵力の前に城門を開き降伏した。誇り高い会津藩だが、亡びるときには領民からそっぽをむかれ、それどころか百姓一揆まで起こされた。征討軍の陣中にあった板垣は、会津の一戦で「人民の自由を認めなければ、愛国心も期待できない」ことを知り、維新後、自由民権運動の先頭を切った。

月性を祀る

月性の三回忌予修法要が周防遠崎の妙円寺で、万延元（一八六〇）年四月一日より十日まで修行された。時は「桜田門外の変」の直後に当たる。西本願寺は、生前「月性上人」肖像画を下付して功績を賞したが、諡号《しごう》・最勝院を追贈した。月性の負債対策を知人、諸弟子がおこなった。また三十三回忌には、現在ある清狂草堂・時習館を再建し、門人らが遺物を収集して納める。

　明治二十四（一八九一）年五月末、大総督として戊辰戦争（一八六六〜六九）を統率した有栖川宮熾仁《たるひと》親王（初代参謀総長）は妙円寺に御成りになり、展墓された。続いて九月枢密院議長伊藤博文が墓参、十二月十七日正四位が贈位された。境

月性墓（清狂師之墓　妙円寺境内）

世良修蔵（1835 ～ 68）**肖像**
（公益財団法人 僧月性顕彰会蔵）

内の「清狂師の墓」横に『贈正四位月性師碑』がある。

有栖川宮は、戊辰戦争で惨殺された参謀世良《せら》修蔵《しゅうぞう》が、この時習館で月性に学び、第二奇兵隊軍監として第二次征長の「四境戦争」周防大島口の開放戦争で活躍したことを承知しておられたに違いない。周防大島は世良修蔵の出生地である。世良は漢学、国学をはじめ勤王歌人でもあり、横笛を楽しんだ。

「吹きおろす比叡の山風あらくとも波はたたせじ鴨の川水」—は月性を祀るに相応しい勤王志士・世良修蔵の一首である。

さらに明治四十（一九〇七）年十二月五日より九日まで、五十周年回忌の建碑除幕式、法要が厳修された。

この碑は月性師の功績を永く伝えようと西本願寺、毛利公爵、山県侯爵、吉川岩国旧藩主、曾根（荒助・日露戦時蔵相）、寺内（正毅、元帥、首相）各子爵等の協賛寄付により建立された。顕彰碑は高さ二四六・四センチ、幅一一六・五センチ、厚さ四八センチの一枚岩の花崗岩でできている。篆額は正三位公爵毛利元昭、撰文は正二位侯爵山県有朋と記し、周防の赤松連城《あかまつれんじょう》と刻まれている。

五十回忌法要は、本山から香川黙識《かがわもくしき》師代香、講師は島地黙雷《しまじもくらい》（周防・専照寺住職）で、しめやかに挙行された。

撰文を書した山県有朋は、ペリー来航の直後月性が、萩の清光寺で国学者・歌人鈴木《すずき》高鞆《たかとも》と激論した時、側で聞いていた。「沿岸の海防危機は、若者の奮起を頼むほかないのぉー……」と、いう語気が十六歳の山県小助（有朋）の心を強くとらえた。

「……後六年復之《また》（月性）を平安に訪ふ。遇わず。……三百諸侯中、能《よく》大義名分を明らかにする者寥々乎《れうれうこ》也。独り月性方外、慷慨《こうがい》義を唱へて君を愛し、国を憂ふる甚だし、特旨をもって贈位の勅有り豈偉ならずと謂わんや……月性の性行行状は、余の友土屋蕭海作る所の傳に詳《つまびらか》なり」と。そして山県有朋は月性門下、世良修蔵の横死を「世良は学者だった、惜しかった」と悼んでいる。

山県有朋が撰文した月性顕彰碑

また月性が生前心配していた幕末の廃仏毀釈運動は、明治元年の神仏分離令により、寺院の合併や仏具の破却、僧侶の還俗が各地で行われた。しかし、先にもふれたように、間もなく、時習館門下の僧大州鉄然（西本願寺執行長）が、明治五年、仏教界では初めて欧州・インドの宗教界を視察、帰国した島地黙雷、赤松連城と協力し、国内仏教界の政教分離を確立した。このため廃仏毀釈運動はおさまった。堕落した江戸仏教界だが、教を中心とする明治仏教界の近代化へ新たな模索がはじまったのである。こうして生誕二百年を過ぎた今、月性の霊位は、周防瀬戸内海の名峰・琴石山を背に遠崎（柳井市）の妙円寺境内に鎮まり反えり永遠に眠っている。

主要参考文献

『維新の先覚 月性の研究』三坂圭治監修、立泉昭雄ほか執筆、月性顕彰会発行、マツノ書店発売、一九七九年
『風土記　日本2』（中国・四国篇）下中邦彦、平凡社、一九八三年
『吉田松陰』奈良本辰也、岩波新書、一九五一年
『吉田松陰』徳富蘇峰、岩波書店（岩波書店クラシックス）、一九八四年
『吉田松陰』山口県立山口博物館（編）、一九九〇年、山口県教育会
『海国兵談』林子平、岩波文庫、一九三〇年
『聖フランシスコ・ザビエル全書簡3』河野純徳訳、平凡社（東洋文庫）、一九九四年
『ペルリ提督日本遠征記1～4』ペルリ著、土屋喬雄、玉城肇訳、岩波文庫、一九五三～五五年
『近世日本国民史・徳川幕府上期等』徳富猪一郎、民友社、一九二四年
『聖徳太子2　憲法十七条』福本義亮編、梅原猛著、小学館、一九八一年
『近世防長人名辞典　増補』吉田祥朔、マツノ書店、一九七六年
『月性 人間到る処青山有り』（ミネルヴァ日本評伝選）海原徹、ミネルヴァ書房、二〇〇五年
『柳井の維新史』柳井市史編纂委員会編、一九七〇年
『平生町史』後藤陽一監修、平生町史編纂委員会編、一九七八年
『柳井市史』（通史編）柳井市史編纂委員会編、一九八四年
『佐幕派論議』大久保利謙、吉川弘文館、一九八六年
『岩政信比古』（柳井図書館叢書第12集）柳井市立図書館編、柳井市立図書館、一九九五年
『明治維新の源流』安藤英男、紀伊国屋書店、一九六九年
『日本の名著3』（最澄・空海）田村晃祐、福永光司著、中央公論社、
『蒙古襲来と鎌倉仏教　特別展』神奈川県立金沢文庫編集、神奈川県立金沢文庫、二〇〇一年

『勤皇偉人　梅田雲浜』梅田薫、東京正生院出版部、一九四二年
『世良修蔵』（復刻版）谷林博、マツノ書店、二〇〇一年
『奥羽戊辰戦争と仙台藩・世良修蔵事件顛末』（復刻版）藤原相之助、マツノ書店、二〇〇九年
『幕府衰亡論』福地源一郎著、石塚裕道 校注、平凡社（東洋文庫）、一九六七年
『思想からみた明治維新　「明治維新」の哲学』市井三郎、講談社学術文庫、二〇〇四年
『徳川慶喜公伝　巻4』渋沢栄一、平凡社（東洋文庫）、一九六八年
『戊辰戦争　敗者の明治維新』佐々木克、中央公論新社（中公新書）、一九七七年
『「会津の悲劇」に異議あり　日本一のサムライたちはなぜ自滅したのか』八幡和郎、普遊舎新書、二〇一二年
『歴史とは何か』E・H・カー著、清水幾太郎訳、岩波新書、一九六二年
『幕末維新史の謎　幕末動乱の虚像と実像』長文連、批評社、一九八八年
『歴史を紀行する』（単行書）司馬遼太郎、文藝春秋、一九六九年（文春文庫〔第一刷〕、一九七八年）
『日本の歴史　別巻5』（年表・地図）児玉幸多責任編集、中央公論、一九八四年
『明治維新人名辞典』日本歴史学会編（児玉幸多代表）吉川弘文館、一九八一年
『新潮日本人名辞典』新潮社辞書辞典編集部、新潮社、一九九一年

あとがき

「え、じゃ、ないか」と全国主要都市に打ち壊しが広がり、農民一揆が地方に頻発して、民心を失った徳川幕藩体制が潰れ、代わりに新しい近代国家を目指した明治維新改元から、今年はちょうど百五十周年の節目になる。人々は、万事ご一新、文明開化、また維新回天とも称して喜んだ。

昨年十一月は、僧月性の生誕二百周年忌祭とも重なっていた。月性は短い人生を長州・毛利藩を倒幕運動に導いたが、何が彼をそのように行動させたのか、彼を通して幕末維新の時代を、もう一度考え直して見たいと思い立ち、本書を纏めた。

その理由に、教えられることが三つある。一つは、わが国の国柄は、古代肇国《ちょうこく》のはじめから神国であり、聖徳太子が仏教を国家の根本にすえて以来、神道・儒教・仏教習合の伝統文化の国であること。二つ目は徳川二百年余の鎖国政策は、キリスト教を排斥して、国家独立と日本文化を守るために余儀なくされた防衛手段であったこと。三つ目は、幕末維新は、キリスト教西欧文明の侵出、植民地謀略に対する、新国家統一を急ぐ日本文明との正面衝突が原因だった、という特色があること。

その上、この世界史にも稀にみる明治維新の大改革の大義には、地政学上、沿岸を外敵が襲ってくる月性の言う「神州陸沈」の危機を、さけて通れない四面が海という島国・特有の宿命と恐怖があった。

この地理・歴史を踏まえた月性のたぐい稀な智謀と洞察は、月性が京都西本願寺宗主・広如上人の諮問に応えて上書した『仏法護国論（護法意見封事）』の中に読み取ることができた。原稿用紙に書き写して六千六百字の論説だが、内容は神代以来の歴史・文明史観と日本民族が生き延びるための海防論に貫かれている。その見方、考え方を踏まえると、幕末の今、祖法「鎖国制度」を侵して寄せる植民地化の危機をどのように防ぐか、そのためには一君万民、一致団結して国を護る海防の大義を明らかにしており、その説得力に引きつけられた。このことは現在の日本が直面する海からの危機と違わない。

鎌倉幕府から続いた武家政治を大改革した明治維新は、「世界的な奇跡」として国際的にも高く評価され、今日の政治経済、社会、文化のあらゆる面の基礎をなし、日々の国民生活の全てに深く関係している。

ところが昨今、出版メディアの中で、「明治維新は無い、嘘だ」といった、妄言、妄想とも言える出版物が臆面もなく版を重ね、歴史を矮小化している。

この出版界の現象は、明治維新の改革がもつ世界歴史的な意義や、内憂外患を制して海洋国日本が達成した正当の歴史を、自ずから冒瀆して国民進取の明治精神を貶めており、甚だ遺憾に思うのである。

巷談話へ歴史を小さく稗史化すれば、近代国家存立の価値ある歴史は生命を失い、歴史の真実が見えなくなれば、国民国家は衰亡して、やがて滅ぶことになるだろう。

私は司馬遼太郎の作品『歴史を紀行する』（文藝春秋［単行書］、後に文春文庫）等が登場し始めた昭和四十三、四年ごろ、その出版物の見出し「会津人の維新の傷あと［会津若松］」や「維新の起爆力・長州の遺恨［萩］」の紀行文を読んでおおいに驚いた。比喩や類推の例え話が多すぎるので、歴史を間違えて理解されるのではないか、と恐れたのである。

司馬作品の文章表現は実に巧みで説得力があるが、幕末維新における毛利藩の立場を、「三百年の潜在敵国・薩長」（『歴史を紀行する』司馬遼太郎、二二一ページより）と短絡するのでは歴史の真実と異なり、人々が惑う、と素朴な疑問をもった。そこに島国固有の海洋史観が欠落しており、明治維新を主導した海防の大義と、勤王志士たちの公事、公論が見られないからである。

それで司馬史観のアンチテーゼとして、僧月性の海防・文明史観をとおして幕末の維新回天を学ぶことにした。

月性に関する文献はすくない。そんななかある日、神田の古書店で昭和五十四（一九七九）年、『維新の先覚 月性の研究』（三坂圭治監修、立泉昭雄ほか執筆、月性顕彰会発行、マツノ書店発売）にめぐりあい、飛び上がるほど嬉しかった。

この本には、生涯を月性研究に尽くした当時の妙円寺住職立泉昭雄による『贈正四位月性上人年譜』が記載されており、児玉識（京大院卒・水産大助教授）、海原徹（京大卒・京大助教授）、村上磐太郎（岩国中学卒、柳井で農業、郷土史家）、村岡繁（萩市松陰遺墨展示館長）、吉富治一（広島高等師範卒）ら六人の識者が執筆に当たった。

月性の思想と行動は、月性が賦した漢詩の中に示されていた。感謝したいのは徳山高等女学校校長を務めた吉富治一が、月性の作詩八十二首を克明に解説して、後世に伝えてくれたことである。私はたまたま、漢詩が趣味で、中村舒雲（宏・朝日新聞ＯＢ）が、戦後いち早く主宰した漢詩結社「琢舎」で学び、舒雲の死去後、引き継いだ「望雲社」主宰の石川濯堂（梅次郎）二松学舎名誉教授の指導で漢詩の世界に親しんだ。

吉富は『詩人としての月性』のなかで、「幕末の志士で漢詩賦を嗜んだ者は多かったが、梁川星巌ら二、三を除いては真に詩人と称すべき者はいない。月性はその希有の一人だった」と言い、僧侶にして志士、志士にして秀でた詩人であったから、妙円寺月性は幕末における特異の偉人だった、と書き残している。

「月性は、多感多情、悲歌慷慨の人だが、詩人温厚の旨を失わない」とも評価される。果して今回、どれほど月性の志を表出できたか、気懸かりである。

なお、この本は、二〇一一年、纏めた『周防人 月性 謹んで申す』を全面的に書き直し、補足した。今年のＮＨＫ大河ドラマ「西郷隆盛」（番組名「西郷どん」）の放映で、僧月照が登場するに違いない。そのぶん周防遠崎「僧月性」の存在は、また陰が薄くなるのだろうか。

新装の出版に当たり人文書館代表道川文夫氏に全面的にお世話になった。道川氏には、ＮＨＫ出版に在職しておられた一九九六年、小著『銀行ノ生命ハ信用ニ在リ―結城豊太郎の生涯』を上梓のさい、散々お手数をかけており、今回又のご縁を頂き感謝の極みである。また編集員多賀谷典子さんには、ワープロ字変換等、思わぬご迷惑をかけた。ご尽力に厚くお礼申し上げます。

多くの参考資料の作者並びに先学の諸氏には、心より感謝申し上げたい。作品に登場する人物の敬称略をお断りします。

平成三十年一月　　秋田　博

【協力】
山口県柳井市　浄土真宗本願寺派　妙円寺
公益財団法人　僧月性顕彰会
山口県立山口博物館
宗教法人　松陰神社
特定非営利活動法人　CIM ネット
山口県平生町
山口県柳井市教育委員会
山口県教育会
福井県小浜市教育委員会

カバー写真　「嵯峨野 広沢池 月夜」（撮影：水野克比古）

編集　多賀谷典子・道川龍太郎

秋田 博…あきた・ひろし…

1931年、山口県生まれ。55年 早稲田大学政治経済学部卒業。
読売新聞入社、経済部次長、調査研究本部主任研究員、同本部次長91年退社。
先端科学・技術交流の「東京テクノ・フォーラム21」創設に参画、事務局長。
現在、読売新聞社社友、日本記者クラブ会員、日本エッセイスト・クラブ会員。
この間、ノンフィクションで独自の境地を開き執筆を続ける。

著書

『凛の人 井上準之助』（講談社）
『銀行ノ生命ハ信用ニ在リ―結城豊太郎の生涯』（NHK出版）
『海の昭和史―有吉義弥がみた日本海運』（日本経済新聞社）
『周防人 月性 謹んで申す』（特定非営利活動法人CIMネット）

海防僧《かいぼうそう》 月性《げっしょう》
明治維新《めいじいしん》を展《ひら》いた男《おとこ》

発行 二〇一八年三月二十日 初版第一刷発行
著者 秋田 博
発行者 道川文夫
発行所 人文書館
〒一五一・〇〇六四
東京都渋谷区上原一丁目四七番五号
電話 〇三・五四五三・二〇〇一（編集）
〇三・五四五三・二〇一一（営業）
電送 〇三・五四五三・二〇〇四
http://www.zinbun-shokan.co.jp
印刷・製本 モリモト印刷株式会社

ISBN 978-4-903174-39-6
Printed in Japan

人文書館の本

＊歴史の中の人間の叡智、心乏しき時代にこそ。

日本精神史―高きより高きへ

上松佑二 著

日本精神史を全体として、通史として見直す試みである。日本の思想史ではない。思想史であれば、政治思想、経済思想、文化思想を含むが、あくまでも日本の精神の歴史である。空海、法然、親鸞、栄西、道元ら仏教者。世阿弥、千利休、松尾芭蕉ら芸術家。さらには近世近代の思想家らの「真の自我」に向かう「自我の秘蹟（プロセス）」を捉え直す。透徹したものの観方、考え方として。建築美学・建築思想家による「生きた思考」としての精神史的考察！

四六判上製二八〇頁　定価三八八八円

＊中国もしくは中国人とはなにか、五千年の重みの中で。

漢とは何か、中華とは何か

後藤多聞 著

中華と漢と騎馬民族、どこでどう交差して、中華という概念が顕在化したのか。草原の覇者たちの、虹のごとき野望、「中華帝国」「中華」探索の旅がはじまる。草原の虹を超えて、中華を築いた遊牧民、疾風の如く、来り去る塞外の民たち！本書は、多民族国家・中国に於ける漢民族、そして中華という概念、あるいは中華民族の成立過程を明らかにする。ユーラシア史・中国史研究の一つの到達点を示す。いったい、「中華民族の偉大な復興」とは何なのか。

四六判上製四一六頁　定価五一八四円

＊ひどい目に逢うのは、雑草である民衆だ（『雑草』より）

安曇野を去った男―ある農民文学者の人生

三島利徳 著

第五十九回農民文学賞受賞作品収載

戦争は嫌だ！　戦争忌避をめぐる山田多賀市の行動は破天荒であった。渾身の評伝と力作評論！　集団的自衛権行使が容認され、憲法改正への動きがうごめく今こそ、反戦を貫いた農民文学者・山田多賀市［やまだ・たかいち］の数奇な生涯とその作品を問い直す。なぜ、一個人が尊いのか、なぜ、自由が大切なのか。そして「戦争を放棄」し、平和を誠実に希求すべきなのか！　生の危うさを覚える〝この国〟と〝この時代〟を問うために。

四六判上製三二〇頁　定価三二四〇円

＊国家主義を超えた確かな「歴史認識」

近代日本の歩んだ道―「大国主義」から「小国主義」へ

田中彰 著

日本は大国をめざして突き進み、アジア太平洋戦争に敗れた七〇余年前の教訓から、「小国主義」「平和主義」の日本国憲法をつくることによって再生を誓った。中江兆民、石橋湛山など、小国主義の歴史的伏流から、改めて小日本主義、小国主義、平和主義への道を説く。戦争を放棄した日本国憲法の精神を世界の中で生かすことが、明治維新の負の側面を克服することになるのだと。「近代日本」を捉え返し、二十一世紀の国際社会における日本の有り様を考え直す。

四六判上製二六四頁　定価一九四四円

定価は消費税込です。（二〇一八年三月現在）